决策与行动

——感受东西方管理文化的异同

DECISION-MAKING AND ACTION

Comprehending Differences of the Management Culture between Eastern and Western Countries

[法]Jean-Charles Pomerol 著

范晓亮 胡亚昆 译

蘭州大學出版社
LANZHOU UNIVERSITY PRESS

图书在版编目（CIP）数据

决策与行动 ：感受东西方管理文化的异同 / （法）让-查理·鲍默尔（Jean-Charles Pomerol）著 ；范晓亮，胡亚昆译. -- 兰州 ：兰州大学出版社，2016.6
ISBN 978-7-311-04958-4

Ⅰ. ①决… Ⅱ. ①让… ②范… ③胡… Ⅲ. ①决策学－研究 Ⅳ. ①C934

中国版本图书馆CIP数据核字(2016)第167129号

策划编辑 梁建萍
责任编辑 郝可伟
封面设计 郇 海

书 名 决策与行动——感受东西方管理文化的异同
作 者 〔法〕Jean-Charles Pomerol 著
范晓亮 胡亚昆 译
出版发行 兰州大学出版社 （地址:兰州市天水南路222号 730000）
电 话 0931-8912613(总编办公室) 0931-8617156(营销中心)
0931-8914298(读者服务部)
网 址 http://www.onbook.com.cn
电子信箱 press@lzu.edu.cn
印 刷 甘肃澳翔印业有限公司
开 本 710 mm×1020 mm 1/16
印 张 14.25
字 数 231千
版 次 2016年8月第1版
印 次 2016年8月第1次印刷
书 号 ISBN 978-7-311-04958-4
定 价 45.00元

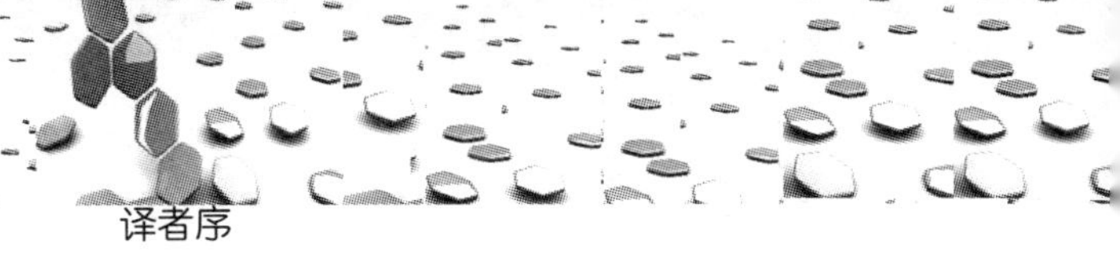

译者序

2013年11月，在博士答辩两年后，我重返巴黎参加一个国际研讨会。本书英文原著作者、我的博士生导师Jean-Charles Pomerol教授将这本刚出版的新书《Decision-Making and Action》赠予我，并向我介绍了撰写此书的目的。交谈中，Jean-Charles Pomerol向我表达了他期望将此书翻译成中文并出版的愿望，我愉快地答应了。他在赠书寄语中写道："这是一本探讨决策过程的实践手册，而决策经验是与文化、历史紧密相关的。因此我认为，本书的中文版将是一个融合东方智慧和管理习俗的定制版本。"随后，经过了和ISTE、Wiley出版社的多次沟通，最终在2014年年初签订了翻译合同。

从2014年3月开始，我和胡亚昆等同学开始本书的翻译工作，历时一年多时间。翻译工作进展比较缓慢：一方面，本书的核心内容是决策支持、人工智能领域的理论，我们翻译的过程基本上是边学边翻译；另一方面，为了让本书中的决策指南更具可操作性，原著作者旁征博引、大量引用举例，我们需要将观点和举例融合翻译。

本书原著作者Jean-Charles Pomerol教授是决策支持和人工智能领域国际著名学者，2006—2011年曾任法国皮埃尔玛丽居里大学校长。本书的特色之处是它不仅讨论决策理论，而且介绍了决策和随之而来的行动指南。另外，本书在各章节之前引用了70多个西方谚语和中国谚语，用来抛砖引玉，并以通俗的习语来介绍原本晦涩难懂的决策支持理论。另外，经过和原著作者的沟通，译者将一些西方谚语更换成了国内读者更加熟悉的中国谚语。

本书的翻译工作，范晓亮负责引言及第一、二、三、七、八章；胡亚昆负责第二、四、五、九章。另外，韩宁参与了第一至第六章的图片翻译，郭磊负责第七至第十二章的图片翻译。同时，兰州大学张瑞生教授团队的黄国明、侯璐杰、刘起东、马慧怡等硕士生负责西方谚语的翻译。感谢各位的贡献！

中文版出版之前，我想感谢出版本书英文版的ISTE出版社及其主席Sami Ménascé先生、Wiley（中国）出版社王琳（Iris Wang）女士在翻译、出版授权过程的支持和帮助。感谢兰州大学出版社，尤其是策划编辑梁建萍、责任编辑郝可伟等对本书原版引进、出版的支持。

由于本书内容跨度较大，观点涉及管理、哲学、历史、东西方文化等多方面，因此，尽管译者始终仔细求证、谨慎动笔，但难免还会存在疏漏和不足之处，恳请广大读者批评指正。

译者联系方式：fanxiaoliang@lzu.edu.cn。

范晓亮

2016年7月25日于兰州大学飞云楼

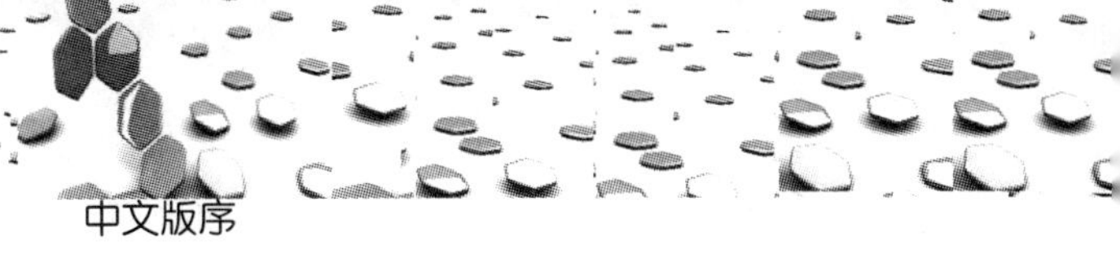

中文版序

为什么要翻译一本关于决策与行动的英语书？一方面，尽管东方与西方在文化上存在差异，但是人类大脑的基本功能是一样的；另一方面，正如安东尼奥·达马西奥所说，“决策像语言一样，它彰显了人类这一物种的特征”。出于神学或意识形态的原因，哲学家认为人的行动是由外界因素决定的。但我们知道每个人的大脑中都存在一些由他任意发挥的自由意志，以操纵他的行为。区别于动物，这个结果是由人的“决策”能力所决定的，这种能力依赖于你的大脑皮质。

事实上“决策”是一个双向操作：一方面，它由大脑中（与动物相同）的情感部位产生；另一方面，大脑皮层中的推理管理部位也能辅助决策。因此，“决策”是情感和推理的混合体。最新的科学研究结果证明，情感和推理均是最佳决策的必备工具。情感部分依赖于文化差异，而推理部分则是普适的。情感擅长于在行为之前评价决策效果，并且不同文化中评价决策效果的方式各异。然而，认知心理学的最新成果证明，行动的评价结果往往伴随着一般性的偏见。本书描述了这些偏见，并解释了这些偏见可以产生的操纵和陷阱。总之，做出最佳决策的第一步就是避免情感偏见和操纵。另一方面，大脑额叶部分的推理功能主要依赖于情景思维，以及人类将自己投射到未来之中并预测行动后果的能力。在某种意义上大脑是一个预测机器。然而，未来是不确定的——这就是为什么你必须在情景思维中引入风险和不确定性的原因。本书为读者提供了一些简单、可操作的建议，通过在情景思维中引入概率，方便人们做出更明智的决策。最后，“决策”是推理和情感之间的平衡产物，人们总是根据过去的经历来评价决策结果。情感是保守而隐含文化差异的，而情景思维是是积极主动并普适存在的。换句话说，本书一方面帮助读者在理性和直觉之间做出英明的决策，另一方面帮助人们理解一种特殊机制，即决策是理性和直觉的混合物。

结束这篇序言之前，我真诚地感谢ISTE出版社及其主席Sami Ménascé先生——Ménascé先生积极促成了英文版的翻译版权授权。同时，感谢兰州大学出版社在中文版出版等方面做出的杰出工作。我还要强调，范晓亮博士和胡亚昆硕士做出了最重要的翻译工作，一方面，他们的中文翻译是非常准确的，另一方面，他们对英文版的部分内容所做的融合中国文化的改编是有效的。我作为范晓亮的博士生导师之一，从2008年10月开始，我们就在决策支持系统、情境建模、大数据分析等领域合作并发表论文。范晓亮博士毕业后，我们在巴黎、兰州、厦门等地见面多次，而且每一次见面都充满惊喜！感谢范晓亮博士的硕士生韩宁、郭磊等同学们在本书翻译过程中所做的细致工作，非常感谢他们！

Jean-Charles Pomerol

2016年2月于法国巴黎

（胡亚昆翻译）

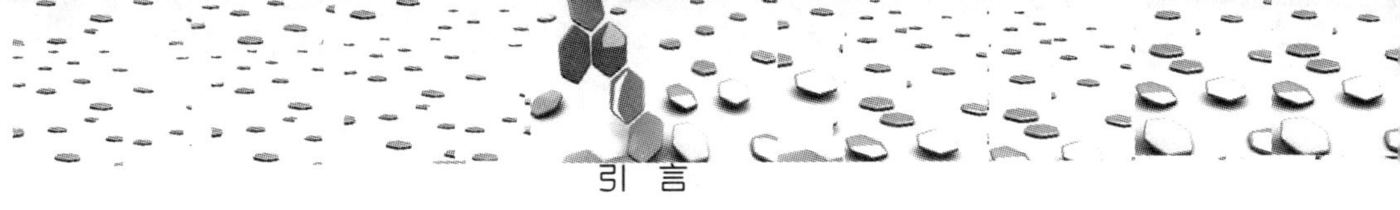

引 言

“人谁无过，过而能改，善莫大焉。”

——《左传·宣公二年》

思想很容易，行动却很难，而把想法付诸行动是世界上最难的事情。

——德国剧作家、诗人，约翰·沃尔夫冈·冯·歌德

决策论的经典专著很多[1-3]，而旨在面向大众介绍决策的书[4, 5]却不多。尽管我们已经习惯了先思考再决定如何行动，但是在同一层面上考虑决定和行动的著作更是凤毛麟角。所谓的“反射行动”是真实存在的，它不是源自推理和反射，而是由观念引发的自动反应。上述讨论将指引我们关注这些概念，但它们不是本书的主要目的。

行动之前的反射包括预期的一组事件，因为决定与未来息息相关（这一点是显然的，对于正确理解本书十分关键）。人们一旦做出决定就无法更改——我们常常后悔并找借口说，“如果早知道的话，我一定会以另一种方式行事”，但问题恰恰是我们无法预知未来。正如法国喜剧演员皮埃尔·达克所说的：“预测是个麻烦事，而预测未来尤其困难。”

本书尽量以简洁易懂的方式论述，仅在第三章论述一些艰深晦涩的概念和思想。因为这些概念和思想往往容易使人迷惑，可能在危急时刻无助于做出决定。

本书主要有三个目标：第一，清晰和准确地表达个体决定和行动的基本概念和思想，因为任何科学都需要精确的定义；第二，为读者提供一些真实的决策规则，以帮助他们避免陷阱并做出更好的决策；第三，我们有意识地简化本书的编排，若想深入了解那些复杂的理论观点，读者可以参

考其他文献，尤其是文献［3］。另外，为了使本书适用于所有的决策者，我们特别阐述了行动规则的例子和决策的附加说明。最后，第九章以手册的形式为决策者提供了一些建议。

目 录

第一章　决定和决策论

当我们发现即使在处理那些不受这个运算的控制时，它（概率理论）也提供了最可靠的洞察力，来指导我们的判断，并教导我们远离那些误导我们的错觉，然后我们将认识到，没有其他科学是更值得我们沉思的，也没有其他结果是更有用的。

——法国数学家，皮埃尔-西蒙·拉普拉斯，《概率分析理论》，1814

舍不得孩子，套不着狼。

——中国谚语

1.1　行动与事件

我们从一个例子开始本章的讨论。

例 1.1　假设你是一个生产水龙头的小公司的首席执行官，正在思考如何增加产能。你可能有以下想法：在现有厂房的隔壁建一栋新楼（方案 A）；或者在某处不毛之地建一栋新楼，因为当地政府许诺提供一块地皮（方案 B）；或者并购竞争对手的业务（方案 C）。

这是三种可能的选择。在决策论里，每一种选择被称为一个“行动”。

定义：行动（或选择）是可选的一组动作之一，它仅依赖于决策者自己。

可以看出，决策论中“行动”一词的含义大体上近似于日常用语的“行动”。重要的是，如果当前所指的“行动”不仅仅依赖于决策者自己，那么该“行动”的含义超出了定义 1.1 的范畴。

例 1.2　假设你为爬山准备行李时面临一个决定：是否带一件外套以防下雨。有两种可能的选择：c 代表“带上外套”；nc 代表“不带外套”。那么，我们来评估一下你做出决定的结果。如果下雨而你没有带外套，你的满意度是 -2；如果天气晴好并没有带外套，你的满意度是 $+2$；如果你带了外套但天气晴好，你的满意度是 $+1$；如果天气下雨而碰巧你带了外套，满意度则是 -1。

我们将“是否下雨”这个事实称为一个“事”。在上述例子中，“控制”此事件发生的人或事称为“自然”。有些宗教可能把它称作“上帝”（中国人称之为“老天爷”),但科学家更倾向于使用“自然”这个中性词。例1.2里有两个事件:下雨;不下雨。

定义:事件描述了自然的运动规律,并且决策者对它毫无控制力。

目前的情况非常简单:你(也就是决策者)完全有能力进行选择并且付诸行动。然而,自然却控制着事件的发生。

让我们回到例1.2,我们知道决策者的满意程度取决于事件,如表1.1所示。

表1.1　决定矩阵

行动 \ 事件	下雨	不下雨
c	−1	+1
nc	−2	+2

定义:决定矩阵是一个表示决策者满意度的表格,而满意度取决于所选的行动和随后发生的事件。

在决策论中,我们大体上将决策者的满意度表示为 $A\times\varepsilon$ 在实数集 $\mathbf{R}$ 上的函数 u(代表“效用”)。其中 A 代表可选行动的集合,ε 代表事件的集合。则例1.2中有:$u(c, rain) = -1$。

这样我们就得到了能够归类决定的构件。表1.1中,如果下雨,则行动 c 更好;如果不下雨,则行动 nc 更佳。因此,我们可以看出没有哪一行处于主导地位(换句话说,决定矩阵中的行与行之间是相互独立的)。

定义:如果行动 a 主导行为 a',那么对于每一个事件 $e\in\varepsilon$,有 $u(a, e) \geqslant u(a', e)$

如果不存在处于主导地位的行动,则无法断言哪个选择是最优的。因为事实上我们忽略了一些因素——对未来的表达。毕竟我们明白,决定与未来息息相关。

表达未来的方法很多,17世纪以来应用最广泛的方法是基于概率的建模法。最早概率用来建模机遇游戏[①]中的不确定性,这种不确定性能够度量某种事件发生的概率。例如,在掷骰子(六面数字骰子)游戏中“掷得5的事

①机遇游戏,指一种其结果很大程度上受到随机设备影响的游戏。参赛者可能会(也可能不会)下注,通常这类游戏使用骰子、陀螺、扑克牌等工具(翻译自Wikipedia,http://en.wikipedia.org/wiki/Game_of_chance)。

件"的概率是多少？我们都知道是六分之一。如果骰子是正常的，那么这是一个客观概率，也就是说，如果投掷次数足够多，"数字 5"出现的概率是六分之一。

定义：事件是未来某个状态出现的可能性。事件的集合称为一个全集。

然而，我们经常问自己：将事件空间分成行动和事件是否可行。有些行动的确能够修改事件，例如某个 CEO 的行动是"定价"，而事件是"竞争对手的反应"，很明显两者不能分开来看，特别是在供不应求的市场环境下。因此为了分析这种情况，我们需要参考一些基于博弈论的模型。大体上讲，将决策者与环境（包括社会环境）的分离仅仅是个简单的假说（文献[5]对此类模型提出了明确的批评）。然而这种假说对于分析决策和合理性却是必要的。

回到一个更小的范围来讨论分离行动和事件的问题，Gilboa 和 Schmeidler[6]举了一些决策的例子。这些例子说明，分离行动和事件并不能够产生真正解决问题的反射框架。第一种情况：某 CEO 想招聘一个销售人员，可供选择的是一些候选人。在此情况下，事件是由人创建的，而不是自然地演变而来的。"事件空间"的状态代表候选人的品质，如诚信、业绩、流动性等。通过这种描述，我们知道了每一位候选人的所有品质，并与每一个准则一一对应。然而我们无法确定候选人的品质是否真的与所期望的相一致。决策者能够通过信息查询等方法尽可能地降低这种不确定性。在此情况下，多准则决策框架（参见第五章）是解决此类问题的一种更加现实的方法。

如果无法准确地实现模型，那么如何提供一种悖论的想法就显得至关重要。考虑一个例子，从两匹马"失败者之神"和"尸骨袋①"之间中选择其一。表 1.2 中的两个模型哪一个是正确的[7]？

表 1.2　两个模型

模型一

	我的马获胜	我的马失败
押注"失败者之神"	50	−5
押注"尸骨袋"	45	−6

模型二

	"失败者之神"获胜	"尸骨袋"获胜
押注"失败者之神"	50	−5
押注"尸骨袋"	−6	45

①尸骨袋（The bag of bones）是 1998 年美国作家斯蒂芬·金出版的一部恐怖小说的名字。

对于第一个模型，我们必须总是押注“失败者之神”，因为是它在主导游戏。（试想，如果它的腿上打了石膏，那么对它下注还是明智之选么？）第二个模型依赖于概率：如果“失败者之神”获胜的概率小于 50/106，那么我们必须押注“尸骨袋”。因此，选择正确的模型至关重要。注意：在第一个模型中，行动和事件的关联关系取决于“我的马获胜或失败”中的形容词“我的”，而这种关联关系不适用于第二个模型。

1.2 概率

对未来的某个现象进行建模时，我们尝试找出未来所有可能出现的状态，例如，一个事件空间上可能出现的所有状态。“事件空间”一词必须根据模型选取，比如对一个掷骰子的人来说，他的事件空间可以简化为六个事件的集合：“我掷了一点”“我掷了两点”等等。如果我们感兴趣的领域没有严格的界限，比如像旅行规划或金融投资等。旅行规划需要考虑的事件是，A 点和 B 点之间的所有道路上可能存在的交通危险。类似的是，在金融投资领域，当了解事件发生的偶然性之后，我们必须考虑所有可能的投资及其回报。现实中的全集可能非常庞大并且其中可能发生的事件难以枚举，这是第一个难题。第二个难题是为了能够在可概率化[①]的全集上进行讨论，必须确定每一个事件的概率。

定义：全集中事件的概率 ε 是一个大于 0 小于 1 的数。概率是 1 表示这个事件一定发生；概率是 0 表示事件肯定不会发生。在全集中所有相互独立事件的概率的总和等于 1。

我们可以把概率理解为全集 ε 的子集的特殊度量，这常常是很有用的。因此，假设 A 和 B 是 ε 中的两个事件，A 和 B 的交集记作 $A \cap B$，表示事件 A 和事件 B 同时发生；A 和 B 的并集记作 $A \cup B$，表示事件 A 发生或事件 B 发生，等价于 A、B 至少发生一个。

概率是递增的——换言之，如果 $A \subset B$（事件 B 蕴含事件 A），或者说 A 包含于 B，则 $P(A) \leqslant P(B)$；加法公式，一般情况下 $P(A \cup B) = P(A) + P(B) P(A \cap B)$。如果 $A \cap B = \varnothing$，则 $P(A \cup B) = P(A) + P(B)$。

为了给一个事件分配概率，我们可以利用客观属性。

例如，假定这个骰子是完美的，我们可以指出，一个特定面出现的频率是 1/6。出于这个原因，我们也称之为客观概率。客观概率也会依赖于事件

①不能通过数学考虑来决定一个全集是不是可概率化的。

出现的频率。在医学领域也如此。例如，在没有深入观察的情况下，我们可以说，一个法国人得麻疹的概率是万分之一，因为数据显示每年在6000万成年法国人中有6000个麻疹病例。然而，假如我们观察10岁以下的儿童群体，甚至我们知道这些儿童所在的学校已经出现麻疹病例，我们必须修正和提高此概率。因此，在医学领域，此问题被称为频率论概率。

当存在可测量的和可观察的频率时，其概率依赖于一个坚实的基础。拉普拉斯定律指出，如果每一个事件是等可能的，事件的概率等于有利事件数除以所有可能事件数。然而在有些情况下，存在不适合用频率测量的现象——特别是当这些现象不可重复时。

例如，假设你是一个石油进口商，想知道未来6个月或者1年内一桶石油的价格超过120美元的概率。我们可以对经济活跃程度进行分析，但是未来6个月或者1年内经济活跃程度减弱的概率是多少呢？因此，我们知道，预测每桶石油价格超过120美元的概率依赖于一系列几乎无限的假设。

再举另外一个难以确定概率的例子，这个例子改编自文献[6]，说明典型的战略决策所面临的困难。在这些决策中，推理的范围很广，所以每个事件，其实是由在很长一段时间内相继发生的一连串事件组成的。由于每个子事件都有大量的形式，我们将看到事件数目的组合式爆炸。

为了说明这个困难，让我们暂时置身于1991年海湾战争前夕，前总统乔治·赫伯特·沃克·布什所处的决策环境中，此前伊拉克于1990年入侵了科威特。选择非常明显："要不要对伊拉克开战"。事件（制约因素）比前面的例子更加明确：敌人的军事力量、乔治·布什盟友的立场、公众的反应以及一些可能影响结果的相关事件。然而，长期事件往往比短期事件重要，至少两者是同等重要的：如果阿拉伯国家或者伊拉克国内做出军事反应会对结果有什么影响？我们无法考虑所有可能发生的事件。事实上，我们只能评估其中一些可能性较大的场景。

在上述情况中，如果某个概率是由分析者给出的，它就是一个主观概率（即依赖于主观意见的概率）。

定义："主观概率"表示个体（主体）对给定事件概率的预测，它对未来的认识更多地依靠直觉而非客观事实。

上述定义的结果是，一般情况下两个个体的主观概率是不同的，但也并不是说某一个个体比另一个个体更有效。这只能说明两者对未来的预期不同。因此，我们只能一方面明确两者观点的分歧（如果我们愿意这么做的话)，另一方面找到产生不同概率预测的原因。

总之，未来由事件及其概率①决定。除非事件频繁发生或者能够精确复制，事件的概率取决于人的预测。当我们利用客观概率处理一个全集时，传统理论认为我们做出的决定具有风险(称为决策风险)。而当面临主观概率或无概率时，我们则进入了不确定性领域。

1.3 预期效用

现在，让我们来看看如何将概率用于决策中。这个想法是将可能的收益(这种收益是随机的)和获得该收益的概率进行融合。彩票模型是用来解释决策风险的一个最简单的例子。

想象一下，在一个随机抽奖系统中，你有 $\frac{1}{2}$ 的概率赢得 10 美元，$\frac{1}{3}$ 的概率赢得 55 美元，$\frac{1}{6}$ 的概率赢得 100 美元。这个系统很容易用一个骰子来模拟，其中有三个面被标记为 e_1，有两个面被标记为 e_2，最后一个面被标记为 e_3。如果掷得 e_3 面，你将赢得 100 美元。彩票论也采用此策略，将其圆周平分为六个区域，在相应面积区域上分别标记 e_1、e_2 和 e_3。

如果以上抽奖的单张票价是 20 美元，你还会玩彩票吗？让我们来思考这个问题。因为无论出现哪一面，你至少会赢得 10 美元。但是你的确也会失去 20 美元的本钱。另一方面，每六次你就能有一次赢得 100 美元。假设你尝试 6000 次以上，就可以使用大数定律。以 6000 次为例，则 e_1 出现 3000 次，e_2 出现 2000 次，e_3 出现 1000 次。你的收益将如下：

$$3000\times10+2000\times55+1000\times100=240\ 000$$

每次抽奖的平均收益是 240 000/6000 = 40 美元，比本钱 20 美元多了一倍。

对于此类彩票系统，我们可以用另一种概率的方法计算，如下：

$$10\times\frac{1}{2}+55\times\frac{1}{3}+100\times\frac{1}{6}=\frac{240}{6}=40\ (\text{美元}) \qquad [1.1]$$

可以看出，我们已经计算出了此彩票系统的预期效用。如果抽奖的次数足够多，我们相信平均每次抽奖都将赢得 40 美元。40 美元也被称作这个彩票系统的预期效用值。

①这里，我们刻意把自己限制到概率中；有最新的陈述概括概率这个概念，但这对在本书中涉及的问题的本质并没有影响。

基于上述讨论,我们引出了下面的定义:

定义:符号 A 表示决策者所有可能行动的集合(或者抉择者的所有可供选择的行动);符号 ε 表示全集中所有事件的集合;"效用函数"(或者效用、收益或者结果)表示在实数域 **R** 上关于($A\times\varepsilon$)的函数 u 。其中每一个(a, e)二元组为决策者确定了对应的效用 $u(a, e)=r$ 。

由此可以这样解释,如果决策者选择了行动 a,而随机事件或自然导致了事件 e 的发生,因此决策者的效用等于 $u(a, e)$。

效用在决定矩阵(如表1.1和表1.2)中是行 a 和列 e 交点处的值。等式[1.1]只能表现为一种可能的行动。

$$E=u(e_1)P(e_1)+u(e_2)P(e_2)+u(e_3)P(e_3) \qquad [1.2]$$

表达式[1.2]中,$u(e_i)P(e_i)$被称作预期效用,等于可能的收益乘以获得该收益的概率——通常对应一个行动 a 和 n 个事件。

$$E(a)=u(a, e_1)P(e_1)+u(a, e_2)P(e_2)+\cdots+u(a, e_n)P(e_n) \qquad [1.3]$$

定义:预期效用用来表示收益和获得该收益的概率的乘积值。

$$E(a)=u(a, e_i)P(e_i)$$

彩票的预期效用是全部事件的预期效用之和:

$$L=\sum_{e_i\in\varepsilon}u(e_i)P(e_i)$$

只针对一个行动的预期效用:

$$E(a)=\sum_{e_i\in\varepsilon}u(a, e_i)P(e_i)$$

如果某人抽彩票次数非常多,那么预期效用总和 L 就变成了这个人"确定"的收益。在上面的例子中,彩票的预期效用值为40美元!用上述公式,我们就有可能在概率全集中比较两个行动。如果概率化全集中的行动 a 包括 n 个事件 e_i($1\leqslant i\leqslant n$),止如上面已经知道行动 a 的预期效用为:

$$E(a)=\sum_{i=1}^{n}u(a, e_i)P(e_i);$$

另外一个行动 a' 的预期效用则为:

$$E(a')=\sum_{i=1}^{n}u(a', e_i)P(e_i)。$$

当我们觉得行动 a 更好时,我们定义 $a\geqslant a'$(表明 a 比 a' 好),当且仅当 $E(a)\geqslant E(a')$时。行为 a 和 a' 相似,当且仅当 $E(a)=E(a')$时,我们记

作 $a \approx a'$ 。由此我们有了分类行动的方法。

我们回顾例1.2,如果会下雨的概率是0.3(30%),则带外套的预期效用是:

$E(c)=(-1)\times 0.3+1\times 0.7=0.4$

并且 $E(nc)=(-2)\times 0.3+2\times 0.7=0.8$

因此,最好的决定是不带外套(这与我们的思维一致,因为下雨的概率只有30%)。随着降雨概率增加到50%,同样的计算方法得:$E(c)=E(nc)=0$,表明这两个行动是相似的,记作:$c \approx nc$ 。

冯·诺伊曼－摩根斯坦定理表明,如果事件存在概率并且选择方式是合理的,也就是:

——你可以将所有可供选择的方案从最好到最坏进行分类。 [C1.1]

——如果你喜欢行动 a 胜过行动 b ,那么在特定事件下 a 和 b 效用的微小变化将无法改变你的选择。 [C1.2]

存在一个效用函数,用来帮助你做决定[3]。

因此,如果你在风险决定中是理性的,那么则存在一个效用函数。如果根据预期效用来做出选择,那么你的决定必然是合理的!

条件[C1.2]又叫作"独立条件"。事实上,冯·诺伊曼–摩根斯坦定理要求连续性条件,不过可能会出现持续地混淆选项的情况——也就是说,如果当且仅当存在 a 和 c 两个选项,我们认为 $a \propto c$ 是一个行动,其中行动 a 产生结果的概率为 $\propto$,行动 c 产生结果的概率为 $(1-\propto)$。然后独立性条件可以记作:

$a \geqslant b$ 意味着对于每一个 $\propto$,有 $0 \leqslant \propto \leqslant 1$,对于每一个 c,有 $a \propto c \geqslant b \propto c$ 。

在进一步讨论之前,我们必须强调最重要的一点。有30%的降雨概率(在外套的例子中),最佳方案是选择 nc(不带外套)。但仍然很有可能下雨,这样决策者就获得了最坏效用(−2)。在此种情况下,决策者已经做出了最佳选择,只是他的运气不好而已。在决策论中,这有本质区别:科学关注于预测最佳概率和信任预期效用,然而自然却是不可捉摸的,经常发生意外事件——这就是所谓的好运气或坏运气。从心理学的角度来看,科学和自然之间存在惊人的不对称性:如果一个不好的决定却产生了一个幸运的结果,决策者往往归功于科学的决策而非运气。相反地,如果某个大概率事件发生了但其结果不好,决策者会无穷无尽地将其归咎于运气不好,却很少承认这是一个错误的决定!正确区分二者的差异是一个经理人必须具备的首要素质。第八章将继续讨论这种差异。很多时候，一个不称职的决策者往往总是找借口而不是扪心自问，是否已经在可预见概率的情况下做出了错误的决定。

举一个股票经纪人的例子。众所周知并早已被证明[8]的是，长线投资是投资系统里的最佳选择。虽然有些运气很好的人往往看起来很聪明并且被认作榜样，但是他们的结局通常都很惨！因为，运气不可能持续太久。

当然，也存在凌驾于市场之上的因素，比如投资人之间的信息不对称。快速准确地获得信息并及时反应才是王道。难道历史没有告诉我们，伦敦的罗斯柴尔德家族先于竞争对手得知英国滑铁卢之战的胜利而大赚一笔的案例吗？尽管我们不应提及特权消息，但它的确是以智取胜的最佳途径。

进行风险决定最合理的方法是基于预期效用的推理，然而我们不能麻痹自己，因为个人决策者将面临诸多困难。

让我们回顾一下这些困难：

(1)一般来说，只有选择具有最高预期效用的行动才是唯一合理的(即多次掷骰子试验)。如果只能做一次决定，我们总是对大自然产生的某个偶然事件而感到惊讶，并使我们感到幸运或不幸。

(2)决策者必须具有准确评估预期效用的能力，我们将在后续章节继续讨论此问题。

(3)概率应能表达自然的真实状态，然而某些事件的概率不依赖于频率，那么我们将如何确定这些事件的概率呢？这是一个主观概率问题！

1.4　主观概率和决定理性

理论拯救了我们，它澄清了合理性和主观概率之间的联系。设想一种没有客观“频率论”概率的情况，我们便进入了不定性领域。此时存在一种悖论，那就是即使没有明确的概率，理性的决策者仍然隐含地使用了它！换句话说，选择意味着在潜意识中确定事件发生的概率。这一开创性理论是由统计学家Savage在1954年提出的[3]。

事实上Savage指出，如果决策者做出理性决策，则该决策符合一些简单原则，如：

——所有可能的行动都是有序的，即可以将他们从最差到最好进行归类。　［C1.3］

——在特定事件下，如果决策者以相同的方式修改了两个行动的效用，

并且这个特定事件对两个行动来说是等效的，那么不影响两者之间的选择。 [C1.4]

那么便存在一个覆盖全体事件的概率分布，此时，决策者会选择一个获得最大期望效用的行动。这个结果极为重要，可以从两方面来理解。

Savage提出，决策的不确定性表现为以下两种情况：

（1）从可能的行动中进行“理性地”选择隐含着两方面含义：为事件确定（主观）概率及根据预期效用进行选择。

（2）如果我们得到的事件概率是“好的”，那么选择带来最大预期效用的行动就是最合理的。

条件[C1.4]类似于条件[C1.2]，是一个独立条件，Savage（1954）把它称为“确定事件原则”，但本领域的文献越来越倾向于使用术语“独立条件”，意思是，选择独立于给定事件上对选项的同一修改。

我们已经知道，六个月后的油价是否上涨，或者是否发动海湾战争存在不确定性，甚至难以给出这些事件的主观概率。然而，Savage的模型是在不确定情况下，理解决策唯一“合理的”途径。有时考虑效用值也是合理的，尤其是效用值不可更改时(参见第二章)。这点在下面的例子中将有所体现。

例1.3 （登山旅行）：一位登山者在登山路径 a 和 b 之间进行选择，路径 b 在路程上比路径 a 要短，但非常容易发生落石。

在这里有两个事件：“落石”和“无落石”。由此我们得出了如下的决定矩阵。

表1.3　落石的例子

	落石	无落石
a	10	8
b	-10^7	20

表1.3显示，选择路径 b 并发生落石而导致登山者死亡的效用是-10^7。这种情况在金融行业中被称为“崩溃”。一般来说，这种结果糟糕到决策者很难从中得以恢复。

如果发生落石的概率为10^{-6}（即在此地每2700年发生一次落石），则预期效用：

$E(a)=10\times10^{-6}+8\times(1-10^{-6})=8.000002$

$E(b)=-10^{-7}\times10^{-6}+20(1-10^{-6})=999998$

如果我们信任期望,理性将会驱使我们选择路径 b 。但是如果我们发现落石的概率为 10^{-3}(大体上每三年发生一次),使用相同的公式可得:

$E(a)=8.002$

$E(b)=-9980.02$

那么当然,我们必须选择路径 a 。

这个例子提示我们注意两点:首先,对结果进行最坏状况评估①是极其重要的。例1.3的结果已经经过校准,以使我们能看到 a 和 b 之间选择的逆转。实际上,当我们认为登山者遭受的损失是无限大时,我们必须总是选择 a 。然而现实却并非如此。事实上,总有一些人喜欢冒险。其次,我们需要注意——选择路径 b 在很大程度上取决于落石的概率。如果其概率很小(如例子中的 10^{-6}),那么选择路径 b 会更好,因为它在路程上比路径 a 要更短。10^{-6} 数量级概率的风险被认为是完全可以接受的,在日常生活中,该数量级概率的事件并不经常发生。这种风险远远低于发生一场车祸的风险,大约只与牵扯进一场飞机事故的风险相同。另一方面,当落石发生的概率为千分之一时,情况就十分危险了,我们必须选择路径 a 。此时我们说,合理性中关键的一点就是由预期效用来对合理性加以引导,但是这个例子也表明了另外一种理性,那就是避免做出那些会导致不可逆损失和"崩溃"危险的决定,即使其概率非常微小。然而,"微小"并不是"极其微小"——我们不能太过于重视 10^{-9} 数量级的概率,否则我们永远不可能出门。我们避免做出那些概率大于 10^{-3} 且伴随有崩溃危险的决定是合理的。这是另外一种来自于预期效用的理性,但这并不愚蠢。这种决定的缺点是包含了大量的随机因素:我们能接受的风险的概率临界值是多少呢?为什么是这个临界值?其不利后果会到什么样的程度?又为什么呢?应当指出的是,某些模型[3,9,10]结合了上述两种合理性。

总之,在使用预期效用时,同时考虑巨大的损失和极小的概率是十分困难的,必须对它们进行单独分析。避免那些概率大于千分之一并且可能会带来"崩溃"的行动是明智的。

1.5 附加说明和建议

在本章中,我们介绍了一些决策的相关定义和基本内容,这些对接下来的学习会有很大的帮助。同时也给出了一个决策的规则,但是要注意的是,

①对结果进行最好状况评估也成立。

这个规则并不适用于所有的情况，所以要谨慎使用。

1.5.1 行动和事件的区别

首先，我们必须明确区分行动和事件这两个概念。许多决策者认为自己可以对事件产生影响，而在大多数案例中，这纯粹只是一种幻想，即“控制幻想”（详见第六章）。然而在特定的案例中，这种情况也可能发生。比如在供不应求的市场环境下，当你修改了产品的价格时，你不能把竞争对手公布的一个新价格当作一个事件，因为修改后的价格只会跟你的行动有关。在这个案例中，我们必须使用其他模型，比如博弈论。实际上，我们必须注意避免替他人做决定。很多决策者都试图去控制对手或竞争者的行动，这是错误的！一定要把其他的参与者当成事件去分析，因为你不能控制他们。最多只能确定他们各种可能行为的概率。如果试图代替他人做出行动，我们就会把他人的某个行动当成唯一可能发生的行动。更糟糕的是，我们会把这个行动当成我们期望的最终结果，而忽略了其他情况。

1.5.2 决定和结果的区别

行动和事件之间的区别导致了决定和结果之间的区别。实际中，混淆二者是一种常见的错误：某个人得到了一个不错的结果，因此他认为自己当初做了一个不错的决定，但事实上他仅仅是运气比较好罢了。相反地，不理想的结果可能源于自然的不确定性，即便这个决定是正确的，并经过概率计算而获得。另一方面，许多错误和意外[11]往往源自一个未经良好评估的概率。众所周知的案例是“挑战者号”航天飞机爆炸的事件，尽管工作人员都知道推进器的O形环对寒冷非常敏感[12]，但他们对佛罗里达寒冷天气的概率却得出了一个灾难性的错误评估。因此，我们必须本能地、后验性地分析决定，以便更好地计算概率。

1.5.3 基于预期的推理

我们已经明白事件的概率在决策过程中发挥着至关重要的作用。这就导致了，如果我们面临两个结果不同且不确定的决定，我们必须分析概率和预期效用的一致性。在企业中，我们经常看到决策者在不同预期效用的事件上花费相同的经费，如一个事件的概率是0.2，而另一个只有0.01。例如，不论一个合同或契约表现出的风险是1/5还是1/100，都会在实施中动用相同的法律资源。即使你不是概率领域的专家，也很清楚，在经济风险一致的情况下后者应该动用的资源最多只有前者的几十分之一。

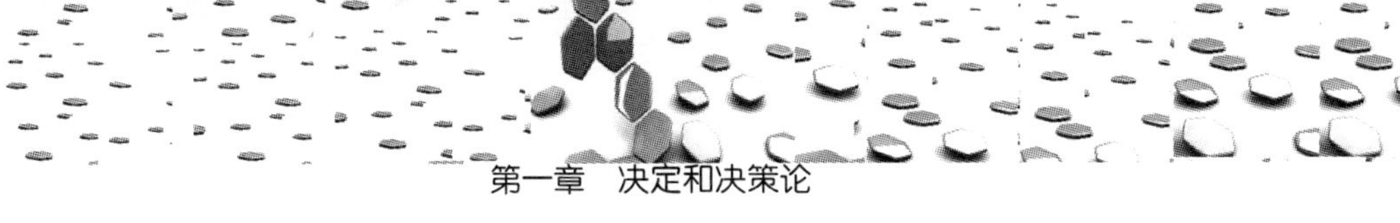

1.5.4　确定全部事件及其概率

我们往往需要尽可能正确地识别全部事件。然而在诸多实际情况中，这都是一个艰巨的任务，例如美国前总统乔治·赫伯特·沃克·布什也曾面临过此困境。首先，我们必须识别主要事件。其次，确定这些事件的概率。在缺少客观概率的情况下，这几乎是个不可能完成的任务，然而它在实际案例中却很常见。对概率的错误判定是造成错误决定和意外的主要原因。人类的大脑不具有识别概率的经验，即使在面对小概率事件时也是如此。对大多数人来说，10^{-2} 的概率和 10^{-6} 的概率是相同的，但在实际中，这两个概率却代表着极其不同的风险因素。我们将在第六章详细讨论上述问题。一个概率为 10^{-6} 的事件，对大多数的日常决策来说是可以忽略的，但是对概率为 10^{-2} 或 10^{-3} 的事件来说却是不容忽视的，尤其当此事件可能导致灾难性的后果时。在“挑战者号”航天飞机的案例中，Morel[12]提醒我们，工程师认为发射发生意外的概率是 1/100，而管理者认为概率应当是 1/100 000 ——这是两种不同的行为模式。我们一定不能忽略小概率事件，以免造成难以估量的损失。应当对这些情况进行适当形式的分析。

第二章 场景和条件概率

我们思绪纷飞,常在心中构造空中楼阁。历史上的风云人物,不论聪明人和疯子,还是这个卖牛奶的女人,都在白日做梦,没有比它更具诱惑力的了。

——拉·封丹

人类的大脑具有反刍特征:它通过判断来自感官的信息,将这些信息与概率相结合。因此,人类能够预先考虑时间,并计划时间。

——Erri De Luca, Le poids du papillon

行动开始以后,无法预料的事件迫使我们不得不中止预先的计划。时刻准备重新审视你的推理。

——R. S. McNamara

2.1 场景

我们在第一章看到,为了做出理性的决定,我们必须预先知道一些知识:

——所有可能的行动;

——所有可能的事件;

——每一个事件发生的正确概率。

为了开发更多的场景,我们需要提许多问题,特别是当决策分析依赖于创建决策链能力的时候。

事实上总的来说,一个行动之所以发生其原因包括:假如这个世界状态是 S_1,那么我就会采取某个行动 a_1;假如这个状态转变成了 S_2,我就会有另一个行动 a_2;以此类推。因此,一个行动可以被分解成一系列子行动,且一个事件可以被分解成一系列子事件。一般情况下,我们把(a_1, a_2, …, a_n)看作由一系列子行动 a_i 和事件(e_1, e_2, …, e_n)n 元组(四元组、五元组等)的事件集合构成。因此,第一章提到的内容是可以实现的,然而实际情况十分复杂,因为为了响应大量的事件,必然存在大量的行动。很明显,假如我们不得不长时间地响应事件,那么就不可能预知所有可能的行动。

定义：场景是响应诸多事件的一系列行动的集合。

例 2.1　(选择投资项目)第一步　把有价证券分为股票、债券和银行储蓄账户。

我们考虑下面三个事件：

(1)股票上涨，利率仍然保持不变；

(2)股票下跌，利率上升；

(3)股票下跌，债券上升，利率保持不变。

我们能够在树图(如图 2.1 所示)上描述行动(节点□)和事件(节点 O)的序列。此图只显示了 a_1 产生的场景，a_2 的情况类似，不再赘述。

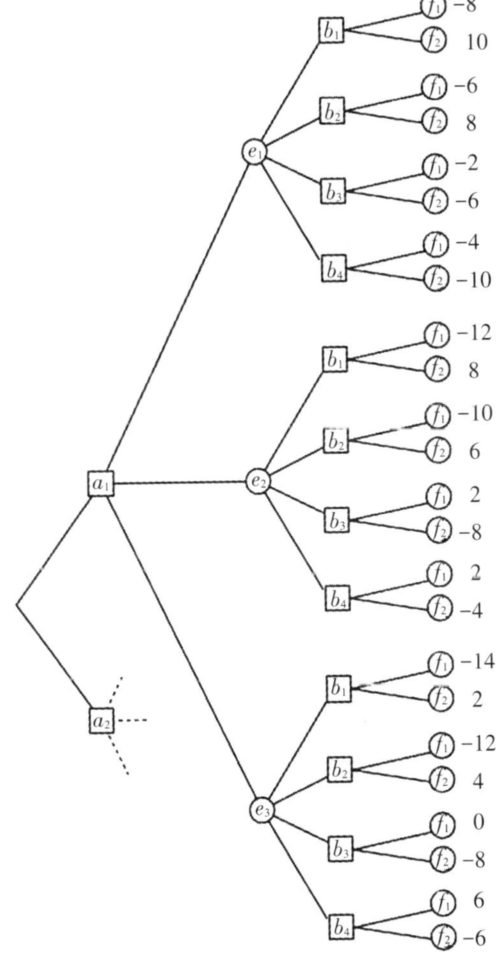

图 2.1　投资方案

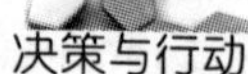

假如 e_1 发生，我们就卖掉债券而全部买成股票，称之为方案 b_1；假如 e_1 发生，我们还可以卖掉债券而将其中的一半买成股票，而另一半存入储蓄账户，称之为方案 b_2。假如 e_2 发生，我们把所有的股票换成存款，这样资产保持不变，这个方案称为 b_3。最后，假如 e_3 发生，我们卖掉股票和投资债券而获得了收益，称之为方案 b_4。随着上述行动和事件的演进经济也随之进入了衰退或复苏，即产生了两种可能事件："经济衰退"和"经济复苏"。我们可以看到，尽管这个例子很简单，但是如果没有计算机的辅助决策将很难跟踪并记录这个场景。如果我们想计算每一个事件二元组（e_i，f_i）对应于每一个行动二元组（a_i，b_i）的结果，我们应该得出以下表格。

表 2.1　决定矩阵

	$e_1 \cdot f_1$	$e_2 \cdot f_1$	$e_3 \cdot f_1$	$e_1 \cdot f_2$	$e_2 \cdot f_2$	$e_3 \cdot f_2$
a_1b_1	−8	−12	−14	10	8	2
a_1b_2	−6	−10	−12	8	6	4
a_1b_3	−2	2	0	−6	−8	−8
a_1b_4	−4	2	6	−10	−4	−6
a_2b_1	6	−6	−10	15	10	8
a_2b_2	5	−4	−12	12	8	6
a_2b_3	−10	6	0	−10	−8	−8
a_2b_4	−5	−7	−2	−12	−15	−8

表 2.1 中的数据表示满意度，而不是美元。我们可以看出，图 2.1 中树形结构的信息变得更加清晰了。它更有利于对类型进行连续推理："假如发生这件事情或那件事情，我就这样应对或那样应对。"然而，我们能预计到开发场景所面临的困难。在不知道事件发生概率的情况下，假如需要选择一系列的行动来改变投资策略，我们就去做，因为我们得到的最差结果也不过如此：它是一个最大值，即所有最大的极小值。然而我们要指出，这个行动也是除了（a_2，b_4）以外获利最小的一个。不过（a_2，b_4）是由（a_1，b_3）控制的，因此我们不建议选择前者。上述思想与古代经济学法则产生了共鸣，即风险越小收益越少——中国有句古话："不入虎穴，焉得虎子。"

现在假设我们已经选择了 a_1，且观察到 e_3 即将发生，因此，我们需要做出一个权宜之计 b，并选择能够给我们带来最小损失（−6）且最大收益（+6）

的方案 b_4。因此我们注意到在缺乏信息(a_1, b_3)的情况下，即便某个行动是当前最合理的，但随着场景的演进，该行动可能不再是最好的。

更进一步讲，我们必须对事件发生的概率进行推理。换句话说，我们要给每一个事件(e_i, f_i)赋予相应的概率。这里会产生额外的困难，即事件 e_i 和事件 f_i 都发生的概率并一定不等于两者概率之积，除非概率之间相互独立。

2.2　组合概率

定义：事件 f_i 的发生不依赖于事件 e_i 的发生，反之亦然，我们称两个事件是相互独立的，且 e_i 和 f_i 同时发生的概率等于 e_i 发生的概率和 f_i 发生的概率之积，用公式表示如下：

$$P(e_i \cap f_i) = P(e_i) \times P(f_i)$$

相反，条件概率是在知道事件 e_i 已经发生的情况下事件 f_i 发生的概率。在我们的实际生活中，假如图2.1中的事件 e_2 已经发生，经济将很有可能进入衰退期。

让我们来看两个简单的例子。假设之前掷一次骰子的结果不影响后面掷骰子的结果，即每次掷骰子结果的概率之间相互独立。因此，掷两次骰子获得结果分别是2和1的概率是 $1/6 \times 1/6 = 1/36$，但如果不限制2和1的顺序，只是获得2和1的结果，那么这个概率是 $1/18$。

另一例子，假如你有一个盒子，里面装有2个白球和3个黑球，若是取出后不再放回，那么按顺序先取出1个白球、再取出1个黑球的概率等于先取出1个白球的概率(2/5)乘以后取出1个黑球的概率(3/4)——因为现在盒子里只有4个球——结果是6/20。然而，假如取出1个白球这个事件还没有发生，那么取出1个黑球的概率就会是3/5，这两个事件都发生的概率就是 $2/5 \times 3/5 = 6/25$。取出1个黑球的事件和取出1个白球的事件是相关的，因为第一个取出的球没有放回盒子里，这样就导致了取出1个白球和1个黑球事件概率的增加。假如我们不把顺序考虑进去，取出2个不同颜色的球的概率是 $12/20$，取出2个白球的概率就是 $2/5 \times 1/4 = 2/20$，取出2个黑球的概率是 $3/5 \times 2/4 = 6/20$；总的概率之和是1。

这个例子也可以以树的形式来表示，如图2.2所示，图中B代表黑球，W代表白球。

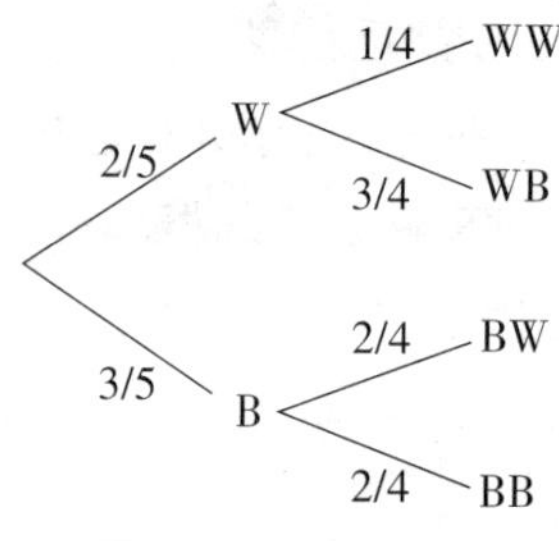

图 2.2　组合概率树

我们可以看到,从每一个节点出发的树干上的所有概率之和为 1 。

让我们来看另外一个简单的例子。一个班级有 30 名学生,20 名女生和 10 名男生,其中有 3 个班级代表,分别是 2 个男生和 1 个女生。

假如我们随机和其中任意一个学生说话,那么与 1 个学生代表说话的概率是 3/30 ,即 1/10 ;与 1 个男生说话的概率是 10/30 = 1/3 。与 1 个男生代表说话的概率等于与 1 个男生说话的概率乘以和 1 个代表说话的概率。我们用 BR 来代表男生代表, BNR 代表男生非代表,以此类推。

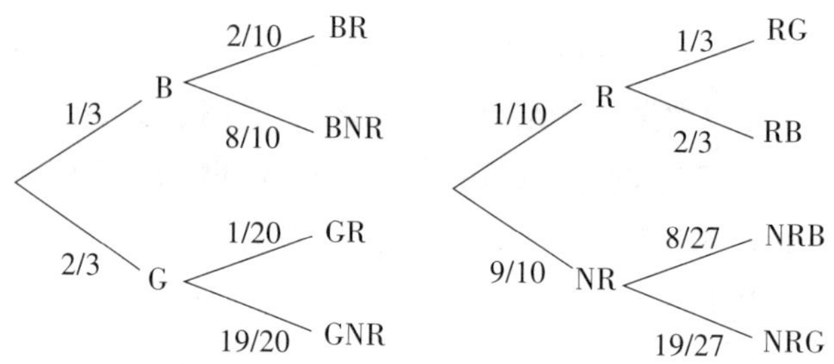

图 2.3　班级代表实例树图

与 1 个男生代表说话的概率等于 1/3 × 2/10 = 2/30 ,因为假如我们选择了 1 个男生,就有 2/10 的可能他会是代表,概率独立的情况下,结果就是 1/3 × 1/10 = 1/30 的 2 倍。从图 2.3 我们可以看出,每个结点概率之和为 1 ,且无论用哪一个模板,我们都得到同样的结果。

通过上述例子,我们可以给出条件概率的定义。

定义:已知事件 A 发生的条件下,事件 B 将要发生的概率被称为在事件 A 发生的情况下事件 B 将要发生的条件概率,记作 $P_A(B)$或 $P(B/A)$。这也被描述为 A 发生条件下 B 发生的概率,我们又有 $P(B) = P_A(B)P(A) = P_B(A)P(B)$。

很明显, $P_A(A) = 1$,并且假如 B_i 是许多不相交的事件,它们组成了整个全集，即 $\sum_i P_A(B_i)=1$，这说明了一个事实：在图形中每一个节点的概率之和为1。

然而在实例中，我们也观察到选择一位代表的概率明显等于：与一位女孩说话的概率乘以知道是女孩的情况下和女孩代表说话的概率，加上与一位男孩说话的概率乘以知道是男孩的情况下和男孩代表说话的概率之和。换句话说：

$$P(R)=P_c(R)P(G)+P_s(R)P(B)$$
$$=\frac{1}{20}\times\frac{2}{3}+\frac{2}{10}\times\frac{1}{3}=\frac{3}{30}=1/10$$

全概率定理：对于事件 A_i，其属于全集里所有事件中的一个事件，则有 $P(B)=\sum_i P_{A_i}(B)P(A_i)$。

定义：假如事件 A 和事件 B 是独立的，则有 $P_A(B)=P(B)$ 或 $P_s(A)=P(A)$ 或 $P(A \text{ and } B)=P(A)P(B)$。

换句话说，在事件相互独立的情况下，事件 A 的发生对事件 B 没有影响，反之亦然；事件发生的顺序也不影响事件的发生。

这种情况可以扩展到两个以上的事件。设想有一个事件 AC，假如 A 和 B 已经发生，我们就能说出事件 C 发生的概率。第二个公式更具有一般性，所以我们就采用第二个公式，这样我们就得到了组合概率定理，根据情况可以延伸到 n 个相关事件。

组合概率定理：

$$P(A\cap B\cap C)=P(A)\times P(B/A)\times P(C/A\cap B)$$

2.3　场景和条件概率

我们刚才看到，条件概率能以类似场景的方式很自然地融入树形结构里。因此，在场景中必须考虑条件概率。让我们回到第一章登山的例子（例1.2）。众所周知，下雨会增加山体滑坡的可能性。因此我们应当考虑未来几天下大雨的概率，用 rn 表示下雨，用 nrn 表示不下雨。我们因而得到以下场景：假设下大雨将加剧山体滑坡的危险，以因数10000表示。

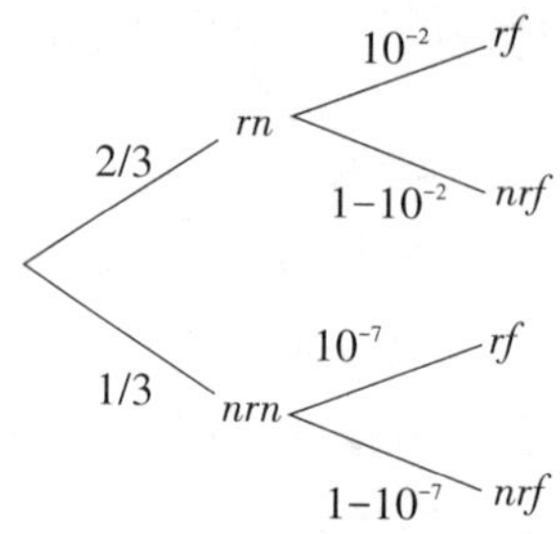

图 2.4　登山越野的例子

假设下雨的可能是 2/3，那么根据全概率理论可知，山体滑坡的概率是：

$$P(rf)=\frac{2}{3}\times10^{-2}+\frac{1}{3}\times10^{-7}\approx0.7\%$$

这个概率绝不是微不足道的。在这种情况下，下雨事件之前的概率将不同于下雨事件之后的概率。

在一个场景中，假如有条件概率，我们就能计算结果并选择最好的行动。下面我们通过一个例子来说明。

例 2.2　让我们回到第一章生产水龙头的例子（例 1.1）。该公司的决策者可以在两个行动之间做出选择（为了简化，我们先不考虑第三种情况）：

a = 投资 200 万美元，在现有厂房的隔壁建一栋新楼

b = 花 2000 万美元，买一个新公司

可能会发生以下三种情况：

e_1 = 需求增长迅速；

e_2 = 需求停滞不变；

e_2 = 需求下降很快。

决策者就能很快做出另外一个决定：要么放弃现成的计划（ab），或者继续（nab）。我们考虑两个新的事件：他的竞争对手破产，或者该竞争对手增加产量（f_2）（假如需求急剧增加，破产的可能性很低）。

e_2 的概率是 1/2，而 e_1 和 e_3 的概率都是 1/4，则我们有：

$P_{e1}(f_1)=1/10$；$P_{e1}(f_2)=9/10$

$P_{e2}(f_1)=1/2$；$P_{e2}(f_2)=1/2$

$P_{e3}(f_1)=9/10$；$P_{e3}(f_2)=1/10$

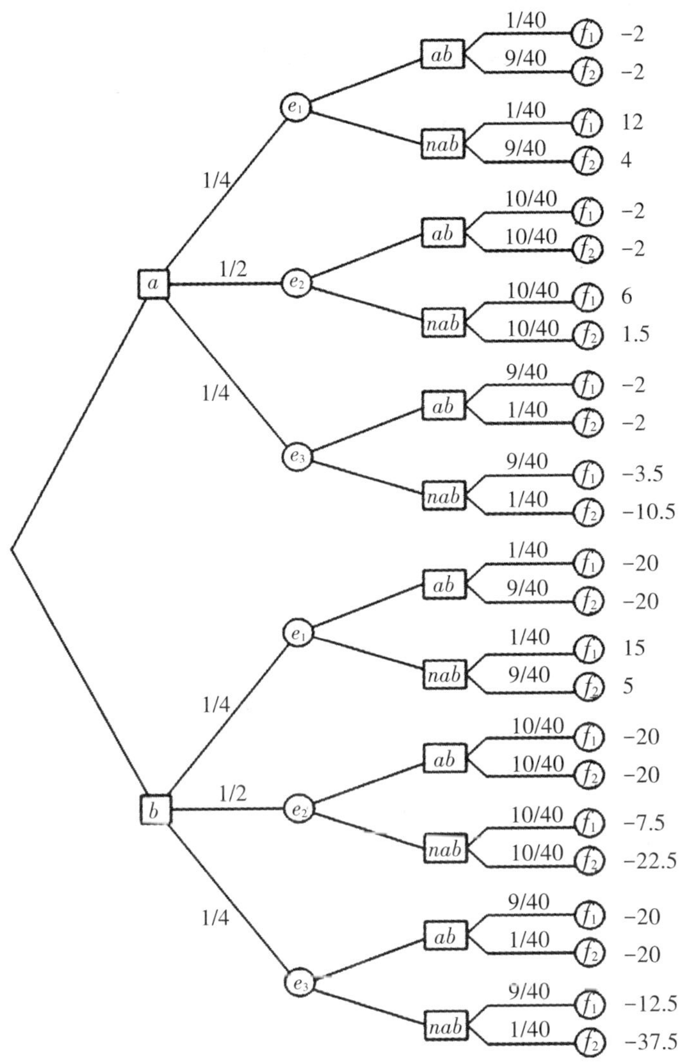

图 2.5　水龙头制造商的决策树

图 2.5 中决策树上的叶子表示了水龙头制造商做了价值几百万美元的决定而带来的后果。从这个图中，我们可以估计假如需求增加，增加投资他将会获得 1000 万美元的效益；而如果买其他公司将会获得 3000 万美元的效益。当需求不变时，两种方案对应的效益都是 500 万美元。假如需求降低，两种方案对应的损失分别是 500 万美元和 1000 万美元。在竞争对手宣布破产的情况下，这个图将扩大了 1.5 倍，否则将减小一半。读者可以不必过分关注这个图，因为它尚未考虑太多的经济学因素：这里我们只是针对这个例

子来说。在决策树的枝叶端，通过 e_i 和 f_i 的概率可获得结果，记作 $P(e_i)\cdot P_{ei}(f_i)$。这样我们就能计算每一对行动的期望值了。

$$E(a,\ ab)=(-2)\times\frac{1}{40}+(-2)\times\frac{9}{40}+(-2)\times\frac{10}{40}+(-2)\times\frac{10}{40}+(-2)\times\frac{9}{40}+(-2)\times\frac{1}{10}=-2$$

$$E(a,\ nab)=12\times\frac{1}{40}+4\times\frac{9}{40}+6\times\frac{10}{40}+1.5\times\frac{10}{40}+(-3.5)\times\frac{9}{40}+(-10.5)\times\frac{1}{40}=\frac{81}{40}=2.025$$

$$E(b,\ ab)=(-20)\times\frac{1}{40}+(-20)\times\frac{9}{40}+(-20)\times\frac{10}{40}+(-20)\times\frac{10}{40}+(-20)\times\frac{9}{40}+(20)\times\frac{1}{40}=-20$$

$$E(b,\ nab)=15\times\frac{1}{40}+5\times\frac{9}{40}+(-7.5)\times\frac{10}{40}+(-22.5)\times\frac{10}{40}+(-12.5)\times\frac{9}{40}+(-37.5)\times\frac{1}{40}=-\frac{390}{40}=-9.75$$

b 的期望总是负值，为了做到投资最少并长期持有，最好的决策是 $(a,\ nab)$。结果往往和我们的直觉很接近，我们都知道公司的CEO能做的最糟糕的事情就是做出巨大投资却轻易放弃，事实也是如此。无论如何只要需求显著增长的概率是1/4以上，就值得做出投资——即场景 a 。这个高度简化的例子说明，很难知道所有的条件概率，并得到结果的估值。这就是为什么，除非我们有可以随意使用的软件，否则根本无法建立哪怕很小的场景并且不可能给出所有的条件概率。

毋庸置疑，我们的计算结果对于变量和概率的变化非常敏感，这一点非常重要。在我们的例子中，一个乐观的决策者 坚信 $P(e_1)=1/2$ 和 $P(e_2)=1/4$，并增加了对 b 的吸引力。另外，假设他相信损失能够控制在限定范围之内并增加了某些分支的值，特别是在某个竞争对手破产的情况下，$(b,\ nab)$ 的期望值将变成正值。此类对数据变量中的决定敏感度分析往往易于在简单例子中实现。这是模型的重点之一——为了得到相同的决定，甚至需要允许数据的微小变化。决策者常常要寻找那些健壮的决定。

2.4 决策树

图2.1和图2.5展示了决策树模型，即一系列行动和事件的演化，也就是场景。下面我们用折回法来更为直接地解释决策树。事实上，对每一个决

策点，我们能计算出期望的收益。因此，假如 e_1 已经发生，在分枝 a 上，来自 nab 的期望收益是 $12\times\frac{1}{10}+4\times\frac{9}{10}=4.8$。图2.6展示了已经计算出来的结果。

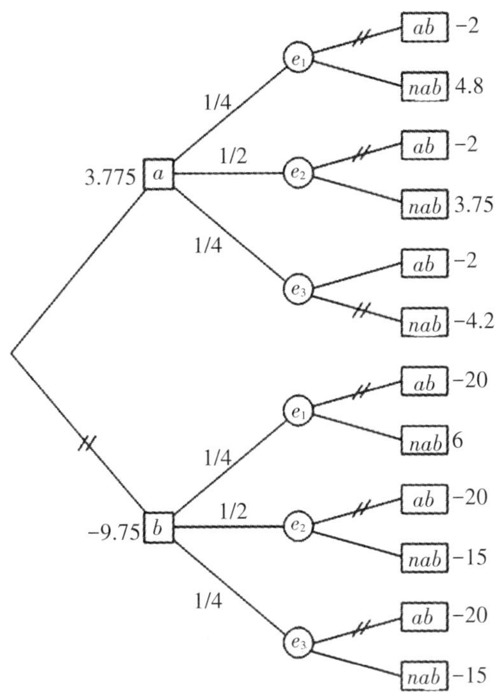

图2.6　水龙头制造折回法

很明显，我们不应该选择那些最差期望收益的行动。基于此，在这些分枝上画了双删除线。根据第一个计算，很容易计算出分枝 a 的期望收益。我们能够得到 $\frac{1}{4}\times4.8+\frac{1}{2}\times3.75+\frac{1}{4}\times(-2)=3.775$，对于 b 也是一样，经计算我们得到的结果是 -9.75。通过折回法的过程，我们发现我们必须在 nab 后面选择 a，也就是说以小的投资获得最多的收益。很明显，假如我们已经选择了 a 而且有可能在事件 e 之后选择，而且糟糕的是 e_3 发生了，那么我们就不得不选择 ab。在应用于简单实例时，这个简单的过程能够让我们迅速做出好的决定。

让我们完成最后一个例子，即石油勘探时是否决定在某地进行开采。图2.7中展示了不同的选项，附带产量的期望值（H 代表"产量高"，L 代表"产量低"，M 代表"产量中"）

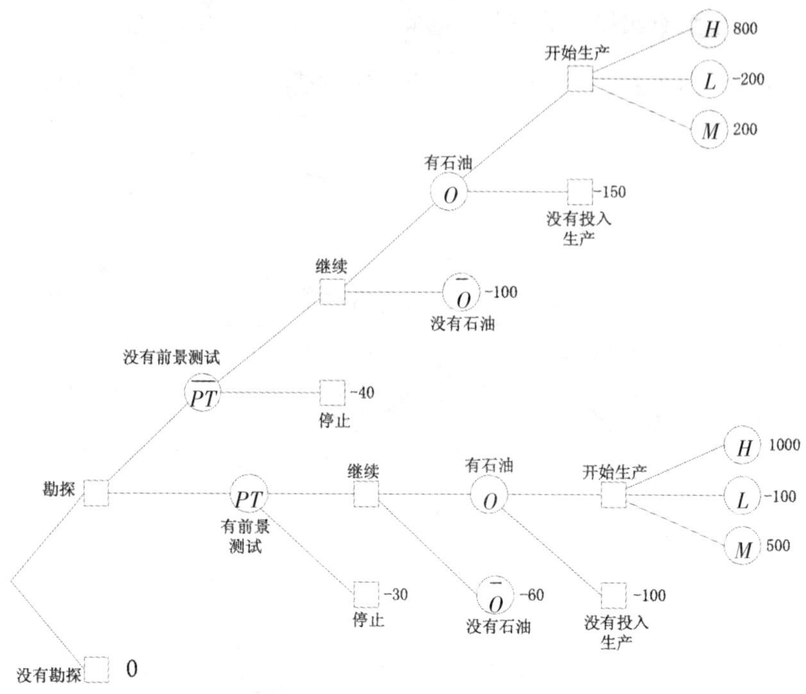

图 2.7　石油勘探的决策树

假如想解决决策树中显示的决策问题,我们就必须分配可能发生事件的概率。地质学家注意到如果没有油,出现有前景测试的概率很低;因此有 $P(PT|\overline{O})=0.1$, $P(\overline{PT}|\overline{O})=0.9$ 和 $P(PT|O)=0.8$, $P(\overline{PT}|O)=0.2$(我们用标记 $\overline{A}$ 表示 A 的相反)。石油勘探者知道在沉积盆地发现石油的概率是 $P(O)=2/7$ 和 $P(\overline{O})=5/7$。

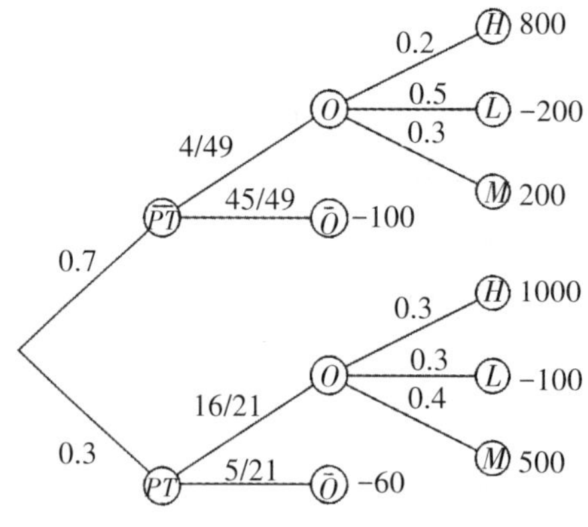

图 2.8　石油勘探的概率树

在图2.8中，我们已经指明了已知石油储量可能性和结果（H表示高含量，L表示低含量，M表示中含量）。

很明显在这个树的末尾，根据前导事件的知识，我们能够看到概率是：$P(G|O\cap\overline{PT})=0.2$；$P(G|O\cap PT)=0.3$。现在我们缺少$P(O|PT)$概率以及与它类似的概率。我们将采用贝叶斯[①]公式，或者原因概率公式。

在前面章节，我们看到$P(A\cap B)=P(A|B)P(B)=P(B|A)P(A)$；因此，假如$P(A)\neq 0$，则有$P(B|A)=\frac{P(A|B)P(B)}{P(A)}$，我们可以从$P(A|B)$得到$P(B|A)$。假如$B_i(1\leqslant i\leqslant n)$是$\varepsilon$的一部分，我们可以运用全概率理论并获得贝叶斯理论。

贝叶斯理论：

$$P(B_i|A)=\frac{P(A|B_i)P(B_i)}{P(A)}=\frac{P(A|B_i)P(B_i)}{\sum P(A|B_i)P(B_i)}$$

回到我们的例子。我们可能需要$P(O|\overline{PT})$，但是根据贝叶斯公式就会产生其他的变量值（图2.8的斜体）。

$$P(O|PT)=\frac{P(PT|O)P(O)}{P(PT)}=\frac{0.8}{0.3}\times\frac{2}{7}=\frac{16}{21}$$

$$Similary\ P(O|\overline{PT})=\frac{P(\overline{PT}|O)P(O)}{P(\overline{PT})}=\frac{0.2}{0.7}\times\frac{2}{7}=\frac{4}{49}$$

用这些变量很容易折回决策树（如图2.9所示）。因此，我们决定先去探索；假如测试结果不是很乐观，我们就停止，否则继续。当我们找到石油的迹象时就开始估计其储量。

理论上用所有的条件概率，总是能够通过折回法来逐步解决决策树问题。然而，实际中不可能给出所有的条件概率。我们可以对部分独立性做出假设，就像贝叶斯网络。然而在更多的情况下，决策者需要研究一定数量的场景。实际上在一些战略性的实例中，事件的复杂度特别是它在时间上的分布性补偿了期望效用，并声称它们提供了那些事件概率的初步量度。

事实上我们仅有能力评价某些场景，而它们只是场景很小的集合。当不易发现这些概率或者概率非常主观时，期望效用可能根本没有用，或者仅

---

①可敬的Thomas Bayes神父（1702—1761）非常惊讶于他的发现，使得他转向研究缘由的后果，仿佛时光穿梭一般。然而拉普拉斯在关于概率的哲学小说中首次完全欣赏这个结果的普遍性和重要性。

能提供一个虚假的印象。在此情况下,Gilboa和Schmeidler提出了基于案例的推理,例如或多或少地基于类比的推理(见第三章)。

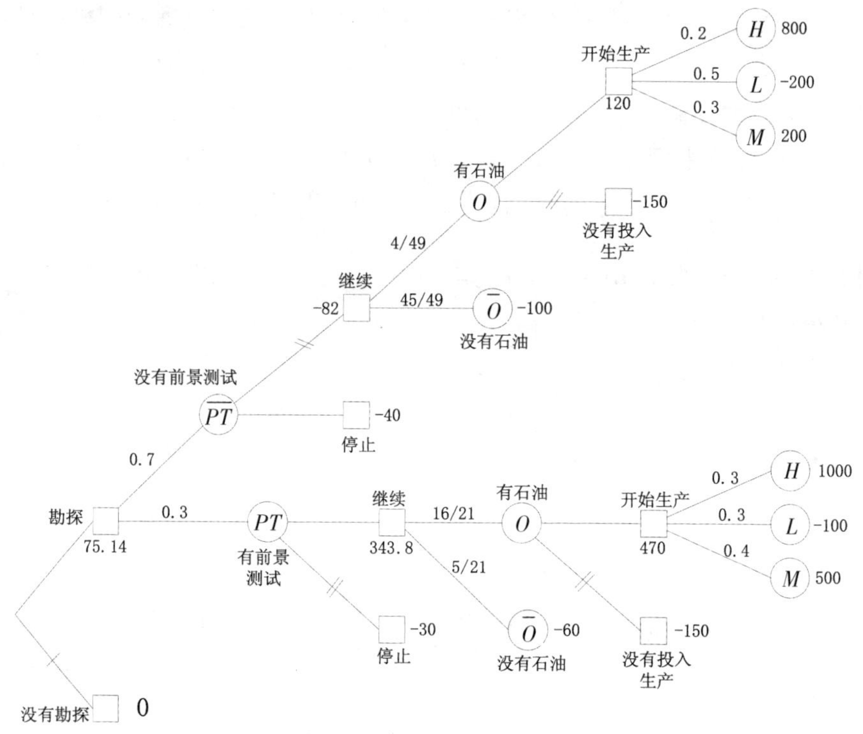

图2.9 石油树的折回法

2.5 场景、信息与语用学

存在另一种更为简单并且不需要计算机辅助的解决方案,它主要包括学习没有概率的场景。这就是情境图[13-15]。在水龙头制造商的案例中,经济气候可以被认为是一种无法概率化的情境元素。除此之外,能给出2年(新建一个工厂所需的时间)之内有关经济增长概率的人一定非常聪明。我们应当基于短期需求演变的预期,对每一个分枝给出让自己满意的直觉(主观)值。

回到海湾战争爆发前夕的例子。假如我们选择不调停,将会对沙特阿拉伯产生一个多米诺骨牌效应,原油价格随即迅速提高(如图2.10所示)。可以看到,为了关注可能的选择(□节点)和可能的事件(○节点),我们已经忽略了概率。我们也能看到这个场景有点儿长。之后,我们必须建档并利用专家的经验严格证明每一个场景,同时为所有的分枝而不是每一个事件节点或情境节点分配适合的概率。根据乔治·布什总统的假设,我们已经用+号和-号对每一个场景进行定性评价。

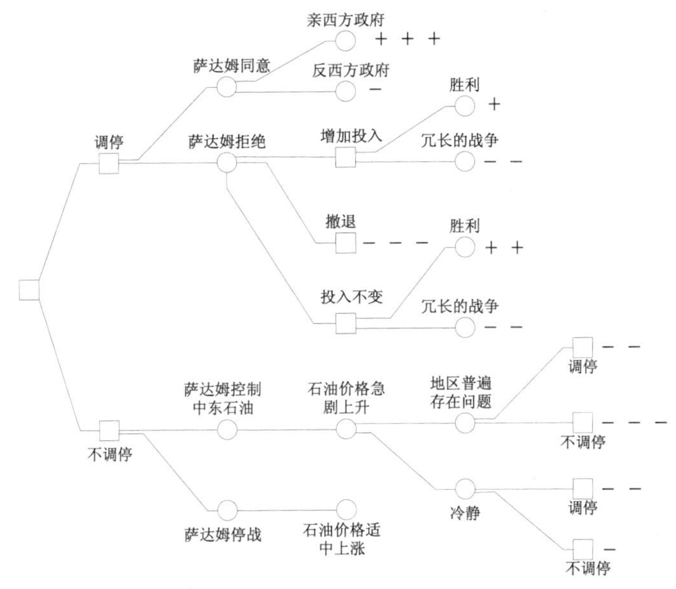

图2.10　乔治·布什的困境

很明显通过选择"调停",布什很有可能取得一个快速胜利。然而如果美国没有调停的话,萨达姆将会继续攻击。这就是所谓的Savageian解释,但是我们从这个例子中看到,奠定概率模型基石的"行动与事件分离"原则很难成立,因为感兴趣的事件依赖于已经发生的行动。我们想起了Gilboa和Schmeidler有关战略性决定的评论。与概率论学家一样,历史学家和心理学家也认为这种决定的作用十分重要。在此类问题(见第六章)中,决策者的一个明显偏见是他们相信场景+++是概率最大的,最终导致忽略了相反观点-。换句话来说,拒绝接受场景-。二十多年以后,我们知道发生了什么——萨达姆的军队部分瓦解了,并且萨达姆被打败了。虽然伊拉克的扩张被遏制了,但是伊拉克政府仍然是民族主义独裁者——图2.10中的其他场景均未发生,但是出现了一个调解的形势:被萨达姆毁掉的常规军队和战争仍然留在那里。我们必须意识到场景+++没有慢慢退去,因为小布什总统为了弥补老布什的遗憾再次回到了战争。这里,我们进入另外一个推理领域。针对已知案例的推理,我们可以想象其他独裁者(如希特勒),人们应该早一点制止他的决定,例如当他在莱茵河左岸重新开始军事化建设的时候。这种类型的推理被称为基于案例推理。尽管这种比较不是理性的,基于案例推理是另一种开发场景细节的实用的方法，因为其目的是在已知案例中查找与当前形势最相似的实例。基于案例推理也可以应用于计算机[16-17]。

在基于场景的决策语用学中，信息是很重要的。水龙头制造商很希望知道未来两年的经济是进入一个增长期还是衰退期。同样地，乔治·布什也很想知道在摧毁其军队后，伊拉克人民是否会反抗。

因此，如果我们审视场景树，我们乐于处在这样一种形势下，即行动节点距离树根越远越好。让我们重建图2.5的树，此时越晚做出决定越好，并假设做出的决定不会被舍弃。

因此，假如知道 e_1 和 f_1 将要发生，并清楚应该投资最多，则我们将得到的收益是+15；假如知道 e_1 和 f_2 将要发生，我们就必须选择 b。假如我们知道 e_1 将要发生，然而并不知道是 f_1 还是 f_2 将要发生，那么 b 仍然比 a 好，即我们仍然选 b。然而假如 e_2 将要发生，a 就处于主导地位；假如 e_3 将要发生，最好的办法就是什么也不做。从树根开始推迟决定的做法叫作"妥协"或"拖延"[18]。我们在等待自然的真实状态下的最大信息量。这意味着在决策中"什么也不做"也是一种选择。拖延可能是一种性格特征①。在适当的时间做出好的决定将带来好的结果，但如果此时"什么也不做"将付出代价。

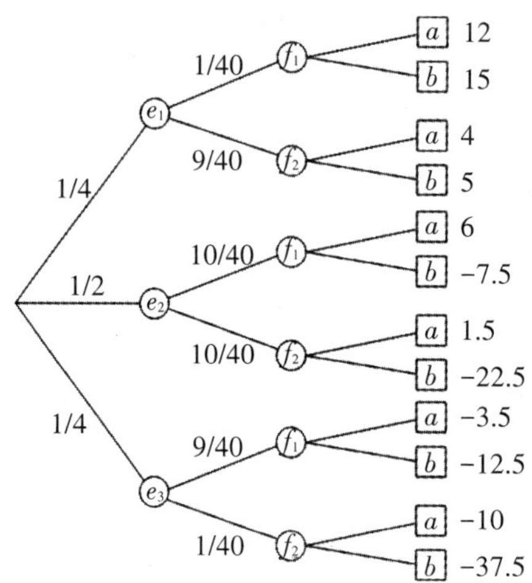

图2.11　水龙头制造商的简化树图

①法兰西第四共和国总理亨利·克耶(Henri Queuille)曾很严肃地说，"不存在无法由非决策最终解决的问题"。

推迟决策的观念使我们印证了“贪多嚼不烂”的谚语。事实上，在这种情况下，决策者尽量不做二选一，而是期望由自然来揭示事件的真实价值。“可逆性”本身就具有很大的价值，必须在决策值中考虑。Claude Henry是这种观念的拥护者[19]。然而在缺少可逆性的情况下，我们观察事件的发展，推迟决定在决策中已经扮演了一个很重要的角色。推迟决定不总是可行的，如果为了投资基础设施，我们往往必须在无法预计投资完成时的实际经济情况下做出决定。正如第一章的一句谚语所说：“不入虎穴，焉得虎子。”

2.6　场景追踪和“再试一次”

我们从上面可以看到，乔治·布什总统所面临的困境就是场景的持续时间可能会非常长，而且在决策时无法做出最终评估。这就意味着建立场景树时，在某个特定时刻，我们必须停止在分枝上增加节点，并估计下一步将发生什么。当树上加满了节点时，在人工智能领域称之为“深度生长”。为象棋游戏建立场景树时，如果我们提前预测三步，则此树的深度为3。

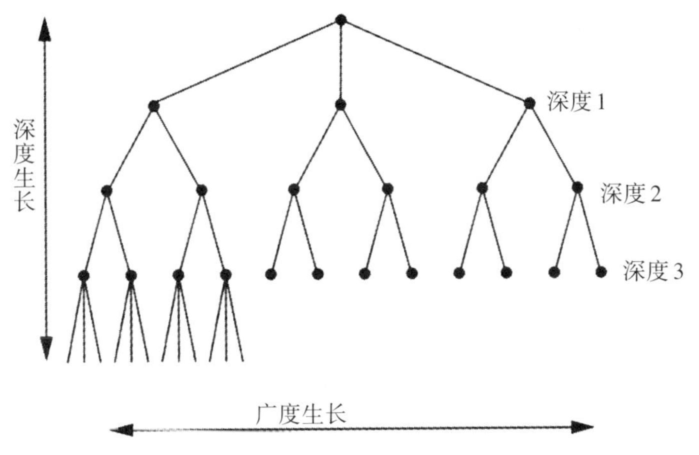

图2.12　深度生长和广度生长

当我们在节点上增加枝干时，就称为“广度生长”。

回到老布什面临的困境，包括小布什发动的第二次伊拉克战争并只考虑“调停”分枝（见图2.13）。可以看到在战争取得胜利的情况下，场景终止，很明显这种情况是小布什所期望的。假如战争继续，那么是否增加资源的决定将再次出现，考虑到没有人愿意撤退（R），因为它被评估为最差结果−100（我们已经在每个枝干的末尾用具体数字来表示评估结果）。

在战争一直拖延的情况下，撤退的评估结果是-100；无论胜利的概率是多少，撤退都不是一个乐观的选项。换句话说，胜利的估值不会发生变化，它依旧大于10，因此不撤退的估值仍然是乐观的，比撤退的估值（为负值）更具吸引力。我们现在正经历着所谓的“再试一次”综合征，或者称为“再试一次，胜利仅仅一步之遥”（如图2.13所示）。

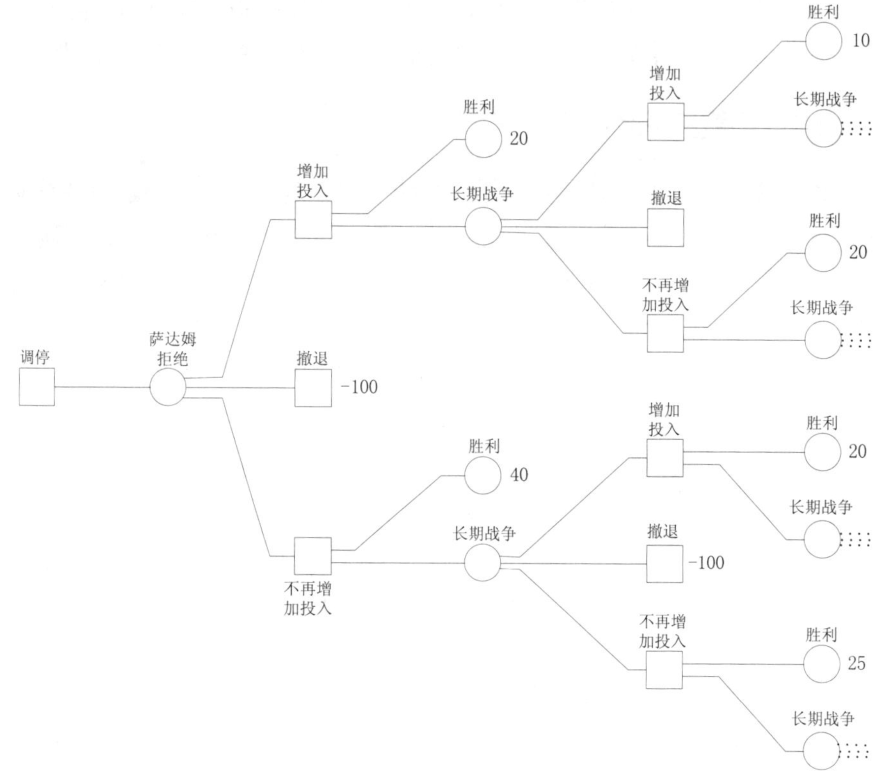

图2.13　深度生长和估值

我们把基于概率的推理应用于图2.13。假设胜利的概率是1/2，继续战争的概率也是1/2。为了使不撤退（NR）的预期效用低于撤退（-100），继续战争的估值必须低于-220。必须由做出发动战争决定的人来度量效用——为了更加理性地停战，他必须意识到继续战争远比撤退更糟糕。另一个解决方案是让取胜的概率变得更加微弱：假如取胜的概率是1/10，那么我们会看到战争延期的估值是-114，这个结果会让我们倾向于撤退。

最后一种方法来自人工智能领域：每当深度增加的时候，战争胜利的估值就会下降。更加笼统地说，图形延伸得越长，则节点估值越小。假设胜利的估值每次减少40，我们可以从图2.14中看到，选择撤退变得更为明智。

在这种情况下,决策者不得不承认他当初的首选变得越来越无法实现,即使能够实现也越来越失去优势。

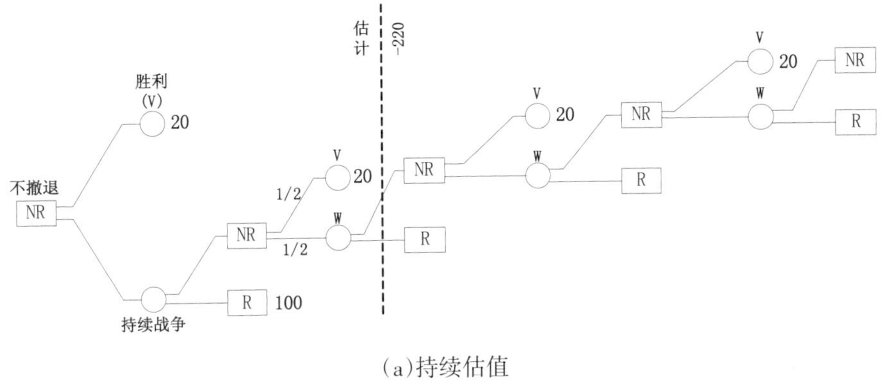

(a)持续估值

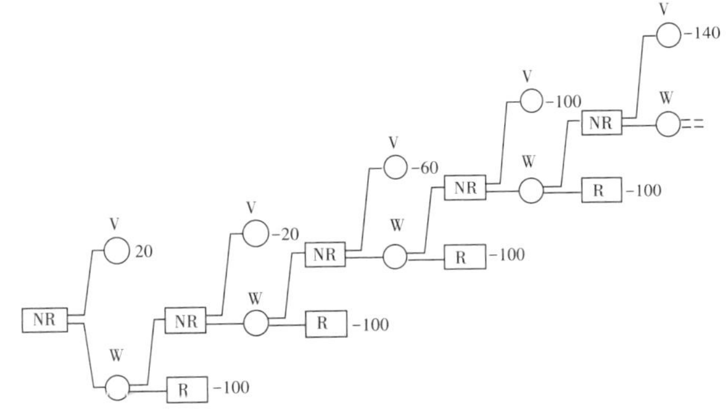

(b)胜利估值的降低

图 2.14　“再试一次”图

“再试一次”综合征绝对不是一种对军队的保护。它是一个更为普遍的问题,即放弃投资来减少损失。无论投资是情绪化的还是基于财务考虑,或者两者兼有,都存在相同的问题:我们应该在哪一点开始放弃,从而避免那些会让我们越陷越深的决定?一个著名的例子是福特汽车公司的“艾塞尔(Edsel)模型”。根据对潜在客户的诸多市场调研和采访,这个汽车巨头设计了一个理想的汽车,项目于1957年启动。艾塞尔开始建设生产线,然而早期的销售状况令人十分失望。福特公司不得不在广告上投入巨资。然而销量仍然没有提高,所以他们决定实施一个极其昂贵的营销活动,却情况仍然没有改观!因此,经过一个又一个的投资,最初的投资增长了十倍之多,直到艾赛尔模型被放弃。这个例子在市场营销领域广为人知,并且此事的经过被非常好地保存了下来。1959年福特公司当时的CEO Robert McNamara终

于做出了终止该项目的决定，但是当时带来的损失大约高达25亿美元。

登山运动员或许会面临类似的情况。恐怕没有哪个决定比在仅距离顶峰几百米的位置放弃登顶更为困难了吧。但是当时确实太晚了或者天气开始变得非常糟糕，因此你不得不做出放弃的决定。这就是说，有时候我们不得不放弃一些投资。工会会员和赞助商也面临着相同的问题，他们有时候不得不终止一个已经进行了很长时间但还毫无效果的社会活动。我们可以看到这种问题相当普遍而且总是很棘手：我们怎么会放弃一个投资，特别是一个重要的投资呢？更为讽刺的是，后来Robert McNamara在担任国防部部长期间，也就是在John F. Kennedy 和L. B. Johnson担任总统期间，发动了越南战争。在他的记忆中，他说自己在1967年之前改变了发动战争的想法，但是他无法停止在越南战争上已经做出的军事投资，就像他对艾塞尔模型所做的一样。他很难逃脱“再试一次”的魔咒。

我们应该看到人类是热爱冒险的投资者，这就意味着我们不喜欢损失，而为了避免损失就要敢于冒险投资。一个很好的例子是尽管天气很糟糕，但你为了到达终点而冒险继续前行，就因为你已经走了好几天，绕了地球大半圈等等。类似的例子是赌徒一次又一次地赌，或是银行总是给没钱又没能力还钱的人贷款，并希望他们能赚到钱来偿还贷款。一个好的决策者必须能够放弃已有的损失，以避免更大的损失。为了做到这一点，随着时间的推移，他必须做出合理的评估。每个需要等待的结果必定会贬值，获得收益的概率也会相应减小。因此，我们要学会避免更大的损失。

2.7　条件概率和事故

我们已经看到当事件不独立的时候，条件概率是唯一起作用的因素。在事故中，经常有一系列同时发生但我们并不希望发生的事件。假设在一个工业过程中，我们注意到阀门 V 在1000次打开的过程中，有一次不能正确打开。在这种情况下，我们不得不降低熔炉的自动调温器的温度，因为这意味着冷却环节没有正确地工作。然而我们也知道，控制熔炉自动调温器的温度计量器也是1000次中有1次不能正常工作。由此我们得知过度加热的风险是 $10^{-3} \times 10^{-3} = 10^{-6}$ ，这是一个非常小的风险，而这种假设的前提是事件之间相互独立。

假如炉温开始升高，温度计量器不能正常工作的概率也随之增加，那么这些事件就不再是相互独立的了。事故发生的概率，比如说温度过高，就变成了1/50000，是事件独立时发生事故概率的2倍。

低估相关事件发生的概率即使不是产生事故最重要的原因，也是重要原因之一。很多事故[11]发生后，在随后的调查中才发现是因为做出了独立假设这个致命的错误决定。与独立事件相反，在一系列不幸事故中，经常会看到一种所谓的“圣诞树现象”。通过在控制室中模拟事故发生的场景，因为所有的红灯都依次打开，直到检测到故障。也就是说，条件概率变得更加重要。因此，在“挑战者号”航天飞机坠落事故中，人们认为佛罗里达州的寒冷天气是稀有事件——那里一年最多有两天比较冷而且不是每年都会这样。我们假设出现寒冷天气的概率是1/100，助推器的连接处发生泄漏的概率是10^{-3}。假如这些事件是独立的，航天飞机发生事故的概率将非常小。然而不幸的是，在寒冷天气下助推器发生泄漏的概率却非常高——是一个1/10的条件概率，因此寒冷天气中发生泄漏的概率不再是$\frac{1}{100}\times\frac{1}{1000}=10^{-5}$，而是$\frac{1}{100}\times\frac{1}{10}=10^{-3}$，这是一个值得重视的概率。假如考虑到佛罗里达州出现寒冷天气的概率被低估了，我们就能理解为什么说做出发射“挑战者号”的决定最终造成了它的毁灭[12]。

关于事故更多的调查显示，决策者隐含地推理事件或事故发生的概率，并不考虑条件概率的深远影响。第一个事件应当被认为是一个警钟；第二个事件发生的概率会随着第一个事件的发生而急剧上升，从而改变了情境。换句话说，我们绝不能忽视任何丝毫的信号和前导事件。我们必须看到在实际决策中，那些被称为“抛锚”的认知原因，往往被忽略了（参见第六章）。

2.8　附加说明和建议

2.8.1　结果的健壮性

基于场景的推理是风险决策的基石。它经常和主观概率有关，以至于它们的误导性要多于有用性。因此，更为重要的是，考虑到依赖于数变化（敏感度分析）的结果健壮性，应该存在一个最小限度的反应。

2.8.2　更新场景和条件概率

我们必须持续监控和更新我们的场景。如果已经观测到某个事件，这意味着决策树上一个或多个分枝要减少，同时它也引起概率的变化。除此之外，总的来说，事件是不独立的，两个事件发生的概率也不是直接相乘的结果；我们不得不考虑条件概率，因为那经常会导致比独立事件要大的风险。

2.8.3 小概率事件

我们不能被一个小概率事件所迷惑，它们大约是百万分之一，或者千分之一的数量级。根据你所要考虑的实际期望值的不同，这个数量级的要求各异。特别地，在基于场景推理中，为了评估损失的风险，我们必须认真研究那些不利场景。

2.8.4 重新评估决定

下面这些话非常重要：当没有事件发生时，树根下面的一系列决定（a_1，a_2，…，a_n）可能会在做出决定 a_1 和 a_2 和事件 e_1 和 e_2 发生之后变得不合理。此时继续行动（a_3，a_4，…，a_n）就可能出现很大的错误。根据条件概率，（b_3，b_4，…，b_n）可能成为应当做出的正确行动。换句话说，一旦自然开始展示自己，我们就不得不立即重新检查我们所做的决定。一成不变不仅阻碍了好的决定，而且造就了差劲的决策者。

2.8.5 懂得如何放弃

为了避免“再试一次”综合征，动态评估是人们必备的能力。每一个需要等待和额外投资的结果必须立即得到重新评估，否则随着时间推移就可能贬值。一个优秀的决策者必须懂得放弃，以防损失更多。

第三章　决策过程、理性和人工智能

不幸的是，问题没有经过精心包装，就直接提交给了管理员，因此缺乏整齐排序的价值要素和事实要素。

——赫伯特·亚历山大·西蒙

“心意已决”。

——公元前49年凯撒大帝率领千军万马渡过卢比肯河，引发了罗马内战

如果一个人求胜心切就有可能失败，尤其当你几乎得到了期望的东西时更要注意，以免忽略那些看似无关紧要的事情。

——拉·封丹

3.1　视“决定”为“问题”

我们首先来区分三个概念：世界的过去状态、世界的当前状态以及决策者期望的状态（如图3.1所示）。

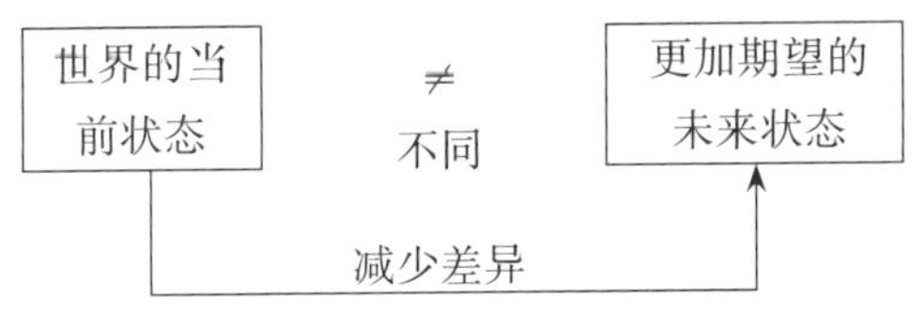

图3.1　决策为问题求解

在此表达中，“某个决定的问题”在人工智能领域的定义是，它属于一类非常普遍的问题求解[20]。赫伯特·亚历山大·西蒙[21]认为，问题求解的原则是：“问题求解应围绕设计目标进行，当前形势与目标出现差异时，接着寻找记忆中的信息，或者搜索那些可以缩小当前形势与目标之间差异的工具和流程，并最终应用这些工具和流程。每个问题将产生一些子问题，直到我们能找到某个可解决的子问题——我们的记忆中已经存储了解决该子问题的程序。随后，通过解决一系列子问题，我们继续前进直到最终完成全局目标，或者放弃。”人工智能为解决此类问题提供了一系列方法。这些方法源于该问题的初始点和最终状态之间的逐步路径搜索。换句话说，即得到了

期望状态。在人工智能领域,我们将此类搜索称为"启发式搜索①",它的特点是在初始状态和目标之间建立一条逐渐缩小两者差异的路径。

决策过程的第一步是识别当前状态。控制论中也提到了识别"系统当前状态",而决策过程指的是识别"世界的当前状态"。特别地,当前状态包括过去和未来②的条件。

识别当前状态的过程又称为"诊断"。如何看待"诊断"呢?第一种方法是,我们已经识别了一个已知状态,因而把该状态记录下来。如果两种状态——一个是经过检验的,另一个保存在我们的记忆中——精确吻合,则两者相匹配,也就是我们熟知的"模式匹配"。第二种方法是,使用一定数量的参数来描述当前状态。在控制论术语中,称之为观察到了某状态,或者决定了某状态(也就是我们熟知的"状态估计")。

3.2 决定表

举一个控制论的简单例子。如果当前状态是已知的,我们的每一个行动将催生出一个新的状态,将其表达为:

$$S_{t+1}=f(S_t, U_t)$$

换句话说,状态的实例 $t+1$ 是实例 t 的函数,表示为 S_t 和 U_t。在最简单的情况下,存在一个依赖于状态 U_t 的调节函数,其中 $U_t=r(S_t)$[22]。

在决策论中,我们往往可以画一个表格,其中每个状态 S_i 对应一个行动 A_j。

表 3.1 决定表

气温(华氏)	70	90	100	100	150
气压	50	75	60	90	100
行动	增加温度,增加压力	什么都不做	增加压力	降低压力	紧急停止

在更常见的情况下,如果对于每一个行动 A 和状态 S,函数 $f(S, A)=S'$

①启发式搜索(heuristic search)一词来源于希腊语"euriskô",意为"我找到了"。

②英语中对此有一个著名的说法"现在决定未来,而现在由过去决定(The present shapes the future and is shaped by the past)"。这句话来自法国著名作家安德烈·马尔罗(André Malraux),法语为"L'avenir est un présent que nous fait le passé",意为"未来是由过去给予我们的现在"——其中"présent"一语双关(现在/礼物)。值得一提的是,这句法语被印在巴黎的皮埃尔·玛丽·居里大学的主楼墙壁上。

均能给出一个关联状态 S'，则该决定的问题就包括寻找一个行动 A，使得 $f(S_0, A)$和 S^*（期望状态）的距离最小。其中 S_0 是初始状态。

如果对于每一个状态 S 都有 $f^{-1}(S) \neq \varnothing$，并且对于每一个 $T \in \{(T, A) \in f^{-1}(S)\}$，均有一个单独状态 A，使得 $f(T, A) = S$，则存在一个决定函数 r 和一个 T，使得 $f(T, r(T)) = S$。换句话说，状态 T 通过触发唯一的行动 $r(T)$ 来获得状态 S。如果期望状态是 S^*，并且 $f^{-1}(S^*) = (S_1, A_1)$，那么我们的决定将取决于 A_1。然而，如果 S_1 和 S_0 不相同，重复搜索 $f^{-1}(S)_1$ 的过程，就可以找到从S_0到S^*的路径。以上描述了完全基于“诊断-决策”的决策过程，其特点是存在一条逐步逼近状态 S^* 的路径。请注意搜索“方案路径”的过程可以始于初始状态或者最终状态。

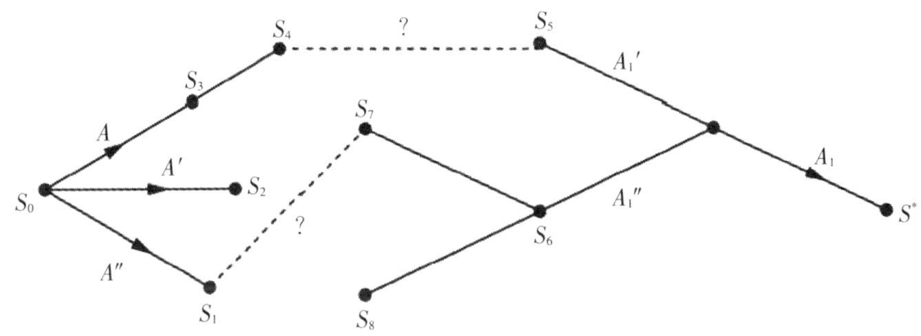

图 3.2 从S_0到S^*的启发式搜索过程

基于识别当前状态的决定，奠定了医疗决策和其他类型决策过程的基础。它同时也是基于规则的管理决策的原理（如表 3.2 所示）。然而在某种程度上医疗诊断不如管理规则清晰，因此人们试图将前者精简为一组规则来减少失败的概率。

表 3.2 基于规则的决定表

年龄	小于25岁				25岁和60岁之间				60岁和70岁之间				大于等于70岁			
婚姻状态	单身		已婚		单身		已婚		单身		已婚		单身		已婚	
是否有小孩	Y	N	Y	N	Y	N	Y	N	Y	N	Y	N	N	N	N	N
是否需要帮助	Y	N	Y	N	Y	N	N	N	Y	Y	N	N	Y	Y	Y	Y

如表 3.2 所示，调查对象的状态（如婚姻状态，是否有小孩等）无歧义地决定了是否需要帮助。大体上讲，歧义是由于缺乏对当前状态的完整描述

而产生的。例如,如果小孩来自不同的家庭,或者如果某人既不是单身又没有结婚①,该如何选择?需要对每一个例外建立一个新的规则,否则决定表格就不完备。与上述例子不同的是,大多数情况下医疗诊断遵循一个基于频率论概率的映射过程。

3.3 决策过程

识别当前状态十分必要,它在决策过程中扮演非常重要的角色。我们将在下一章继续讨论此问题。然而在人的决策过程中,存在另一种完全不同的角度,那就是通过预期和建立场景来预测未来。

这个角度被称为"投射阶段(projection phase)",或者"往前看"。在此阶段中,决策者会利用他的预期(可能伴随着主观概率)和可能的行动。对于每一个行动,决策者都期望得到一个结果。随后,他将根据这些已经获得的心理状态来表达他的偏好,并随之选择行动(如图3.3所示)。

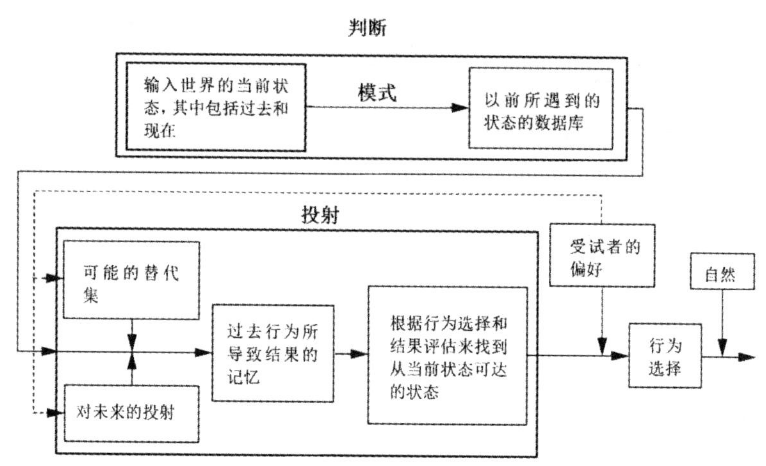

图3.3 决策过程的简化表达

不包含投射的决定也很重要,例如那些完全由识别世界状态(或诊断)过程而触发的决定。此类决定在某些案例中可能比较常见甚至合理,特别是在那些连续的决策过程领域尤为突出,例如工业过程[23]。这就是我们之前看到的"控制-命令"原则。如果"命令"(也可看作是一个决定)连续地演进,人们就能够立即对环境变化进行反馈,比如人们学习骑自行车的过程。

①编者注:例如在法国,除了单身、婚姻等状态以外,还有第三种"同居(couple)"状态,它也是一种受到法国法律保护的、有继承权的,但比较松散的非婚姻关系。

专家系统亦是基于此运行:一个好的诊断势必带来好的决定,无论我们以专家系统、案例或者其他任意规则来表达世界的状态。

当决定不是由诊断直接触发,而是依赖于对之前已有经验的识别和评估,我们就进入了人工智能领域的一个崭新的推理学习领域——基于案例推理。

3.4　基于案例推理

一个决定或者至少基于模式识别的行动,被称为"基于案例推理"。我们已经在第二章初步探讨了这个概念。它的特点是,场景十分复杂,或依赖于含糊不清且无意义的评价。

假设一名经理想招聘一名新员工。他将利用过去的记忆,特别是那些失败的经历来决定聘任谁。如果应聘者在面试中不幸地唤起了经理对之前某位问题员工的记忆,那么他得不到聘用也在情理之中。这就是一种"模式识别",它可能伴随着一些情感因素(参见第四章)。

日常生活中的决策模式往往非常复杂:有时取决于个性,一种介绍自己的方式;有时取决于回答问题的方式。这些决策都没有太多的预期,或者仅仅有一个预期的行动。比如有人说,"我经历过这个情况,它不怎么好",于是立即产生了决定——即动物本能,或人类直觉。

基于案例推理源自基于诊断的医疗推理。比如通过患者的一系列症状和特征就能够推断治疗方案。事实上基于案例推理已经应用于许多领域,比如一些专业人士通过学习能够知道如何在最常见的情形下举止得当。

在此类决策过程中,我们试图在类似的场景中重复相同的行为。只要环境没有变化,这或许是一种快速决策的方法。然而当环境在某一个维度上发生变化,且这个维度没有被描述为决定模式时,将导致严重错误。因为决策者可能没有感知到这种变化。

我们通过一个例子来进一步阐述上述观点。假设某公司的CEO常常通过观察公司十分之一的销售情况而调整产量。如果这十分之一的销售区域恰好位于年轻客户快速替代老年客户的地区,他可能忽略一个问题——即老年客户群体将不断萎缩,而公司的产品设计未能适应此趋势。为了避免此问题,应当注意目标客户的年龄群体。否则公司会因为反应太慢而被那些及时调整产品策略的竞争对手蚕食市场份额,届时后悔已晚。现有大量的文献关注于通过趋势扩展的无效预测,但它们均未考虑突变环境因素[24, 25]。很明显，不考虑突变因素的方法意味着传统的突破是无法预测的。这纯粹是一个黑天鹅问题，或者是突然发生的无法预测事件[26]。

从技术上讲，如果我们期望对基于案例推理进行编程，就必须有一个存在于记忆中的并表达了系统全部经验的决策案例库。当面临一个新情况时，程序识别现有案例之一并触发适合该案例的决定(该决定也存在于记忆中)。回顾一下之前提到的决定表案例(表3.2)，新发现的问题纯粹是表达性问题，这意味着必须有某种语言或表达，其高度足以涵盖当前考虑的每一个案例，以便进行模式匹配。此类问题涉及人工智能领域，我们在此不再赘述，建议感兴趣的读者参考文献[16]、[17]。

事实上，基于案例推理无法简化为模式匹配的问题，因为系统首先需要学习相关属性。简而言之，案例库中的案例必须能够修改，并且能够得以扩充。这样我们就进入了一个机器难以处理的功能领域。众所周知，人类有一个“重建”记忆(请参见弗雷德里克·巴特莱特爵士的工作①)。显而易见的是，机器和人最大的差别是前者只能简单地记录。因此，如果系统遇到尚未记忆的案例，机器也必须能够通过模拟形势来决策。随之而来的另一个问题是案例之间的相似度。我们怎么才能在某种程度上说两个案例十分接近，并且通过已有案例来为当前案例建立一个合理的决策模型呢？实际上我们必须定义两个案例之间的区别。

Gilboa和Schmeidler[6,27]提出了一个框架来形式化地模拟决定和基于案例推理。根据他们的想法，每一个案例都是一个三元组(p, a, r)，其中 $p \in P$ (问题集合)，$a \in A$ (可能行动的集合)并且 $r \in R$ (结果集合)。基于案例推理与此类问题相关。因此，Gilboa和Schmeidler定义了问题的相似度函数：

$$s: P^2 \to [0, 1]$$

此函数定义了两个问题之间的距离。决策者也保留了结果的效用函数：

$$u: R \to R$$

假设 M 表示记忆中的案例集合。利用上述符号，我们可以度量行动 a 和给定问题 p 的相关性或可用性，如下：

---

①弗雷德里克·巴特莱特爵士(1886—1969)是认知心理学专家，他演示了记忆是一个构建过程(想象力重建或建设)而不是一个忠实的记忆工具。这一发现毋庸置疑的优势在于，正如他所述，“在一个不断变化的环境中，文字性的回忆是非常不重要的”。

$$u_p(a) = \sum_{(q,a,r)\in M} s(p,q)\,u(r)$$

换句话说，对于固定值 a 和 p，我们找出记忆中的所有问题 q 并使得 $(q, a, r) \in M$，之后计算出它们到 p 的相似度距离，即 $s(p, q)$，$s(p, q)$ 值越大意味着 q 到 p 的距离越近。随之自然地，可以选择使 $u_p(a)$ 的值最大的行动 a。Gilboa 和 Schmeidler[6]提出了确保模型一致性的一组公理。相比较而言，Savage[28]认为如果我们独立于记忆而选择了违背一致性公理的行动，则公理必须确保存在某个相似度函数来选择那个最大化 $u_p(a)$ 的行动。这种推理和 Savage 模型中的推理一致——即行动的相关选择能够导致几个问题之间相似度距离的存在（而不是 Savage 所描述的事件概率）。这种相似度证明了相似度函数中包含了对未来（如未知事件）的推理，Savage 模型的概率中也包含这个推理，但这也是此类模型的缺点之一。Gilboa 和 Schmeidler[27]的模型可被扩展为二元组（问题，行动）和三元组（问题，行动，结果）的相似度。对比 Savage 模型和基于案例推理，我们会发现前者的优势是它拥有过去足够的案例和一个相似度函数，而不需要知道所有自然的状态和不同行动的结果。我们也需要注意，Savage 方法的优点之一是它通过引入新的案例来丰富自己，同时通过优化相似度函数来使用模型（这是一种学习过程）。

在近期的文献中，Gilboa 和 Schemdler[29]提出了一个理论模型，用来得到基于案例记忆的概率。其中最重要的元素是案例出现的数量，数量越大，意味着相关的主观概率越大。最终，这成了另一种对现象可用性进行建模的方法（详见第六章），或者是对 Anderson 已有工作[30,31]的改进，或者是一种实际的表达[32,33]。

即使能够从决策者的角度或者在系统数据库中学习现成的案例，在做出决定之前诊断当前世界的精确状态也绝非易事。在很多事故中，触发事件是由诊断错误而导致的[11,12,34]。这个事实在航空或核泄漏事故等案例中尤为突出：一些人认为飞机引擎无法提供正常的电力，其实原因是飞机的重量随着引擎逐渐结霜而增加；另一些人认为飞机的制冷系统正常工作，然而事实上制冷设备并没有全负荷工作，或者是某个期望被打开的阀门一直保持关闭。

3.5 奥林匹亚视角和西蒙视角①

在对基于案例推理的表述情境下,我们发现通盘考虑系统现在的状态和过去的状态往往不怎么容易。现在让我们把注意力转移到投影阶段。从理性角度来讲,为了开发一个场景,我们必须获得事件概率条件的全部知识,而这些事件往往非常耗时——理论上可能延伸数百年。因此,既然在日常生活中考虑到所有的场景或子场景已经是不可能的,那么我们如何为这些场景赋予属性?我们既然无法扩展场景,那么只有对该场景结束时将发生的事件进行总结性评估。

换句话说,我们将扮演"上帝"的角色,并为了做出理性决策而对过去或将来无所不知、无所不晓!因此,除非在良好建模的情形下并得到熟练数学家的帮忙,否则人们将无法预知未来。西蒙在第二次世界大战前夕,通过观察 Milwaukee 市政府决策者的行为,在他的博士论文中首次提出了这种情况。西蒙的观察包括两方面:第一,决策过程;第二,如果无法优化预期效用(Expected utility),我们该怎么做?我们将依次讨论这两个方面。

根据 Frederick W. Taylor(1856—1915)的说法,工业过程的"科学管理"是基于 Taylor 视图的。(注:Frederick W. Taryor,美国工程师,此人曾对工作手势进行了划分和合理性研究,并将此推向极致。)Taylor 视图进一步推进了18世纪末亚当·斯密(1723—1790)的思想。在决策领域,Taylor 视图得到了 Deway 的最佳描述(根据西蒙[21]),包括三个阶段:

·问题是什么?

·可能的行动是什么?

·哪一个是最佳行动?

这种依然流行于众多工程师之间的视图看似简单而可行,但往往不奏效,原因是:

·问题不是给定的,而是往往源于一个构建块,因此问题本身已经受制于人的翻译和过滤(参见文献[36]和本章开始的西蒙的铭文)。

---

①赫伯特·亚历山大·西蒙(1916—2001),中文名为司马贺,美国著名经济学家、社会学家和心理学家,诺贝尔经济学奖获得者(1978年),图灵奖获得者(1975年),人工智能和心理学先驱之一,1994年当选为中国科学院外籍院士。他终其一生探索并解释了如何做决策以及计算机如何在此领域中与人类竞争等人工智能领域的经典问题。读者可以通过他的自传和他对决策领域的巨大影响[35]来进一步了解他卓越的工作。

·决策所处的环境必然充满歧义并依赖于决策者自己的解读[5,37]。换句话说,初始阶段的知识是不确定和不准确的。

·行动不是给定的,而是被创建的[38,39]。

·对某个判据(criterion)来说,哪个行动是最佳的？这个问题又将我们带回到Savage的工作或多判据决策(参见第五章)。

基于这种假设,西蒙强调了决策过程中的时效性,并介绍了著名的阶段论——最先只有三个阶段,之后变成四个(西蒙,1977)。我们先看看西蒙最初介绍的三个阶段:

·为决策者提供所有可能的行动备份;

·决定这些可能的行动的后续结果集合;

·评估所有可能的行动的后续结果。

和Dewey有关联的创新点还是可以很明显地看出来的:西蒙对过程很感兴趣,他不问"可能的行动是什么?",而是说"我们必须估量这些行动"——这才是真正庞大的任务！我们也注意到,在流程发生崩溃的时候,最好的行动过程中的一些问题就会避免,这是因为假设前提是我们有能力把所有的行动彼此之间区分开来,而实际上我们并不需要这样做。后来,西蒙在决策的不同阶段又增加了其他几个方面的问题,特别是在表达性问题方面,包括他命名的"议程设置"以及查询信息。这催生出西蒙著名的四个阶段[21]:

·智能;

·设计;

·选择;

·检查。

信息在前两个阶段扮演重要角色:仅在我们关心的以及能够建档的行动中选择。用西蒙自己的话来说就是:决定依赖于信息。

尽管有人批评说上述观点会造成流程崩溃,但西蒙很好地意识到了不同阶段的复杂性并举了一些反例。他进一步指出,每个阶段自身或许可以递归地被认作一个决定[21]43。然而毋庸置疑的是,西蒙认为此阶段中最重要的因素是,很难将决定简化为当前选择。他说,"所有的镜像通过聚焦于最终时刻而篡改了决定[21]40"。这种换位思考方式把决策过程带出了虚构的或史诗般的领域(例如恺撒大帝横跨卢比肯河,或戴高乐推动协和式飞机),并将信息管理和处理与之链接起来。总之,我们必须认识到并不是说西蒙没有意识到此,人们一旦做出了决定,就必须把它付诸实践:"在接下来的讨论中,我要忽略决策的第四个阶段①,即执行决定的任务。我们只需要观察到执行决策的过程也是一个决策活动就足够了[21]43”。西蒙随后补充道[21]44,“那么,正在执行的策略和即将制定的更为详细的策略之间的界限变得模糊”。基本上,在西蒙看来,行动和决定是密不可分的,而执行仅仅是逐渐产生了一组细小的决定,用来趋近于问题本质。我们将在第八章继续讨论行动。

最后,让我们关注西蒙避免重复Dewey的问题:“问题是什么?”其实与行动类似,问题很大程度上是被构建的。就管理而言,这是负责解决问题的主要优势,比如负责制定议程。这个优势长久以来被一些伟大的磋商者利用,比如Talleyrand公爵,他利用这个优势游刃于维也纳议会。很多作者都讨论过此观点,包括Checkland[36],他强调“问题所有者”的角色,也就是那个提出问题的人。

我们来看一个简单的例子,以利于读者理解什么叫作“濒临险境”。假设你的公司正面临严重的财务危机,因此你必须节省开支——这并不是一个令人愉悦的状况!现在你的想法是,与人交流或者陷入深深的思考:

(1)降低工资规模;

(2)提高生产率;

(3)增加出口;

(4)提高市场占有率,等等。

不难理解的是如果选择(1),你将执行一些降低现金开销或冻结薪水的行动。如果你倾向于(3),增加广告投入、拓展海外销售和网络销售、异地付款等行动不失为良策。因此,根据你处理问题的方式不同,动员、设计的阶段是完全不同的。一个好的决策者定义问题时应当小心翼翼,构建可能的行动时也应该小心翼翼。类似的还有“磋商者”。另外,如果在我们的例子中,决策者根据选项(3)来解决问题,尽管已经开始节省开支,但他仍将在广告和建立网站上投入。这是常见于诸多公司中的一种自相矛盾的情况:开源节流往往需要额外支出,至少在公司的初始阶段是这样。我们注意到,决策者在一系列行动过程中犹豫不决或朝令夕改其实并不鲜见。如果觉得选项(1)不切实际,他可以迅速地从选项(1)转换到选项(3)。因此,在一个组织中,决定的目标状态并不是一成不变的。打个比方,就像决策者操着一个

①此处是西蒙的一个笔误,他应该说“第五个阶段”,因为他并没有在1960年的第一版中提及“检查”阶段。

失去准心的武器,并试图在浓雾缭绕中击中移动靶。

3.6 信息

正如我们已经看到的,在西蒙提出的决策现实愿景理论中,信息扮演了非常关键的角色。这一点也说明了智能服务和经济智能服务的角色。信息在决策的每一个阶段中都发挥作用,尤其是在前两个阶段,在很大程度上我们的行动受限于我们获取的信息。

与整体问题相关的信息如下:

第一,当前自然的最新状态是什么(或者如果这个概念适当的话,自然的形势是什么)?所有可能的事件是哪些?当前的问题是否确实“看起来很明显”?或当前的问题是否确实是“问题所有者”倾向让你采纳的?

第二,未来有哪些可能的状态?

即使没有概率推理,我们也必须能够描述可能的场景,以创建或建模(或者使用西蒙自己的概念——“设计”)场景。

在此层面,决策者往往缺乏想象力,因为“自然”一词意味着无限的创造力。例如,谁会料到2010年12月17日,突尼斯西迪布济德市的一个叫穆罕默德·布瓦吉吉的水果摊贩的自焚事件,能够点燃阿拉伯世界“茉莉花革命”之火?一旦建立起场景,必须最大化地归档这些场景,以发掘那些影响性因素和人。

我们常常对少量决策者设想的场景感到困惑。他们的想象力受限于那些有细微差别的重复场景。更糟的是,受限于个人喜欢的场景。

第三,在给定场景中,竞争者、对手和支持者的角色分别由谁扮演?

除了利用想象力和信息来识别所有的利益相关者,我们还必须在一定程度上利用共鸣来创建场景,即把自己置于别人(特别是对手)的角度来想象他们的反应和想法。这时我们不得不去努力映射别人的心理状态。回到上一个例子,如果西迪布济德市的警长已经察觉到穆罕默德·布瓦吉吉的绝望,他们或许会采取不同的应对行动,从而产生一个不那么戏剧化的场景。类似地,如果底比斯国王克利翁不离开安提歌尼宫殿[①],就可能避免悲惨结局,并仍旧维护他的权威。

---

①故事源于希腊神话“克瑞翁的决定”,安提戈涅不顾舅父克利翁的反对而为哥哥的遗体举行了埋葬仪式,因违抗禁令而自杀身亡。而安提戈涅是克利翁的儿子海蒙的未婚妻。得知安提戈涅已死,海蒙也自杀了。

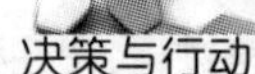

只有透彻理解和评估所有信息后，我们才能进入“选择”阶段。然而，我们不能自欺欺人，相关信息的数量往往非常大，大到超出了人类大脑能够处理的范围。例如，考虑这样一个金融投资：每个银行或者保险公司至少单独运营50种金融产品，因此至少有几千种投资产品。然而对某个人而言，他的选择将减少到由银行提供的或朋友推荐的某几个投资产品上。这说明了决定空间如何受限于我们现有的信息的减少。

我们再来看另一个例子，一个高中生如何选择大学专业。虽然选项成百上千，但是当事人认真考虑的可能仅限于来自父母、老师或朋友推荐的三四个选项。当然，通过网络也能很容易地找到信息。难点在于如何为一个决定创建长期场景，因为这个决定或许会影响学生的一生。我们必须提出的问题是：学费多少？十年、二十年内的就业前景如何？需要搬家吗？还有其他影响场景的问题。此时要考虑的因素相当复杂，以至于大多数年轻人将这个“后高校”阶段的选择压力留给父母或同伴。结论是，如果每一个可信的场景都需要认真权衡，我们将不堪重负。

正如我们所见，信息和想象力的作用是在备选选项中创建场景或行动。当场景树迅速扩大①为多个分枝时，我们或许只能从相反的方向趋近此问题的求解。一旦知道要什么，我们就能尝试创建一个特殊的场景以得到期望结果②。例如，如果年轻人梦想成为一名演员或医生，他需要在高中阶段学习相关课程并获得文凭，之后进入大学或者选修一些演员课程等。这个过程被称作“关注价值的思维”，由Keeney [38]提出。我们这样比较两者，如图3.2所示——这个方法已经使许多以“有志者事竟成”为主题的唯意志论者专著风靡一时。这个观点虽然受到政治家的广泛拥趸，但它的一个引理却有广为人知的缺陷——即人们总是把渴望误认为现实。经确认，经验研究显示，专家倾向于首先利用数据而不是目标，而新手的做法恰恰相反[40]。然而当场景的数量迅速增加时（在运筹学中称之为“组合爆炸”），应先从目标着手，以便通过限制树形结构、场景和行动数量的疯涨来朝正确的方向发展。图3.3中的点线表达了寻找最适合决策者偏好的行动，这对决策者来说是非常重要的反馈手段。

---

①如果每个分枝都一分为二，那么分枝的数量是2^n个——可想而知，这个图将迅速扩大：2的20次方大于10的6次方（接近一百万个）。

②古塞内卡（约公元前4年—公元65年），罗马著名斯多亚学派哲学家，曾说过，“如果一个人不知将要航向哪个港口，那么任何风向都是逆风”。

总之，创建场景时需要创造性思维，搜索信息①时需要专业知识，包括那些令人不快的信息，还有，就是永远都不要迷失目标。

3.7 受限合理性

“在行为层面上目标发展和选择是相互独立的。”这个论述看起来是明显错误的。假设“先有目标、后有行动”的描述似乎是一个常见和根本的错误。人类的选择行为至少可以归结为一个发现并执行目标的流程。

——Cohen和March[72]

在前一节，我们讨论了信息和决定的关系。可以看出决定的质量依赖于信息的质量。然而仅有信息是不够的，因为信息与过去的状态和未来的状态息息相关。在之前的章节，未来无法简单归纳为“寻求信息”的过程。未来具有天然的不确定性，最好定义为概率的形式。

大脑本身的局限阻碍了人类处理场景的组合性爆炸问题，因而产生了大量的麻烦问题，比如决策者如何评估某个行动的全部后果并加以比较？之前，西蒙细化并定义了决策者评估后果的决策能力[41]。评估后果对于决策过程至关重要。根据Savage的想法，评估后果体现在未来事件的知识以及它们发生的概率。对后果、限制条件和目标等的评估是一个复杂的集合，往往不容易找到适合我们的方法。虽然我们在理论上知道如何操作：它是一个应用于一组选择的效用函数最大化问题。但是难点在于当缺乏一组清晰定义的决定或某个效用函数时，如何在实践中决定哪些角色和因素发挥了作用，因此我们对未来的了解非常片面。在此情境下，我们先看看西蒙对合理性的沉思。

事实上，在“管理者行为”的时代，西蒙就清晰地意识到，在期望效用模型的情境下，人类无法解决本节初始提出的问题，特别是无法在一个不确定的世界中评估后果。根据Dewey的议程(Dewey’s agenda)，在对当前所有可能的后果进行评估后，“绝对”合理性要求我们必须选择那个期望效用最大

①西蒙提出，你正在搜索的大多数信息都可获取自图书馆或网络。因此，没必要做复杂和费时费力的搜索。例如，伊拉克问题，每一所美国大学的图书馆都保存着一些描述这个国家错落有致的民族和宗教问题的作品，使得非社区民主的出现变得非常困难。沿着类似的思路，R. S. McNamara[42]就未对尚未研究的文献进行扩展研究表示遗憾，虽然这些文献始于美国有关越南文化和社会的承诺期。

化的行为。西蒙随后称之为“实质合理性(substantive rationality)”。根据西蒙的著作[41]93-94,实质合理性失效的原因如下:

·合理性需要遵循每个选择的完整知识和对后果的全部预期。实践中,对后果的了解往往是支离破碎的,特别是在冒险的形势或不确定的情况下。在Janis和Mann[43]的理论中,“穷举”是一个中心概念,类似的工作还有Klein的工作[44]109。

·后果属于未来,想象力必须补充可视化经验的不足而为后果赋值。然而,无法准确预测这些值。

·合理性要求我们在所有可能和已知的行动中做出选择[45]159。实践中我们仅能联想到少量的行动。

·决策者对一组后果的完整前序毫无概念,因而他缺乏一个处理问题的效用函数[45]159。为了得到一个完整的前序,我们不得不假设行动之间是相互可比的[43]。另外,个人偏好无法置身世外,它依赖于选择和行动[4,45,46]。

因此,西蒙指出,除了是在简单案例中,否则是不可能利用“主观预期效用(简称SEU)”模型的。其实上述每一个批评都与SEU模型假说隐含相关。西蒙说,“当这些假设逐渐变得清晰时,可以越来越明显地看到SEU理论从未被、并且不可能被应用于实际,而不论是否有大型计算机的辅助[47]14”。应用此模型所需的知识量证明,西蒙将其限定为奥林匹亚假说是有道理的[47]19。相反地,西蒙尝试用实际替代“奥林匹亚假说”。这些假说在1955年①形成了“有限理性”理论的基石,总结如下:

·无法向所有的事件分配概率,甚至仅仅穷举所有可能事件的组合也不可能。

·事实上决策者的个人偏好在效用函数最大化的意义上是不理性的,但是偏好是基于多个判据并高度变化的,因而全局效用函数是不切实际的。

·决定散布于时间和不同组织中,因而形成了一个时序过程:子决定之间相互依赖,并且可以用不同的标准在不同时刻或不同层次做出决定。另外,我们不能把个人偏好、行动和目标三者割裂来看(此处与文献[45]第15页中提到的观点紧密相关:即行动产生目标,行动本身对很多人的生活来讲是一个重要的目标)。事实上,子决定是根据本地的部分判据(或许可由数学方法推出)而做出的,和任何一种形式的全局优化方法均有所不同。最

① 参考自《A behavioral model of rational choice》,该文载于《Quarterly Journal of Economics》,第69卷,第99-118页,《Model of Thought》重印版(文献[48],第11章)。

终,决策者的实际目标随着趋近于问题的解决方案而变化。"为了保持相互一致性而不断询问目标,由目标来指导行动,我们在组织中试图将众多个人目标聚合为一个集体目标,从古至今这都是不切实际的"[72]。

·信息十分关键,它极大地限制了决定。我们已经看到,注意力在设计问题和限定随后的决定过程中同样扮演不容忽视的角色。注意力是一个稀缺资源,人类很难同时将自身的注意力聚焦于大量的问题上,即使他们全神贯注,一次也只能关注一个问题。

换句话说,我们不得不放弃最优方案,转而选择"子优化"或"令人满意"的决定。站在上述局限的角度,实际上一旦决策者找到了某个令人满意的假设方案,决策过程就终止了。无论冒多大风险或存在多小的概率,他对该假说深信不疑,因而排除了其他决定。西蒙[49]594明确地提出了"满意度"的概念,并且规定了行动满意的条件——行动达到或超过决策者对判据的一定水平的愿望[45]161即为满意。还需注意的是,在查找愿望水平的过程中,满意度随着根据获得愿望的难易程度而变化[50]。"满意"的概念在20世纪60年代后期西蒙的工作中变得越来越流行。1955年提出的"有限理性"被"限制理性"替代[51]。限制理性越来越多地表现为一个理性程序的算法形式,这种形式早在1955年的工作中出现过,这种形式被称为"满意度规则"。

3.8　启发式方法

算法参考强调顺序式和启发式的决策过程。参考Gigerenzer和Selten[52]的工作,我们可以知道,有限理性是快速、廉价和健壮的启发式方法,其目的是:

(1)进行搜索;

(2)停止搜索;

(3)在每一个转折点做出选择[53]。

这种观点证明了程序理性[54]的使用范围,后来西蒙将实质理性与之对比。上述过程随着西蒙对人工智能领域兴趣的增加而演变——人们通过搜索过程而线性地发现行动及其后果[45]191。启发式方法的特征是程序理性,因为理性蕴含于搜索过程中。决策随后成为一个启发式搜索过程(见图3.2),抑或人工智能意义上的某个问题求解。对于每一个子决定,我们都可以在通往渴望状态的路径上选择一个相应的分支。基于这种思想,西蒙常常引用迷宫的镜像:一个人在迷宫中将面对多个转折点,并且在每一个岔路口不

得不选择一个更加趋近出口的分支。为了更好地决策，针对每个会合点，Gigerenzer和Todd[52,55]提出了一组“快速而廉价”的启发式规则。简单地讲，这些规则更像是一种基于案例推理的决定模式，或者是为每一个局部决定在两个分枝中选择最好的一枝，或者是仅关注问题的某一个维度而忽略其他维度。根据Gigerenzer和Todd[55]的理论，快速而廉价的启发式方法将使用最少的时间、知识和计算，但却能做出适应环境变化的决定。从西蒙的意识上讲，一旦达到某个满意状态，搜索即刻停止。例如，如果与愿望水平的距离不是太远，或一旦有迹象显示有利的决定，那么我们将停止搜索。

Gigerenzer和Todd在他们的书中，试图强调启发式方法比基于概率的复杂推理的效果好，因为前者比较简单并且良好适应于当前环境中可获得的信息结构。速度是决策过程中的重要资产(参见第八章)，因此，简单的启发式方法会产生良好效果也就不足为奇了，特别是当决定是渐进的并可能随时间调整的时候[56])——例如，我们在开车或在一个工业生产过程中[57]。同理，当我们需要频繁做出决定时，如大型公司招聘普通员工，我们必须快速做出决定以争取招聘时间，但我们也不会比那些在招聘环节投入巨大的公司犯更多错误。但是招聘高级岗位时却不能这么做，因为对于独特而重要的决定，简单的启发式方法是不可取的。

3.9　认知缺陷

我们必须强调理性的第四个缺陷，它包括两个方面。首先，在信息方面，个人能够处理的信息是有局限性的。在当今的“信息社会”，人们能够看到的潜在可获得的信息与人们能够吸收的信息之间的分歧越来越大。因此，我们必须过滤信息。过滤必然引入一定程度的偏见：该如何过滤呢？西蒙说，对于那些必须读的书，他信任他的朋友从这些书中过滤出的精品。我们必须意识到，我们的大脑像朋友一样，往往倾向于朝着适合它们的方向进行过滤(见第四章)。为决策者过滤信息将在时间管理和注意力关注等方面产生一些问题。认知资源的有限性将产生有趣的发展[2]。事实上，在早期“行政行为”中，我们就看到了心理学书籍首次谈论到了决策中注意力、信息和压力所扮演的角色。这些思考会揭示与决定相关的认知负载问题。鉴于人类有限的认知能力，注意力是一个比信息还要稀缺的资源[49]，它同样在决策中发挥重要作用。基于西蒙和March的合作研究，上述主题得以扩展(“……注意力的分配方式是理解决策的关键”)[45]4，并且它成为理解无用数据模型的重要因素之一[58]。此决策模型非常知名并被假定为大学管理模型。这个模型认为问题产生于随机事件,并结束于垃圾桶。因而问题可能会根据吸引决策者注意力以及解决问题的紧急程度而卷土重来,这将是不可预计的,就像不知道它们何时会到达垃圾桶一样。管理问题是一方面,解决方案是另一方面,人们终将识别两者,并在“垃圾桶”中以随机的方式相互匹配。

事实上,将我们的注意力同时聚焦在两个目标以上是不切实际的,这一点是决策的重要因素。决策者由于牵绊于其他事情而缺乏对重要问题的关注,是一个明显的事故诱因。回想1973年波兰联合航空173航班坠机事故,飞行员当时的注意力全部集中在起落架上,而在飞机燃油耗尽时忘记了看燃油表[12]。

随着西蒙的思考逐渐深入,当考虑到人脑是一个符号处理系统时,他发现认知缺陷越来越成为有限理性的主要元素。“在最简单的形式中,有限理性理论旨在研究如何在不确定的世界中生存,而任你使用的计算手段非常之少。这就意味着有限理性理论并不依赖于真实世界的大小,而是取决于你在所处的小环境中能做些什么[49]595”。西蒙常常强调:人不得不量力而为,从而才能避免对行动及其后果的集合的详尽学习。之后,西蒙经常区分“程序理性”和“实质理性”。前者从决策者缺乏信息、认知能力和注意力的角度检验理性。“本书中提到的有限理性和结果理性越来越成为现代决策论的标准,至少区别于正统的新古典主义经济学[45]9”。后者是宙斯的范畴并且是最佳的,而前者自足于满意的解决方案。

3.10 决策理性的反馈

这个问题有多个解决方案。最古老而经典的方法是由西蒙首先提出的。这种方法认为个体只要采取了适合自己目的的手段,他就是理性的。然而本书作者认为虽然这是一个比较传统的定义,但有些空泛,并没有给我们任何信息。举一个近代的例子,假如前南斯拉夫联盟总统斯洛博丹·米洛舍维奇的目标是建立大塞尔维亚,那么他掀起了塞尔维亚民族主义是理性的吗?在现代世界,这个目标本身是理性的吗?即使是理性的,它成功了吗?理性的定义涉及大量的迂回,既不翔实,又不具有功能性。不久后西蒙放弃了绝对地评价理性的想法,而转向评估决策过程。然而同时他又强调,决策过程可以是理性的,即使初始的事实和诊断都是假的[47]。他举出了希

特勒基于虚构事实(马克思主义的犹太人对德国的暗算)而定义一个“理性”策略来保护德国人民的例子以说明自己的上述观点。这个目标同样是值得置疑的,因为它的前提是认定了“纯”德国人这一概念的存在,而此目标凌驾于其他人类价值之上。一般地,如果我们认定了虚假事实并理想化了可疑目标,那么效果将变得非常合理！我们往往会在某些精神病人(如偏执狂)身上看到这种超理性的现象,同时还伴随着誓死达到目标的痴迷情绪。总之,任何事物都是理性的,除了那些不再是事实的事物和相对化地走火入魔的目标。我们可以看到,这种寻找理性的方式将不会产生任何有益结果,因为从诊断到目标,一切都必须是理性的,而判断理性这一属性的标准既不是不可置疑的,又不是万能的。

正如我们所看到的,真正的决策者需要面对认知缺陷、信息缺陷和未知的未来,但这并不意味着我们将失去机会和意愿而屈服于每一个决定。有限理性理论声明,人们必须避免对场景的深入探索,而应该简要评估接下来会发生什么。正如我们已经说明的,这样做的结果使得我们不得不持续重新评估决定并在变化不符合预期时灵活应对。有限理性的第二个结论是,优化不一定是合适的。我们必须做出令人满意的决定而不是尝试优化结果。优化的结果最终可能没有什么意义,因为只有在我们对应该知道的知识了如指掌时,优化才有意义。换句话说,我们之前的话题,只有宙斯才能做出理性的优化。而普通的决策者是凡人,他们只能基于自身的知识来让自己满意,并只能在某些决定的小部分子集范围内优化——如果我们坚持使用“优化”这一术语的话,那就只能是“局部优化”了。

搜索质量或者“程序理性”奠定了探索人工智能领域的基石。随着深入搜索质量的提高,现代计算机能够打败国际象棋大师,人工智能“AlphaGo”战胜了世界围棋冠军。由此我们可以预见这种理性的重要性。在最终的决策时刻,这一点程序理性和理想主义者格格不入。

决策者都是很特殊的人或者是笃信圣徒,例如率领千军万马义无反顾地渡过卢比肯河的恺撒大帝或者皈依基督教的君士坦丁。因此,法国人把原子弹和协和飞机的成就往往归功于戴高乐总统,虽然创建于解放时期的原子能委员会对原子弹的研究工作贯穿于整个第四共和国时期,而戴高乐仅仅做出了爆炸原子弹的决定而已。毕竟,如果在原子弹研发上投入如此巨大而没有爆炸原子弹,毋庸置疑,将使处境更加艰难(见2.6节)。同样地,当公元前49世纪的某个晴天,恺撒大帝率领军队渡过卢比肯河时,没有人能迫使我们相信当时部队只是偶然在那里。恺撒的这个决定肯定还有更深层次的原因，可能它是一系列的政治伎俩的结果，这其中恺撒的敌人起了很大作用。

我们已经以此方式研究了诸多重要的决定，其结论是：一方面，没有任何一个人能够负责；另一方面，没有真正的决定而仅存在由未知者所做的一系列的子决定。或者说，其实人们没有做出任何决定只是随着流程亦步亦趋而已。一个激进的决定会引导我们声明，决定（或者至少是公众决定）并不存在，因为可识别的决策者并不存在，只有一群具有不同理性的角色而已[59]。我们应该回到理性这一主题（见第七章和第八章）。无论如何，这一切都不能动摇个别根本就不存在的决策者，但这会让人们意识到决策过程的价值，即“小事件链的爆发”将影响那些看起来不可避免的、即使是不想要的决定，使得所有理性的作用尽失。诚如河流止于沙漠，最初的理性会消失于日常生活的沙砾中。不管怎么说，即使忘记了目标和价值，我们仍旧需要前行。

3.11　附加说明和建议

3.11.1　具有想象力

决定质量蕴含于过程和实例中，因此决策者必须格外注意以下两点：

·如何搜索信息；

·如何构建行动和场景。

以上两点是做出一个好决定的必经之路。缺乏想象力是决策过程中突出的问题之一，而优秀的决策者能够创造性地构建行动和场景。好的决策者至少要具有自然的创造力而重视每一个场景，并且要足够感性以预测合作伙伴和竞争对手的潜在反应。

3.11.2　具有顶层意识

优秀的决策者往往善于高屋建瓴，在时间维度上思考问题。他们保持着对时间演进和决策质量的持续关注，因而往往能够挣脱一群小决定的束缚而最终做出正确的大决定。

3.11.3　过滤信息

优秀的决策者能够合理分配注意力，而关注那些与他的预期和评价相关的重要信息。另外，他们能够持续过滤掉那些由他的朋友和敌人强加给他的信息。

3.11.4 自我检查

一个优秀的决策者往往具有回溯自己所做决定的习惯(即自我检验)。他必须问自己一个问题:从做决定时可获取的知识和概率的角度来看,我是否做出了正确的决定。更重要的是,他习惯于质问自己,当时发生的事件是否与那些被视为不存在的概率相关?是否存在不充分的信息?渴望是否成为事实?

3.11.5 顺应而非找到最优

人们往往对场景进行粗略的评估,并坚持做出最优决定。但实际上对一个决策者来说,更重要的是顺应当前的情况而不是一直去寻找最优选择。在很多情况下,最优是一种伪命题。

3.11.6 重新评估目标

决策者必须将目标铭记于心,所有的启发式搜索依赖于对目标的评价。评价越准确,就越接近目标。优秀的决策者一方面从不放弃主要目标而本末倒置地追求次要目标;另一方面,他会尽可能全面地考虑所有目标,并持续地评估目标以便游刃有余地使用它们。特别地,要避免陷入"再试一次"的困境。

第四章　直觉、情感、认知和推理

事实上，决策和语言类似，目的都是定义一个人的特质。

——Damasio

注意你的第一印象，它总是正确的！

——Sacha Guitry

决定是在情感力量和认知力之间建立微妙平衡的结果。

——A. Berthoz

推理和计算告诉我们，概率随着恒定观察数量的增加而不断增大，这是我们信念的基础；但是自然本能的力量使我们相信，难道概率至少不是依赖于印象的力量吗？

——Condorcet

意志力是根据长期结果，而不是短期结果，来进行选择的想法的别名。

——Damasio

4.1　简介

在介绍后续章节之前，我们首先介绍预期效用模型。该模型应用于"成熟"问题，它用可信概率对未来进行描述。我们在第三章讨论了一个真实、鲜活的决策者，虽然他的大脑认知能力有限，但是我们看到在有限理性的情境下，他在程序上仍旧是理性的，这意味着智能地搜索一个令人满意的决定是可行的。在前几章我们一直讨论推理领域，并使用"场景"作为调查的必备工具。基于场景推理似乎是人类独有的能力，然而广为人知的是，动物几乎能够立刻对环境变化做出响应，而不需要明显的思考——这是一种反射行为或反射反应。这种反射反应能够通过基因编程或学习而获得，或者两者兼有。

然而反射或快速决策，或者人们所说的直觉，显然不仅出现在动物身上。人类也不断地实践于此。既然人类能够描述自身的感受，我们也知道情感和感觉在一些特定（我们不敢说有很多）决策中发挥作用。在20世纪90年代以前，人们从未真正地触碰这个问题。Damasio（1994）以及他的继任者的贡献，使得如今这一领域的研究工作变得非常活跃。我们开始逐渐理解这一主题,这也是本章主要讨论的话题。

4.2 动物决定

如果我们把一滴酸液放在一只蚂蚁爬行的路径上,它会改变前进方向。大多数多足或多细胞动物,包括一些单细胞动物,以此种方式对环境"信息"做出反应,并通过吸引行为或反应来避免或逃离危险。人们普遍接受的事实是:上述行为并不是决定,而是预先编程的用来响应刺激①的反射行为。

对于更高级的复杂生物,比如绵羊或岩羚羊,如果一个滑翔机的影子进入它们的视野,它们就会恐慌。因为对它们来说,阴影预示着猛禽来袭。这个阴影就是绵羊的危险信号。对于狗、老鼠或鸽子,它们能够学习识别图像。例如,一个与食物关联的三角形物体会吸引这些动物接近饭碗,并使它们操纵杠杆来获取食物。这种能让狗垂涎三尺的理论叫作巴甫洛夫反射。另外,将一个圆圈和惩罚关联起来会迫使动物逃离,如果此时禁止飞离的话就会产生压力。现在的刺激已经远比一滴酸液复杂。在人工智能领域,我们使用模式来表示一组固定特征(形状、颜色、声音等),它们形成了一个结构化的知识片(块),并被识别为一个感知系统。类似地,在下文中,我们应该使用"决定模式"来表示触发决定的一组特征。"模式"一词概括了刺激的定义,它往往是一个基本的触发因素。

一个重要事实是模式以立刻和专横的方式触发了行动。我们称之为认知主导决定,这一表达出自于Klein[60]。严格意义上讲,Klein应当谈论过认知主导决定——此处我们发现了决定一词含糊不清的一面:是否存在不涉及推理的决定?当雪球向你飞来时,如果你躲开了,这是一种反射而不是决定,但它的确是一个行为。我们可以说,在反射行为和理性行为之间存在一定的连续性。从蚂蚁做出的避免酸液伤害的"决定"到绵羊因害怕猛禽来袭而躲避滑翔机影子,大自然的确为我们提供了广泛的决定,由识别复杂的刺激而主导。从蚂蚁到羊,是模式的复杂性不断增加的过程[61]。然后我们就有学习鸟类和哺乳动物的巴甫洛夫学说。我们看到小狗看见它的主人穿上外衣就衔着它的拴狗绳,这难道不是最初级的理性吗?至少是一种预期。人类将这种预测能力发挥到了极致,并以更大的规模促进了人类的学习和推理。

①我们应当使用"刺激"来表示环境的任何变化将唤起动物或人类立刻反应。

4.3 认知主导决定

形势可以提供一个线索，这个线索使得专家能够访问存储在记忆中的信息，最终信息提供了答案。直觉或多或少就是认知。

——西蒙

"认知(知识)先于识别。"

——《词源》

"识别先于认知。"

——F. Worms和T. Gaudin

从前面的章节我们看到，在一些案例中，诊断主导了决定而不需要一个投影阶段。最终这一点意味着未来隐含于公认的决策模式中。滑翔机在羊群头顶的影子隐含了捕食者可能发起进攻的预期。大多数决定都或多或少地通过这种识别方式而触发。问题是我们识别了什么，另外，这些决定模式是如何构建的。如果从人工智能的角度考虑，我们知道，对这些模式或案例的识别(见第三章)包括人们利用这些模式或案例的结构、语法和内容来将其存储在记忆中。因此，存在一种保存在记忆中的预先存在知识。就像科学一样，我们仅能看见我们准备看到的东西①。在组织管理领域亦是如此。如果环境在某个维度发生变化，但变化并未考虑人们的思想结构，我们将无法感知这种变化。数不清的企业老总，从IBM公司的CEO到柯达的CEO，对其所处环境的重大变化视而不见或响应不及时。从一开始，感知就出现了故障[172]。在组织领域，选择正确的变量或观察正确的参数，往往比我们处理这些数据本身还要重要[56]。

如果识别之前就产生了认知或知识，我们可能会问问自己知识来自何处。因此，相反观点是可辩护的：知识先于识别[63]。这意味着我们首先必须在构建知识之前识别变量。因此，为了在植物学领域构建知识，该领域的开拓者们不得不在提出一个初步分类之前，"识别"某些花之间的相似性。这些分类是知识的基础，并且明显地有利于后续的识别。

天生感知模式的存在以及它们与智能和感性的幻想之间的关系，长期

①机会总是垂青于有准备的人——法国微生物学家路易·巴斯德(1822年12月—1895年9月)。

以来是心理学家思考的对象①[4]。这是一个十分宽泛的话题，关乎知识和认知之间取之不尽、用之不竭的辩证关系，因此我们不再赘述。这个审问或多或少地概括在美诺悖论中："人们不会寻找他不知道的东西，因为他不知道要寻找什么；人们不会寻找他所知道的东西，因为他已经知道了。"[65]在本书中，我们将看到认知是指形势所引起的情绪、人们所处的环境，或者他们的生理表现。与传统哲学相反，从柏拉图到笛卡儿，本书中的认知与理想世界中的匹配实体不相关。我们指的是实用主义而反对柏拉图的唯心主义[66-68]。美国哲学家理查德·罗蒂[69]说，知识是一个集体结构而非"自然的一面镜子"。

事实上，我们的进展很缓慢，只能暗示知识是部分天生的并且（至少对人类来说）大部分知识能够获得。反观动物，事实证明它们的很大一部分基于认知的行为是与生俱来的。我们已经看到，松鼠可以闭着眼睛藏好榛子，即使过了很多代之后，这种松鼠的假定习惯性行为也能让它找到榛子[70]。因此，需要另一种通过学习或模仿的模式。R. Hinde表示，猴子天生怕蛇，猴子母亲的恐慌反应似乎很有必要学习[71]。通过物种间的模仿，英格兰蓝山雀在几代之后，就适应了牛奶瓶的铝箔盖，并能够把牛奶瓶送到门口。

我们已经看到，毫无疑问地，人工智能使用预先存在的知识，并将知识嵌入程序来构建基于案例推理系统，并以能够创建知识的系统来进行实验。这就是人们熟知的"步步为营法"——参见文献[72]，而语言的出现请参考Luc Steels的思想[73]。

对人类而言，即使呈现出明晰的投影阶段，认知也扮演着非常重要的角色，以便看起来是大脑自然工作的结果。在讨论大脑功能之前观察非常重要。拥有知识结构和适当框架是记忆不可缺少的条件，尤其有利于在适当的时候回忆。由于植物学家的知识是结构化和系统化的（从系统的意义上讲），根据家庭、类型和种族的差别，他们能够识别成千上万种植物。在计算科学中，数据库或案例库在填充数据之前必须拥有良好的结构。在决策过程中亦是如此，我们应当具有恰当的思维结构，并能够利用我们的经验。

许多研究都致力于收集专业知识来将其植入机器。特别地，人们对国际象棋专家（称为国际象棋大师）进行了研究。研究显示专家远比新手拥有

①让·皮亚杰（Jean Piaget，1896—1980），日内瓦的心理学家和知识学家，毕生钻研儿童发展心理学和知识推理建设。他的研究表明，儿童智力的发展是渐进的。这种发展是基于观察的并将观察整合为一些贯穿儿童发展全过程的复杂认知模式。

更强的识别问题本质的能力[74]，并且专家只需花很少的时间就能做到。面对要记忆的问题，国际象棋大师不可比拟地比业余爱好者高效，因为他们有办法记忆游戏的形势。引人注目的是，国际象棋大师比新手学得更少，但学得更正确！

在医疗领域，Raufaste和Da Silva Neves有类似的发现[3]。我们可以从专业知识的实证研究中总结到，专家比新手拥有更多的记忆模式（或“知识块”）——前者拥有更多的专业知识——这些知识块具有更好的结构和组织。这些模式结构快速显示了形势的显著特征，这是天生的结构所不具备的。这种专家结构造就了快速、有效的认知和敏捷的后续行动（认知主导行动）能力。让我们再一次引用西蒙的论述[75]：“我们使用直觉一词描述一个问题求解或快速回答问题的流程，此时即便专家也无法详细描述推理并产生答案。”无论如何，在复杂和不确定的形势下，专家往往出错（参见文献[76]和本书6.7节），并且认知主导决定在跳过投影阶段并明晰地表达未来时显现出极为不便。

认知主导决定也可以通过学习而做出：巴甫洛夫决定就源于此过程。衔着皮带的狗和操纵杠杆的老鼠，都会对未来做出预测。因此，它们对未来有一定的表达，并且对已经发生的场景记忆犹新。这个决定由调节循环来管理。人的决策有更多的改进，这使得它具有高度特异性。从本质上讲，这些改进与未来相关，特别是在一定程度上，从“刺激行动”型调节循环到“避险能力”。“然而我们也提出一个观点，更高级的中央循环在演化过程中变得越来越复杂，并运行于投射过程模式。在此模式中，信号在内部循环中得以处理并与传感器逐渐失去直接链接[61]”。为了给投射阶段争取时间，识别和行动之间保持松散耦合十分必要。

因此，在进化过程中预期和记忆的属性逐渐增加，并在人类中高度进化。和语言类似，将图像、记忆和事件串在一起就是质的飞跃，如同口语把声音组合成词，之后组合成句子。某些史前学家将这种把声音组合成一段话的能力归结于语言的出现[77,78]，其核心是场景形成了适应于决定的句子。因此可以假设，推理、决策和语言在人类进化过程中相互呼应，共同进化。

即使在行动发生之前，识别特定模式能够催生情感（或压力），因而情感是一个决定因素。这一理论从1994年Damasio的著作开始逐渐成熟，然而这种思想是否早已或多或少地存在于弗洛伊德的著作中呢？

4.4 人脑和情感

人类的独特性在于面临复杂预期时所具有的用大脑创建和推理的能力。即使能够执行正确的推理,但有时我们做出的决定却是错误的。

从脑损伤案例中我们看到了最多样化的功能障碍:有些人认识词汇却不能造句;另一些人无法将词汇与正确的事物关联起来;还有人认识词汇但无法拼写等。我们看到,决策与语言相似,近期在神经学角度得到广泛研究。Damasio 在 1994 年负责启动了与脑损伤相关的决策功能障碍研究。对不同病变的脑中部额叶患者的观察表明,他们均无法正常决策[79]。特别地,他们不同程度地表现出对危险的不敏感性,或许归咎于他们对感情缺乏反应。

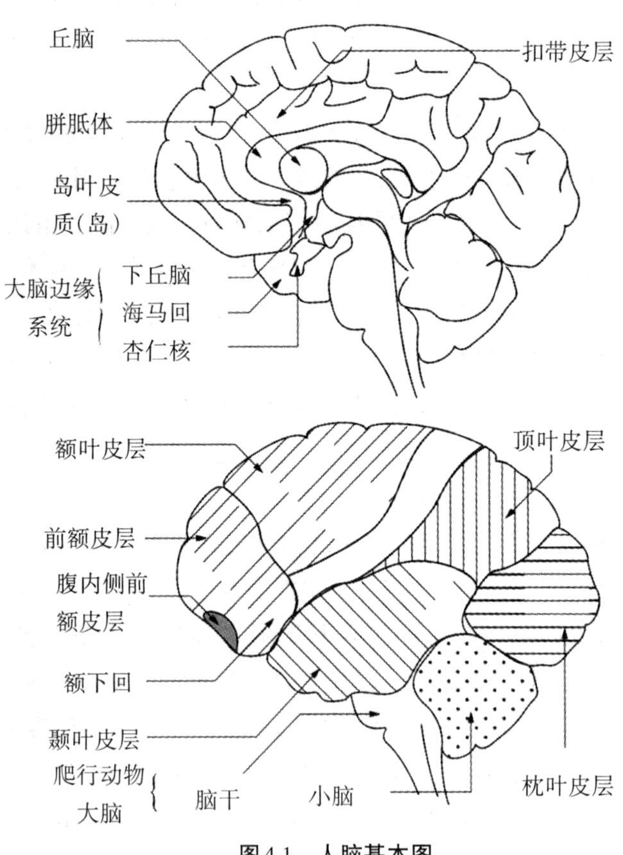

图 4.1 人脑基本图

相似的发现使得Damasio进一步扩展了“躯体决策者”的概念。躯体决策者在决策过程中通过情感、身体和大脑最古老的部位传递信息。决定形势将对一些决定模式做出情感反应。这些反应通过抑制或去抑制神经细胞电路来触发决定,甚至行动[3,61,62]。来自情绪的反馈和躯体决策不是Damasio所谴责的“笛卡儿错误①”,而是针对所有决策的纯粹逻辑描述的一个重要得分点。无论是通过躯体决策者[80]还是通过创建和评估场景[61]而比较和召回某个内部循环的决策模式,一旦考虑到情感因素,其结果就与心理和临床观察完全不同,特别是对于抑郁和学习而言。

我们期望强调可记忆的“决定模式”的影响力,它在主体采取行动时扮演“抑制剂”或“去抑制剂”的作用。当这些模式的作用是普遍的时,就不用推理了。换句话说,这就导致我们仅仅基于对优势和价值的期盼和论据而做出决定。相反地,响应某个模式有利于——特别是在肉体和情感层面——更加安心地选择行动,而不是按兵不动。在一定意义上当做出了决定时,我们就得感谢在生理意义上改善(或优化)了我们舒适度的决定。而究竟这种舒适度是否因为受到躯体决策者的干预而提高,或受到激素影响而控制了人们的满意度,就不那么重要了。

更进一步来说,我们首先简要解释一下为什么说大脑皮层是推理的基石(或语言的基石)。重要的推理过程位于小脑和大脑底部——后者有时也被称为爬行动物大脑,因为它早就存在于爬行动物的进化阶段。Damasio的想法是大脑的这个部位和边缘脑在决策过程中以传达情感的方式发挥了作用。自20世纪90年代以来,诸多对猴子和人类的研究工作确认了原脑在决策等过程中发挥的作用,并使得人们开始了解原脑和大脑皮层的关联关系。由Glimcher、Camerer、Fehr和Poldrack[81]等人编辑的书中包含了一些相关研究进展。

现在我们清楚了,大脑底部下丘脑的某些区域会影响人的情绪[82,83]。实际上我们可以通过刺激小脑或下丘脑的某些位置来诱发人的悲伤感或满足感。我们还知道这些区域包括安乐药和镇痛剂上瘾相关的受体。总之,情感、愉悦或痛苦是由大脑底部(基底核)特定区域的信息所产生的。我们观察到,这些可能由识别形势模式而触发的信息干扰了决策过程。研究表明,纹状体和某些基底核形成了“奖励-预测”的中心(参见文献[81]第6、22、23

①实际上笛卡儿与这一话题不相关,他仅仅拟人化了“纯粹”的推理,冰冷而无情的推理。

和25章)。需要注意的是,通过纹状体的多巴胺能电路的奖励评价,事实上验证了基于以往经验的预测和实际得到的结果(奖励-预测错误)之间的区别(参见文献[81]第3章和第21章)。这个与预测相关的结果评价形成了学习的基石(参见文献[81]第22、24和25章)。Glimcher进一步提出了一个假说,即预期差异的评价与它们之间的相对收益评价是不同的,后者发生在大脑皮层前额(参见文献[81]第17章和第32章)。个人偏好似乎形成于眼窝前额皮质与杏仁核的连接处[84],其中杏仁核在偏好变更中起到了非常重要的作用。

在推理过程中,来自边缘脑和基底神经节的信息混杂在额叶皮质和前额皮质中。这一重要发现归功于Damasio和他的继任者,事实上人类在脑腹内侧额叶前部拥有一个理性决策的综合中心[80,85,86]。"对于决策,从理论上来说,这种内置的前额叶电路被认为是为情感、动机、规划、排序、工作记忆和注意力提供了区域之间的系统联系[87]14"。那时认为,前额叶皮层的恶化将导致敏感人群的"非理性"行为(参见Damasio[80]有关Phineas Gage的例子)。一个前额叶皮层损伤患者将表现为冷漠,并失去对风险的正确估计[79,80,88]。同情心似乎是由岛叶皮质和前扣带皮层控制的(参见文献[81]第15章和第17章)。这种使我们对他人命运保持敏感的同情心,必须区别于预测他人心理状态的能力。后者可以部分用于投射阶段。事实上,某些精神病患者也能够认识和操纵他人的心理状态,而没有丝毫表现出同情(参见文献[81]第17章)。

对Phineas Gage和病人案例的不同解释表明,我们所看到的人群不是没有能力做决定①,而是对所做决定而产生的后果或可预测后果不敏感。这种不敏感往往与大脑前庭中部的损伤相关。这可能是由于他们的身体缺乏对原脑发出触觉的感知而造成的。"这些结论表明,额叶病人在触发躯体对情感刺激的反应方面存在缺陷[79]161"。我们似乎可以自然地推测,这些"感觉"可能与模型相关或者与大脑中描述的记忆有关,通过比较或更新这些可记忆的决定模式,所谓的"感觉"就显现出来了,并能够传递给前额皮质。"大脑是一个匹配机器和行为的模拟器,而不是一个表达机器[62]89"。

人们仍不清楚如何评价风险,但是此过程或许发生在脑岛、纹状体和扣带回皮质(参见文献[81]第23章)。这种风险评价随后传递到了前额皮质。

①在某些案例中,我们也发现了有人无法或非常困难做决定[62]88。

因此，遭受大脑前庭损伤的人的风险很大，事实上他们正在玩一个冒险游戏[89]：他们比选择参考框架的决策者更少地受到害怕风险的影响。“脑腹内侧病人看不到这种调换策略。他们在风险很大的纸牌赌局中持续叫牌，因此他们一直输钱。即使之后从很多次玩纸牌的经历中积攒了大量经验，他们还是要输钱。有趣的是，脑腹内侧损伤病人深知他们正在输钱，甚至有些人已经知道他们选择的纸牌赌局非常冒险。然而上述知识并没有对这种非正常行为起到矫正作用，因此他们继续选择风险大的纸牌而不顾持续的损失”[79]162。近期的研究表明，杏仁核的损伤也能够造成厌恶损失情绪的消失[90]。因此，前额皮质中部和边缘脑之间的联系的确十分重要。

这些结果的解释远没有那么简单。Damasio建议，情感是评价未来和行为后果的纽带，但情感无法到达前额皮质层。我们在评价行动时引入了扣带回皮质前部和眼窝前额皮质之间的交互，正是这种评价控制了反馈。这个功能在学习工作中十分清晰。令人好奇的是，大脑根据行动是否自由选取或由测试者口授而表现出不同反应[91]。这一点表明，当大脑表现出不受限制的准许时，一些特定命令能够得到更好的响应（参见7.3节）。无论如何，决定模式或反馈将不会集成到决定中，而应当触发了谨慎和警告。我们也指出眼窝前额皮质的脑腹内侧是五羟色胺的目标区域之一，它的损伤将产生类似于脑腹内侧损伤的效果：比如不充足的结果，对实施于他人的行动后果漠不关心，危害社会的行为和咄咄逼人的态度等[92]。事实上一个普遍的共识是，这些病人缺乏对未来的整合认知能力——在Phineas Gage的案例中尤为明显——并且他们显现出夸张的短期偏好（参见下一节）。

对已经经历过的记忆或形势的回忆唤起了弗洛伊德而没有唤醒潜意识。即使对于重要决定，童年时期的经历造就了人的性格——例如一个未解的伊底帕斯谜语。因此，本书作者目睹了一个组织的领导在某位部长面前，似乎恢复了一个容易令人误解的儿童和父亲之间关系的场景。今后此人所做的很多决定被认为站在对立面而被拒绝，即使当目标理性使得此人克服了这种拒绝。任何达到一定年龄的权威人士倾向于借用父母的形象，这样做有时很难解释甚至让人无法理解，如果我们忽略了情绪紧张因素，这种唤醒会造就一个更年轻或更脆弱的对话者。毋庸置疑，存在一些能够产生此种情感的形势模式。这些模式下意识地歪曲了一些人的决定，他们允许自己淹没于生活经验和童年的涌流中。当然，某种程度上由“深度燃烧”模式形成的对手是很难理解和战胜的。这些模式常常以同情心等特征融合

于人的个性——Crockett[92]表明，这些特征不受五羟色胺水平变化的影响。

人脑的计划能力需要将行动和假设性事件串联起来。毋庸置疑，自我投射能力一方面包括想象力，另一方面也包括比较已经记忆的模式的能力。“这些结论与某种假说相一致，即主体使用发生过的类似场景的记忆来推理相似的问题。出现病变的脑腹内侧额叶皮质损害了这种推理的分配机制[79]168”。我们已经看到，先验概率或对事件发生概率的某种评价，可能源自模式比较。这些评价产生了广为人知的偏见，比如近因效应，它表明相比较于遥远的过去事件，最近发生的事件是比较中肯的。很久没有发生事件的概率非常小甚至为零，然而最近发生的事件的概率将会放大（参见6.8节）。由于海马体在记忆体中起着重要的作用，我们预测它与杏仁核和脑腹内侧额叶皮质的链接是触发与识别已有经验形势[93]相关反应的必要条件。

4.5 长期收益和短期收益

在“刺激-行动”循环中不存在延迟。只要有一个触发决定模式，行动就开始了。人类决策的特征是有利于假设的长期收益，而不是直接收益。

正如我们已经看到的，一些脑前额叶病患者给人的印象是无法权衡短期收益和长期收益，并且或多或少地偏好于追求未来收益（或损失）的短期满意度，因此他们不考虑风险。预期缺失是额颞叶痴呆症研究中普遍关注的问题[94,95]。对行动后果的预期缺失——相当于漠视未来——将产生短期满意度优先的决定。Damasio在Phineas Gage案例中指出[80]，这种缺失的特征相当突出。Phineas Gage一直以来都是一名优秀的铁路工人，但不幸的是在一场爆炸事故中他的大脑额叶和中部被熨斗损伤了。后来他奇迹般地恢复了，但唯一改变的是他的行为。他变成了一个赌徒，一个败家子。换句话说，他对可能降临的、甚至在不久将来可能发生的事情漠不关心。与大多数人不同，他已经变得对所有情况下的风险漠不关心，即使他的推理能力没有受到损伤[79]。

我们仍然无法精确描述大脑预测未来和权衡长期收益/短期收益的过程。很明显，这个功能必须包括将自己置于未来的投射能力。前额皮质损伤将造成规划能力（也就是想象未来的能力）的丧失。“规划和准备未来行动的困难也许是前额叶背外侧综合征最突出的特征。这种困难大多源于对未来行动的表达缺乏一个合适的神经基板[85]57”。“精神病的基本缺陷可能是缺乏对当前行动的未来后果的洞察力。已经知道的结论是，精神病行为可能发生在身患前额损伤，特别是额叶下损伤的人群[96]121”。脑腹前额皮质损伤造成了眼窝前额皮质和前扣带回皮质的链接失效，并使得决策者对决定结果漠不关心（或者理解为社会性漠然）。这种人不会在乎别人的想法[81,88]或者对他人的痛苦漠不关心[92]——或者失去考虑中长期未来的能力[84]。来自岛叶皮质、纹状体和杏仁核的信息通过促激素生成素进行传递。这些信息也需要传递给信任他人、厌恶分享（参见文献[81]，第17、19章）和讨厌失去这三项内容相关的前额皮质情感，这是谨慎的原因[90]。

平衡短期后果和中长期后果的能力是激发人类惊人的探险精神的必要条件之一，尽管近期发现表明一些灵长类动物具有类似的胆量[267]。对于被赋予决策能力的人来讲，另一个必要条件似乎是他们能够超越简单规则或不遵守程序[23,266]。这种被称作“自由意志”的能力与意志力密切相关。Damasio非常准确地将这种意志力与支持长期仲裁的能力关联起来。Berthoz认同此观点：“总结以上观点，考虑到事实的必要性，人脑是一个可预测的生物机器；还是一个行动模拟器，通过参考过去经验来预测行动的后果；用于在极端特殊电路的内循环中模拟行动（而不是表达行动）”。在此观点下，意志力就是一种内生的能力，用来模拟行动并做出决策。例如在中枢神经系统的多个层次中，选择性地移除抑制，并产生一个可执行的或可想象的行动[61]97。为了保证此类循环的正常运转，必须能够将记录刺激和执行相分离。例如，延迟认知主导行动，似乎发挥了额叶皮质和基底神经节之间的关系，并为多巴胺分配了角色[267]。

短期和长期之间的权衡是人类所有决策的中心任务。在进化过程中，有一点十分清楚，即决策的突破发生在“刺激-响应”过程失去瞬时性的时刻。例如，随着有意识地引入了参考过去和未来的决策模式，“刺激-响应”程序变得越来越复杂。为了响应某个刺激（如视觉刺激）而呈现飞行行为时，人们隐式地考虑过去和未来，因为达尔文自然选择理论表示，据统计，行为是动物适应生存环境的最佳选择。这些本能的行为未在人类中消失，近期研究工作的优点在于提醒我们本能行为的存在：“进化过程中的压力可能催生了一个快速的体细胞传导方式，来使用之前知识的系统[79]174”。然而在人类决策中，除了快速反应以外，人类考虑未来的过程比其他物种更为复杂。这要归因于操作变化丰富的决策模式，和通过对过去的考虑和对未来的想象而集成的情景。“有关过去事件的信息可被保存为可获得的记忆，例如，时序前庭的皮层及其深层结构。当前的信息从感觉器官到达皮质感觉投射区域;未来的信息被保存于大脑皮层的额头/前额部位,它或多或少地表达了复杂行动计划和行为程序[96]117"。事件既和海马体、杏仁核的前额皮质电路有关也在意识集成中扮演了一个重要角色,即或多或少的长期选择"识别"了过去的形势[93,97]。

场景之间的抑制-激活之争(也可以认作为"决定元模式")决定选择那些最终付诸实践的行动[86]。这种选择实现于大脑前额皮层的层面而与进化过程中的基因组编码无关。Fuster支持这个观点[85]51:大脑前庭皮层是触发深思熟虑决定的最终"共同路径"。推理和情感(或直觉)之间确实存在竞争,由识别可记忆的决定模式而驱动。"决策发生于中枢神经系统的多个层面。在最高层,个人在选择行动时有意识地使用过去经验和未来预测。在最低层,直到执行行动之后,人们做出决定时并没有意识,并且个人对于导致特殊选择的流程漠不关心[61]102"。

人类,和其他少数动物,如灵长类动物,在受到耽搁时大多偏好于得到即时补偿的奖赏。我们使用现实化率一词来表示由 $S_0(1+k)=S_1$ 定义的比率 k,其中,公式 S_1 由一年后的 S_0 的值决定。换句话说,一年中的 S_1 等值于瞬时的 $S_1/(1+k)$ $(S_1>S_0)$。行为实验曾试图决定人类如何评价未来资产。行为学研究倾向于首先验证由Mazur[98]提出的双曲线折旧的模型。根据此模型,$S=A/(1+kD)$,其中 S 是报酬 A 的当前效用,由一个延迟 D 而获得。折旧率 k 与现实化率相似:它随着报酬的意义变化而变化[98]。这个模型和神经系统科学的观察结果或多或少地匹配,即使我们并不知道大脑是如何权衡耽搁和报酬水平——除了脑腹前额皮质被激活的概率和价值等知识。这一点存在两种理论。第一种理论建议有两个电路——一个是喜欢立刻选择的边缘电路;另一个是在前额皮层顶叶内的负责长期选择的电路。第二种理论看似更加可行,它支持纹状体、前扣带皮层和眼窝前额皮质或内侧皮质之间存在链接的观点,用来权衡耽搁和报酬值。在任何情况下眼窝前额皮质或内侧皮质损伤(如身患Phineas Gage疾病的人)将导致非常短期的行为或当前行为。正如已经提到的,长期规划需要将来自海马体和扣带回皮质的事件记忆整合到眼窝前额皮质中[97]。人们必须能够获得与未来报酬相关的唤起,来预测未来。

因此,人们的生活由长期和短期之间的持续紧张状态组成,并且人们仅仅在这两点之间做出决定。我们可以假设,对一只蚂蚁或一只狗来说,长期选择毫无意义,即使狗已经表现出了通过识别形势模式的预期能力(主人穿大衣的模式）。我们知道，诸如松鼠为了过冬而储藏榛子的行为不是推理的结果，而是基因使然[70]。相反地，对未来的清晰预期和推理似乎是人类独有的能力，并且很大程度上是个体和社交学习的结果。只要这种意识存在，对未来的满意度就可能优于当前满意度。有多少艺术家和名人为了死后的荣耀而倾其所有？推向极致，一些追随者偏好于为了另一个生活中的假定快乐而牺牲眼前利益。

换句话说，小学生毋庸置疑地偏好于玩耍而不愿意上学，大学生更喜欢去电影院而不愿意上课。对一个小学生来说，短期和长期的权衡产生于社会和父母的压力而不是源于个人决定，但是大学生的权衡包含某种个人决定。研究无可置辩地表达了未来的选择。类似地，所有的投资者都会区分当前费用（或即时满意度）和未来利润（或收益）。因此，我们看到的是未来的表达和满意度偏好，而不是当前享受的表达。这种对未来的偏好是人类独有的并根植于文化和文明之上。相反地，动物更容易冲动，即使动物能够通过训练来选择轻微的延迟报酬[98]。我们在动物王国里观察到，它们对未来的偏好由基因组编码决定，主要体现在繁衍后代。正如我们所看到的，对未来的权衡能力与决定概念紧密相关，也与开发场景的能力相关。这三个概念（权衡、决定和场景）之间的相关性很强。这种能力包括脑腹前额皮质的正常功能。我们已经看到了一些造成决策障碍的损伤，但前额缺陷并不妨碍做出决定——它只是阻碍了集成未来的表达，并造成了权衡中期、长期选择的障碍。因此，这种障碍消除了责任感，因为承担责任需要承认一个观点，即存在评估行动的未来。因此，自由、决定和责任感是人类之所以能够表达未来以及权衡当前和未来满意度的三个概念。

短期选择、中期选择和长期选择之间的矛盾只是多维度“行动”之间选择的一个特殊案例，即根据不同的组件，选择的满意度各异。在多维度行动中选择是一个多判据决定或选择问题，我们将在第五章具体讲解。

4.6　贝叶斯人脑

我们已经看到人脑是如何集成决定模式识别和未来推理。然而存在一个问题：如何在情感之上建模未来？简单来说，大脑是否知道概率？在为这个仍然处于辩论之中的问题提供一些想法之前，让我们再讨论一下经过观察而修改概率的情况，因为大脑是感官的指挥官。

因此，让我们看一下贝叶斯理论是如何在观测之后更新概率的。假设我们让一个人区分2个盒子U_1和U_2中的球。U_1里有2个白球和2个黑球，而U_2里有1个白球和3个黑球。决策者随机选择一个盒子U_1或U_2，并从中取出一个球。

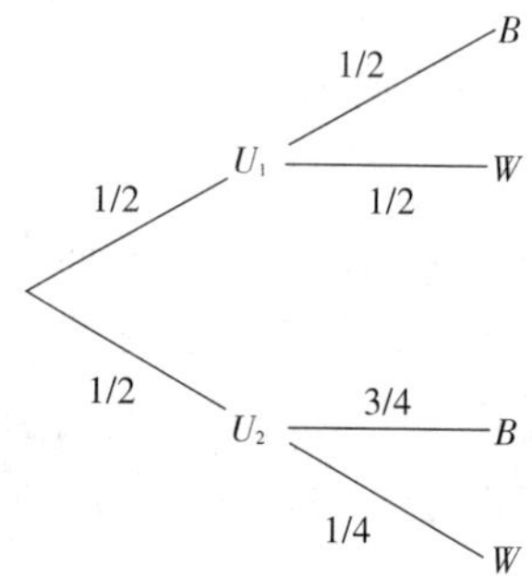

图4.2　从2个未知盒子中取1个球

决策者从U_1中取出一个黑球(B)的概率是多少呢？根据贝叶斯定理(见第二章)，我们可以得到如下结论：

$$P(U_1/B) = \frac{P(B/U_1)/P(U_1)}{P(B/U_1)/P(U_1) + P(B/U_2)/P(U_2)} = \frac{2}{5}$$并有$P(U_2/B) = \frac{3}{5}$。

看见黑球的事实增加了选中U_2的概率。决策者并不知道从哪个盒子中选择，但他可以推测出从U_2中选中的概率更大。如果把球放回并再次取出黑球，那么选择黑球的概率将增大至$\frac{9}{13}$。因此，贝叶斯定理使我们重新评估先验概率，以根据观测描述某个形势。如果没有观测，决策者从U_1和U_2中取出球的概率是一样的，但是如果他不断地取出黑球，他很有可能从U_2中取出。那么大脑是否存在这种重新评估的机制？

我们知道海马体似乎具有计算获得收益概率的能力[99]，并且有证据显示，前额前庭的神经元能够鉴别报酬的概率[100]。我们也看到，眼窝前额皮质的神经元的兴奋程度能够用来度量人们对不确定决定的信心[101]。有证据表明，在做出决定后灵长类动物的大脑能够评估获得报酬的概率[102]。因此，越来越多的指标表明，一些特定的神经元能够评估概率，并且大脑能够基于观测到的事件而重新计算——或者至少修改——先验概率，这个过程将有助于学习。基于此我们提到了“贝叶斯大脑”，例如大脑能够修改先验概率，并从观测中学习[103,104]。

事实上,“贝叶斯大脑”的表达方式具有多重意义。对于某些情况,它表示大脑使用主观概率的事实——换句话说,它比Savage的思想更进一步。我们注意到,大脑也是一个“统计学派者”,正如Pavlovian学习已经证明的。这意味着大脑能够识别频率或根据条件改变行动。诚然,如果我们用工具交换 U_1 和 U_2,并假设取出一个黑球即得到报酬而取出白球就自认倒霉。这样灵长类动物(如人类)就立即学会了按住 U_2,因为人类知道 从U_2 中选出黑球的概率更大。一些猴子甚至能够计算出从 U_2 中取出黑球的组合概率,因为如果与 U_1 相关的报酬比与 U_2 相关的报酬大(U_2中取出黑球的概率高),那么就出现了一个管理冲突和一些亟待计算的预期效用[100]。推而广之,这与前扣带皮层的活性和产生满意度的多巴胺能神经的行动密切相关。然而,人们往往分别评估风险和收益[81]。而且,尽管对风险和收益的评估都或多或少地和前额皮质相关,并已经通过前扣带皮层[105],但没有指标显示大脑能够凭借真实感官来计算预期效用。

我们已经看到对纹状体的评估取决于和预期报酬的距离,并且如果结果不是所预计的就激活了反馈。这种度量方法和认知相结合,就是Pavlovian学习。对于来源于简单反馈的行为变更,信息通过眼窝前额皮质传递并且可能由五羟色胺传递。因此在与老人或爬行动物大脑的多巴胺能神经相关的简单循环和前额皮质的复杂电路之间,存在多种层次的学习。

正如我们所看到的,“贝叶斯大脑”的第二个广为接受的含义与基于贝叶斯定理而持续校正的概率有关,并且所做的观测或多或少隐含地参考了贝叶斯网络函数[3]。需要注意的是,这种假说很难得到证明,即使存在一些不容置疑的重新校正的证据[106]。

4.7 附加说明和建议

4.7.1 谨防决定模式识别产生的情感

决策不仅是一个预期和推理的问题,它还包括识别决定模式的过程——该模式基于对记忆和过去形势的识别,并通过产生情感而集成于决策过程。我们必须做到让自己免受决定模式的操纵。直觉不一定是一个坏导师,因为感情能够传递有用信息。但一个由决定模式操纵的决定是十分保守和情绪化的,而且在复杂、不确定和变化的环境中有时是错误的。

4.7.2 结构化知识

专家的优势主要源自正确的知识获取结构,因此,良好的知识框架能够

加快知识获取和响应速度。专家不以数量取胜，而是胜在熟知结构的相关性。拉·封丹说，“见多识广”。但是实践过程中必须提前准备好知识结构，并随需应变。

4.7.3 投射的颜色

在决策过程中，我们投射到未来的思想在某种程度上造就了人类的特性。在此层面上，人们将场景、推理和概率付诸实践。无论如何，在投射中我们看到短期满意度和长期满意度之间的矛盾，这也是人类自由的表现之处。为了根据长期收益而权衡，我们必须想象未来并唤醒之前的那些令人满意的记忆。我们应当使自己免受情感的误导，并戴着有色眼镜来看待未来，或根据过去的记忆和镜像做出决定。

4.7.4 在基于认知学习系统中引入学习

基于案例决定在一些职业中是有效的，例如纯粹基于诊断的决定。因为它使得我们能够在适当的场合自动响应并赢得时间。然而人工智能表明，一个基于案例的决策系统必须严格地包括一个能够添加案例的学习模块，以便补偿“诊断-行动系统”的非发育能力。在环境发生微小变化的案例中，每一个静态的基于案例系统都将面临快速灭亡的危险，甚至导致悲惨的结果。如果对一个脱离现实的案例仍采用标准的反应，没有比这种做法更糟糕的了。

第五章　冲突判据下的决策

决策者们往往无法描述一组完整而一致的偏好，因为他们有不完整、不一致且无法同时考虑的多个目标。

——J. March

“鱼与熊掌，不可得兼”。

——孟子，《鱼我所欲也》

“上帝啊！”磨坊主喊道，“为了讨好别人（和他父亲），可怜的小脑筋不得不承受如此的痛苦”。

——拉·封丹

决策是一个协商的过程，因为你必须管理利益冲突。

——Henri Nallet

从某种重要意义上讲，所有决定都是妥协的结果。

——H. Simon

5.1　偏好结构

偏好的内在困难在于如何处理多维空间的数学模型。如果有两个数字，其中一个数字总是大于或等于另一个数字，那么我们就说 R 是全序关系。然而在多维空间中并不是如此，正如我们将要看到的。

定义 5.1：如果存在一个二元关系 S 使得某个集合中的任意两个元素 a 和 b 满足 aSb 或 bSa，则该集合是全序的。如果 S 也是可传递的，那么 S 是一个全先序关系。

先序关系是“可传递的”，意味着如果 aSb 且 bSc，则 aSc。集合 $\boldsymbol{A}$ 上的二元关系 S 是全先序的，因此是可传递的，则我们定义关系 I：

$aIb \Leftrightarrow aSb$ 且 bSa。

可以验证，I 是可传递的、自反的（aIa）和对称的（$aIb \Leftrightarrow bIa$）。

先序的不对称性可以定义为：

$aPb \Leftrightarrow aSb$ 且 not（bSa）。

P 关系是不对称的——意味着，$aPb \Rightarrow not\ (bPa)$——和可传递的。

关系的反对称性满足，aSb 且 $bSa \Rightarrow a = b$。这个案例是集合 $\boldsymbol{R}$ 上的

关系≥。

定义 5.2:一个“偏好结构”是一个全序关系当且仅当它是反对称的全先序关系。全序关系的不对称部分称为严格全序。

因此在集合 $\boldsymbol{R}$ 中,≥是全序关系且>是一个严格全序关系,这意味着不存在并列关系。

集合 $\boldsymbol{R}^2$ 由它的两个坐标(x, y)定义。如果我们随意给一个值,比如(5,12),我们说(6,17)比(5,12)大,因为6比5大且17比12大,而(-2,15)比(5,12)小。然而,如何分类(5,12)呢?我们不能说(15,2)比(5,12)大,因为15的确比5大,但另一方面2却比12小。这是大于1的多维空间所固有的问题。多维空间不是天然的全序集合。我们在图5.1中随机选一个点,则能够找到所有大于或小于此点的那些点,图5.1中显示了那些小于或大于(3,2)的点。

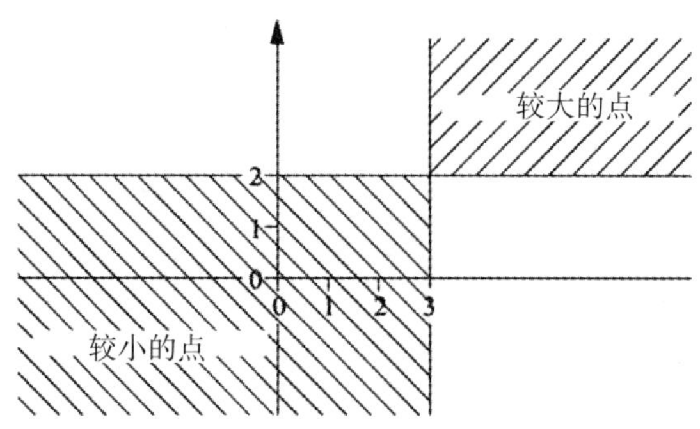

图5.1　小于或大于(3,2)的点

大于点(3,2)和小于(3,2)之间点形成了两个锥形,在顶点处形成的直角称为大于点(3,2)的“正象限”。更通俗地说,在一个多维空间中一个锥形定义了一个先序(锥形定义了正数集合)。

坏消息是,平面坐标系的一整片,即图5.1中的空白部分,并不是自然先序的。我们说这是一种“偏先序”关系。两个空白象限的所有点既不大于(3,2)也不小于(3,2)。

为了在 $\boldsymbol{R}$ 的子集中找到更好的元素,子集必须是有界闭包的——在此情况下,最佳元素是上限。如果 m 是 $\boldsymbol{R}$ 的子集 $\boldsymbol{A}$ 的最佳元素,对于 $\forall b \in \boldsymbol{A}$,我们有 $b \leqslant m$(读作:对于 $\boldsymbol{A}$ 中的任意元素 b, b 小于或等于 m)。最佳元素的定义不可避免地和一个属性相关,即 $\boldsymbol{A}$ 的所有元素和 m 可比,因此所有的元素与 m 相比是有序的。

在平面坐标系上，我们选择由半径为 4 和公式 $x^2+y^2\leq16$ 形成的集合 ***A***（如图 5.2 所示）。

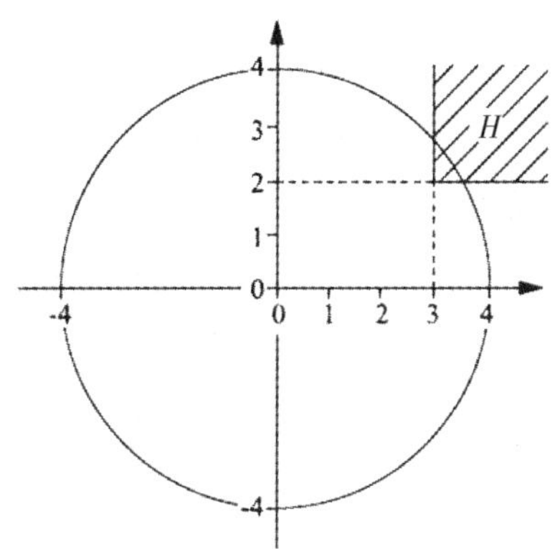

图 5.2　半径为 4 的圆盘

图 5.2 中表示大于(3,2)的圆锥元素，且圆锥和圆盘 ***A*** 有交集，因为圆锥 *H* 和 ***A*** 的交集非空——因此(3,2)由 ***A*** 和交集的元素主导。如果我们在圆周长上任意取点，则得不到任何大的数，因为象限 *H* 没有贯穿集合 ***A***。然而属性为真则有"东北"边界的任何一个点（如图 5.3 所示）。这说明我们最大化了两个判据。如果图 5.3 中最小化了判据 1，那么必须考虑西北边界，以此类推。

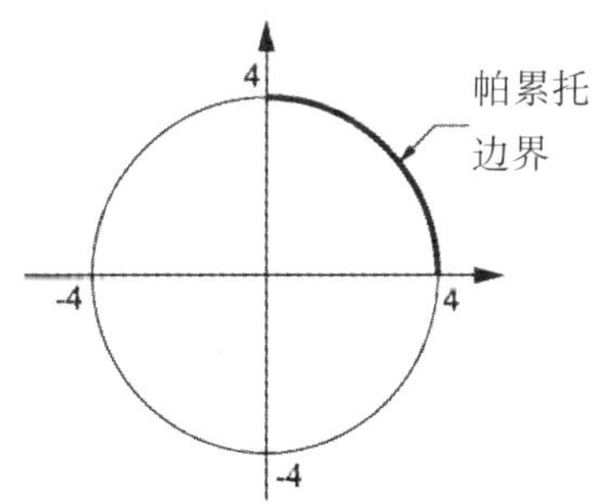

图 5.3　帕累托边界

定义 5.3：当我们最大化集合 ***A*** 的"东北"边界时，$\boldsymbol{R}^2$ 就称为 ***A*** 的帕累托边界①，它代表无法由集合 ***A*** 中的点严格决定的所有点，因此这些点均是最优的。(0,4)点不比(4,0)更好，任何大于($2\sqrt{2}$，$2\sqrt{2}$)的点都在边界上。在

①维弗雷多·帕累托（Vilfredo Pareto，1848—1923），意大利社会学家和经济学家，创立了经济适度学说，即任何个人提高境遇的同时，其他人的情况一定变糟。这个概念是上述定义"帕累托边界"的基石，我们只需将"个人"替换为"判据"。

多维空间中最优点的概念没有意义。大体上说不存在最优点，而有大量无法排序的帕累托最优。

5.2 多判据决策支持

人们的日常生活总是充满了多判据选择。试想你打算买一辆汽车(或其他商品)，很难找到既便宜又质量高且配件多的方案。

例5.1 以购买洗碗机为例，关注三个“维度”：价格、可持续发展的质量和噪声。我们有五个模型(a, b, c, d, e)，其质量分别描述于表5.1中。

表5.1 洗碗机的决定矩阵

	价格(美元)	“可持续发展”标签	噪声(分贝)
a	550	+++	50
b	300	++	55
c	250	+	55
d	520	+++	46
e	400	++	46

很显然，价格和噪声的判据必须最小化，而“可持续发展”判据必须最大化。

上述表格显示了熟悉的概念。因此，洗碗机 a 并不是一个好选择，因为它由 d 决定，后者既便宜又在其他判据上等同或优于 a 。其他所有的洗碗机都是帕累托最优，意味着它们不受集合 $\{b, c, d, e\}$ 的约束。如果没有其他信息，买者将很难做出决定。

将表5.1和表2.1做比较。表面上两者是一样的：每一个事件是一个判据，行动和选择是行。当我们缺乏概率或者与事件相关的信息时，很难超越表5.1。类似地，如果我们对判据毫无所知，将很难辅助决策者，除非让他们意识到本章题词上引用的谚语(鱼和熊掌不可兼得)所提到的不可避免的真相。

如果价格不重要，d 则是最佳选择，因为它主导另外两个判据。如果可持续发展不如另外两个判据重要，我们将在 c 和 e 中做出选择。如果噪音是关键因素，则可以缩小选择规模。多判据决策辅助包括帮助决策者感知大多数决定的多维度本质，并努力使他们思考多个判据的相对重要性。这是避免受到大量帕累托最优干扰的唯一办法——每一个帕累托最优都很有吸引力。不同场景下的多判据决策辅助的详细方法参见B. Roy和法国多判据决策支持学校的著作[107,108],Pomerol、Barba-Romero[109]以及Bouyssou[3]等人的工作。

为了总结,让我们强调一个事实,即本质上决定大多是多判据的。投资往往是风险和回报之间的多判据选择——最佳回报的选择永远都不是风险最小的。因为便宜货偶尔也有高质量的,但是往往便宜货比最贵的选择的功能少且缺乏吸引力。招聘员工也是一个多判据选择,因为德才兼备的人真是少之又少!

概率模型在招聘员工时毫无用处,就像买东西,因为无法为一个人或一件商品赋予概率。试想我们为销售工作设定了四个判据:培训、诚信、守时和表达能力。如果我们应用Savage推理,有以下事件:候选人是否受过培训,是否诚实,是否守时,以及是否具有良好的表达能力。试图给这些事件赋予概率的尝试是荒唐的。候选人要么具有这些品质、要么不具有这些品质。我们急需额外的信息!我们最好向他之前的雇主寻求客观评价!购买商品的情况类似。回到之前选购洗碗机的例子,洗碗机的噪声大于等于55分贝——这些信息不是由概率,而是由广告误导(或其他因素)而造成的!

通过这些例子,我们看到不确定性产生的结果更多地源自信息缺失,而不是大自然的任意变化。这一点并没有让不确定性看起来不真实,而指明了无论如何概率都不能发挥作用。

5.3　加权求和聚合

决策者已经感知到了使用多判据的重要性,而多判据决策辅助更进一步,用来指导决策者根据重要性对判据进行分类——换句话说,给判据赋予权重。

定义5.4:假设有n个判据$C_i(i=1, \cdots, n)$。我们给判据赋予权重,每个判据有一个权重$w_i(i=1, \cdots, n)$,其中满足$0 \leqslant w_i \leqslant 1$且$\sum_i w_i = 1$。

决策者以一种自发的方式为判据的权重赋值,或者根据判据的重要性排序。没有必要将一类判据转变为权重,只要说存在很多方法就够了。换句话说,赋值结果不存在唯一性,因此存在某种程度的随意性[109]。我们一旦有了每一个判据的权重,就能很自然地使用它们来聚合判据。

定义5.5:a是一个行动(或某个选择),对于每一个判据c_i都有一个a_i $(i=1, \cdots, n)$。我们使用a_i的加权求和来表示$s(a) = \sum_i w_i a_i$。

定义 5.5 隐含地假设了 a_i 的值是实数，因此加权求和也是实数，天哪！我们被这个过程拯救了，众所周知的"判据聚合"把我们的问题从 n 维空间和无自然序过渡到了一个全序的实数空间。这意味着对于任意两个备选方案 a 和 b，有：

$$\sum_i w_i a_i \leq \sum_i w_i b_i \text{ 或者 } \sum_i w_i b_i \leq \sum_i w_i a_i$$

这样，往往不可比较的备选方案，现在变得可以自动比较。下面我们再谈谈最优备选方案。

例 5.2（洗碗机） 假设购买者告诉我们价格是最重要的因素，另外两个判据次之且权重相同。随后为价格、可持续发展和噪声分别赋予权重 $w_1 = 0.5$ ，$w_2 = w_3 = 0.25$ 。可以看到我们尚未应用加权求和方法，因为表 5.1 中第二个判据并不是实数。在表格 5.2 中，我们赋予其数值（选项 a 由其他选项决定，故被删除了）。

表 5.2　洗碗机的决定矩阵（实数）

	价格（美元）	"可持续发展"标签	噪声（分贝）
b	300	3	55
c	250	1	55
d	520	5	46
e	400	3	46
	$w_1 = 0.5$	$w_2 = 0.25$	$w_3 = 0.25$

如果计算加权求和，我们不得不考虑最小化某些判据。通常利用的事实是，读者也能看到，对于任何实数 x_i: $\max_i(x_i) = -\min_i(-x_i)$，或 $\min_i(x_i) = -\max_i(-x_i)$。换句话说，我们习惯于最大化 $-x_i$ 来取悦自己。

表 5.3　洗碗机的决定矩阵（最大化）

	价格（美元）	"可持续发展"标签	噪声（分贝）
b	−300	3	−55
c	−250	1	−55
d	−520	5	−46
e	−400	3	−46
	$w_1 = 0.5$	$w_2 = 0.25$	$w_3 = 0.25$

现在让我们计算加权求和：

$$s(b) = -163$$

$s(c)=-138.5$

$s(d)=-270.25$

$s(e)=-210.75$

最大值是 -138.5，选项 c 是最佳选择。在此，善于观察的读者将不会惊讶于此结果是价格使然，即如果量级不是相称的，我们看到加权求和毫无意义，因为其他两个判据数值太小。为了使所有的判据都有意义，我们必须标准化数值，即让它们在同一区间比较。标准化的方法很多，不同的方法使得求和的结果各异。最简单的方式是取每一列上绝对值最大的数值，并使它等于 1 或 -1 。因此，让我们考虑在判据 j 的列，有 p 个可选方案 a_i 的值 a_{ij}（$i=1, \cdots, p$）。表 5.4 显示了 3 个判据（$n=3$）且有 5 个可选方案（$p=5$）。

表 5.4　理论决定矩阵

	判据		
	c_1	c_2	c_3
a_1	a_{11}	a_{12}	a_{13}
a_2	a_{21}	a_{22}	a_{23}
a_3	a_{31}	a_{32}	a_{33}
a_4	a_{41}	a_{42}	a_{43}
a_5	a_{51}	a_{52}	a_{53}

为了让最大值等于 1，或者最小值等于 -1，我们只要在每一列 j 除以最大值 $\max_i|a_{ij}|$，见表 5.4 的第一部分。

表 5.5　标准化洗碗机决定矩阵的两个过程

	价格（美元）	"可持续发展"标签	噪声（分贝）
b	$-\frac{30}{52}$	3/5	-1
c	$-\frac{25}{52}$	1/5	-1
d	-1	1	$-\frac{46}{55}$
e	$-\frac{40}{52}$	3/5	$-\frac{46}{55}$
	$w_1=0.5$	$w_2=0.25$	$w_3=0.25$

	价格(美元)	"可持续发展"标签	噪声(分贝)
b	22/27	1/2	0
c	+1	0	0
d	0	1	1
e	12/27	1/2	1
	$w_1=0.5$	$w_2=0.25$	$w_3=0.25$

为了让数值在1和0之间,我们将 a_{ij} 替换为:

$$a'_{ij}=\frac{a_{ij}-\min_i(a_{ij})}{\max_i a_{ij}-\min_i(a_{ij})}$$

在表5.5的第二个表格中我们执行了计算。其中第二列 $j=2$,$\min_i(a_{ij})=5$,以此类推。如果加权求和,我们发现 $s(b)=0.939$,$s(c)=0.5$,$s(d)=0.5$,$s(e)=0.819$ 。最大值是 b 。甚至可以按照以下次序为洗碗机分类:

$b>e>c\approx d$

这一点确认了价格扮演着重要角色,在表5.5的第一个表格,我们得到:

$s(b)=-0.388$

$s(c)=-0.440$

$s(d)=-0.459$

$s(e)=-0.413$

再一次,偏好的选项是 b ,但是现在我们得到了以下次序:

$b\gtrsim e\gtrsim c\gtrsim d$

结论是如果价格的重要性是另外两个判据的两倍,便宜的洗碗机 b 将是折中的好选择。如果不存在此型号,则可以选择稍微贵一点的洗碗机 e 。

我们刚刚看到了加权求和在选择方法上暴露出了一定程度上的随机因素:一个定性判据的物价稳定措施的随机因素,例如"可持续发展"标签、给定排序的权值随机因素以及标准化的随机因素。然而,最佳备选方案具有一定的稳定性。加权求和方法因此不可避免地包含随机因素,并且我们在一些例子中看到,结果依赖于所选的标准化方法。考虑到每个判据采用数值的规模,我们无法降低这种随机因素。因此对于"可持续发展"判据,我们选择的规模是1至5,但是我们也可以为 d、b、e、c 分别赋值20、10、10、8。这并没有暗示加权求和能够得到相同的结果。另外,读者注意到表5.5第一个表格中,得到 $s(b)=-0.413$,$s(c)=-0.390$,$s(d)=-0.459$,$s(e)=-0.468$ 。现在的最佳选择是 c ,次序是 $c>b>d>e$ 。因此,通过简单地选择规模,我们降低了“可持续发展”标签的重要性。

避免规模的方法仅包括考虑排名:按照“可持续发展” d 排第一, b 和 e 并列第二, c 排第四。类似地,按照价格, c 排第一, b 排第二, e 排第三, d 排第四。而考虑到噪声, d 和 e 并列第一, b 和 c 并列第三。表5.6描述了上述排名。

表5.6　排名表

	价格(美元)	“可持续发展”标签	噪声(分贝)
b	2	2	3
c	1	4	3
d	4	1	1
e	3	2	1

基于表5.6,我们执行一次求和,通过加权或者波达聚合[①]。如果回到判据的权重,价格权重是0.5,另外两个的权重是0.25,可以得到:

$$s(b)=2.25$$
$$s(c)=2.25$$
$$s(d)=2.5$$
$$s(e)=2.25$$

这样出现了三个最佳选项: b 、c 和 e(当然,我们最小化了结果)。

然而除了并列因素的数量,波达方法没有其他缺陷,我们看一下如下的例子。

如果我们去掉 d ,将得到表5.7。

表5.7　去掉 d 的排名表

	价格(美元)	“可持续发展”标签	噪声(分贝)
b	2	1	2
c	1	3	2
e	3	1	1

因此仍然使用相同的权重,我们得到:

$$s(b)=1.75$$
$$s(c)=1.75$$
$$s(e)=2$$

①让-查理斯·波达爵士(Jean-Charles de Borda, 1733—1799),航海家、科学家、折中主义者,法国科学院院士。他反对孔多塞(Condorcet)思想“偏好和投票的聚合”。

最佳选择变成了 c 或 b，然而 e 从原来的并列第一变成了最后。意味着引入(或删除)一些备选方案或选择将改变最终选择。运动员对这个缺陷十分敏感，这促进了赛车运动的发展，如在一级方程式赛车比赛中，车手有时可能为了帮助队友胜出而牺牲自己的成绩。然而，读者不会忽略的波达分类正是(虽然有细微差异)一级方程式赛车世界冠军或环法自行车赛中使用的分值体系。在这些赛事中，通过聚合不同阶段的结果，使得每一个阶段和一个判据在形式上保持一致。其他通过增删备选方案来反转分类属性的例子可以参考相关文献[109,110]。

定义 5.6：当选择不依赖于(不相关的)备选方案的增加和删除时，我们说一个聚合满足不相关备选方案公理。

批注：波达方法不满足不相关备选方案公理。

销售人员或谈判者往往直观地感知这个特性。这就是广为人知的“塔列朗方法①”，因为这个方法由这位伟大的外交家设计和使用[110,111]。事实上，塔列朗方法包括为对手增加错误的备选方案而为自己增加好的选择，这样我们将选择中间方案。在谈判中，如果你已经为对手提供了两个多判据选项——从你的角度来说最佳的而对手无法接受的选项 a 和对手可以勉强接受但不期望得到的选项 b——此时建议你支持第三个选项 c，它在一些方面明显比 b 更糟糕。因此，对手接受 b 的预期很好。汽车或洗碗机销售在有库存时也会使用类似的过程！在我们的例子中，如果销售说 d 已经告罄，他就有机会推荐 c，虽然 b 或 e 看起来是更好的选择。最令人惊讶的是 d 从一开始就从未作为最终选择的竞争者，因为它太贵了！

通过使用反对称显性效应[112]，我们可以优化上述过程。如果某个方案包含两个判据，你被告知根据第一个判据则 a 优于 b，根据第二个判据则相反，而你想要 a，推荐引入一个中间方案 c 使得 $a>c>b$ (判据 1)，且 $b>a>c$ (判据 2)。c 的引入促使很多人选择 a，说明 a 比 c 更合适。

引入新的方案，并结合由“极端逆转”[110]导致的心理波动，造就了“以退为进法”[113,114]。这种操作包括向你的谈话者提供一个必将被他拒绝的方案，这将唤起他的内疚来接受一个不那么极端的要求。例如，你生病了想委托

①夏尔·莫里斯·德·塔列朗-佩里戈尔(Charles Maurice de Talleyrand-Périgord)，1797年—1815年间任法国外交部部长，服务于多届政府。当拿破仑期望发动一场战争来提高自己的谈判筹码时，塔列朗回答：“陛下，没这个必要，他们已经允许我来设置议程。”(参考文献[111]和本书3.5节。)

婆婆照顾小孩一周，明知道她会拒绝，但是她会感到愧疚。之后你再次请求她是否愿意只在周三照看小孩，这次无论她周三是否有时间，都会同意。通过提出一个极端选项，你将成功地说服她接受原本不会立即接受的请求——即使帮你照看一天小孩也非常不错了！你还可以问一个朋友能否借你10000美金，在他气愤之时马上改口说如果有500块就非常感激了，这种方式更加奏效。此类操作均基于不相关方案的引入。

5.4　其他聚合方法

权衡聚合或波达聚合方法的衍生方法很多，最著名的方法参见文献[109]。这里引用一个十分有趣且广泛应用的方法——ELECTRE方法[115,116]。基于此方法，我们考虑两个备选方案 a 和 b 。增加那些 a 整体优于 b 的判据的权重。此权重称为一致性系数 $C(a, b)$，如表5.8所示。

我们得到 $C(c, b)=0.5+0.25=0.75$，因为 c 在价格和噪音方面全面优于 b；$C(b, c)=0.25+0.25=0.5$，因为 b 在可持续发展和噪音方面全面支配着 c 。

表5.8　洗碗机场景的一致性排名表

	b	c	d	e
b		0.5	0.5	0.75
c	0.75		0.5	0.5
d	0.5	0.5		0.5
e	0.5	0.5	0.75	

之后考虑一种 a 绝对比 b 差的判据。对这些判据，我们看一看数值差异。在形式上虽然一致性表中出现的判据集两个行动 a_1 和 a_2，$C(a_1, a_2)=\{j/a_1$ 优于 $a_2\}=j/a_{1j}\geqslant a_{2j}$。不一致集相反：$\Delta(a_1, a_2)=\{j/(a_2$ 优于 $a_1)\}=j/a_{2j}\geqslant a_{1j}$。考虑到该判据的最大效用差异属于 Δ，并假设：

$D(a_1, a_2)=1/\vartheta \max_{j\in\vartheta}(a_{2j}-a_{1j})$，其中 ϑ 是最大规模的最大差异，有：

$\vartheta=\max_j \max_{i,k}|a_{kj}-a_{ij}|$

这里我们计算 $D(c, b)=(1/\vartheta)\times 2$，因为在可持续发展方面 b 优于 c 。我们得到 $\vartheta=270$，因此 $D(c, b)=2/270$ 。不一致表如表5.9所示，我们应该将所有值除以270而使它们均小于1。

表 5.9 洗碗机场景的不一致表(将除以270)

	b	c	d	e
b		50	9	9
c	2		9	9
d	220	270		120
e	100	150	2	

可以看出,不一致表不是非常连贯的,归咎于判据规模的差异。我们注意到ELECTRE方法因此对用于量化判据的规模的基数和随意性十分敏感。

如果基于标准化的表5.5的第二部分画出相同的不一致表,可以获得如表5.10所示的不一致表。一致表没有变化,因为它仅依赖于权重。

表 5.10 标准化的洗碗机不一致表

	b	c	d	e
b		7/27	1	1
c	2		1	1
d	22/27	1		12/27
e	10/27	15/27	2/27	

ELECTRE 方法的本质是 a_1 比 a_2 级别高,表示为 $a_1 S a_2$,如果 $C(a_1, a_2) \geqslant S_c$,当 S_c 是一个预定义的一致性阈值时并且如果在一致性下,不一致不是很大,意味着 $C(a_1, a_2) \leqslant S_c$。

系数 S_c 代表一个否决:如果不一致性不是很大,我们不接受选项 a_1 而倾向于选项 a_2。系数或拒绝一个很大的不一致性的概念对于偏好的表达十分重要,我们将在6.10节继续讨论这一点。

让我们假设 $S_c = 0.75$。由一致性得到:

$b S e$,

$c S b$ 并且

$e S d$

可以看到这个先序是不完全的和不可传递的。如果找到一个不一致等于0.5并且当 $S_d > 0.5$ 时拒绝选项,我们得到 $c S b$ 和 $e S d$。选择降低到 c 和

e ,这是合理的,最终取决于你的预算。如果 $S_c=0.5$ 且 $S_d=0.5$,得到:

bSc ,

cSb ,

dSe ,

eSb 和

eS d

因此, b 和 c 是等效的, d 和 e 也是,这并不错,因为它们在相同的价格项且噪声值相等。另外, eSb 表达了对 e 的轻微偏好。可以说在很多情况下,由ELECTRE方法产生的先序关系是不完全的。无论如何,通过改变阈值 S_c 和 S_d ,我们试图探索最佳的方案集合。缺乏决定矩阵和判据权重,我们的最佳方案是向决策者指出,他有两个价格目录,如果他的预算接近, e 是一个好选择。

聚合判据的方法还有很多,没有一种方法是完美的,优缺点各异。参考文献[109]可以看到现有方法广泛的概述、方法的相关议题以及各自的优缺点。

5.5 选票聚合

社会中存在大量的选举人,我们在单独选择过程中往往面临多判据选择的问题。我们用 v、w、x、y、z 表示选举人, a、b、c 表示候选人。让选举人表述一个选择并根据偏好分类候选人。例如假设:

例 5.3: v 的选择是 $a>b>c$; w 的选择是 $b>c>a$; x和y 的选择均是 $a>c>b$; z 的选择是 $c>a>b$ 。我们可以画一个选择表来展示每个候选人的排名(如表5.11所示)。

表5.11 投票表

	v	w	x	y	z
a	1	3	1	1	2
b	2	1	3	3	3
c	3	2	2	2	1

表5.11和表5.6在形式上类似:每一个选举人均是一个诱导分类的判据,正如每一列所蕴含的,而每一个候选人都是一个备选方案,等待着选民投票。如果应用波达方法,比如进行波达投票,得到 $s(a)=8$, $s(b)=12$, $s(c)=10$;

因此投票结果是 $a>c>b$ 。

孔多塞侯爵[①]被视作现代的波达爵士，他提出了另一种投票方法——一个聚合方法——他认为投票方法不同于权重和波达方法。孔多塞方法包括对投票每一对选择的“同意票”和“反对票”计数。因此，我们的例子中，如果选取 a 和 b 对决，五位选举人中有四个(v,x,y,z)偏好 a 胜于 b ，则集体选择是 $a>b$ 。如果选取 a 和 c 对决，五位选举人中有三个(v,x,y)偏好 a 胜于 c 。最终，五位选举人中有三个(x,y,z)偏好 c 胜于 b 。总之，$a>c>b$——这个结果和波达方法一致。

回到之前的例子，假设 x 更改了他的选票——现在他和 w 的投票一致。读者将会看到，如果使用波达投票方法，三位候选人是并列的(并驾齐驱)：$s(a)=s(b)=s(c)=10$ 。那么让我们看看使用孔多塞方法将会发生什么。如果 $a>b$(投票结果3:2)，并且 $c>a$ 和 $b>c$ 。

这就是众所周知的“孔多塞悖论”或“孔多塞三重组”：a 比 b 受欢迎，b 比 c 受欢迎，但是 c 比 a 受欢迎。候选人的确是有序的，但是偏好关系是不可传递的，使得我们惊讶并从常识角度无法期望一个偏好关系。波达权重方法没有此类问题，然而它比孔多塞方法毫无例外地产生了更多的并列情形，即在奇数选举人情况下无法产生结果。审视孔多塞三重组，我们发现波达方法蕴含着并列情形。另外，与波达方法相反，孔多塞方法满足不相关备选方案公理。因为两个备选方案 a 和 b 之间的次序仅仅取决于 a 和 b 本身(相对于 b 来讲，即支持 a 和反对 a 的判据)。

5.6 社交选择和集体决策

任何偏好聚合方法的作用都是有限的。我们已经看到，它们对所选的用来评价判据的某些规模的随意因素十分敏感，抑或敏感于不相关备选方案的加入，最终它们产生一个不可传递的先序。

上面证明了与偏先序合作的先天性困难，例如存在于一个多维空间的实数集的全序。然而，日常生活中的选择均是多判据选择。人脑仍有很多不解之谜使得人们在多维度上能够做出决定。虽然无法找到完美的聚合方

①马奎斯-孔多塞侯爵(Marquis Nicolas Caritat de Condorcet，1743—1794)是18世纪最聪明的智者之一，数学家、教育家，25岁就成为法兰西科学院院士。他是启蒙运动时期的最杰出代表之一。他对概率论和投票理论十分感兴趣。作为保守的共和党吉伦特派的成员，他参加了法国大革命运动。据说他在被捕之前自杀。

法,但这一点催生了投票和集体选择,因为我们看到,在形式上也存在此问题。通过理论的形式来表达这种不可能性是20世纪下半叶最重要的研究进展。如果希望找到一个聚合集体偏好或投票(如果这个词恰当的话)的系统,我们应当用公理的形式来表达良好的自然属性。

公理1: 投票聚合方法必须能够应用于任意投票人的先序。

公理2: 如果所有选举人都偏好 a 优于 b ,则聚合产生的先序也偏好 a 优于 b 。

公理3: 聚合方法必须满足一个全二元关系。

公理4: 聚合方法产生的二元关系是可传递的。

公理3和公理4意味着二元关系是一个全先序。

公理5: 聚合方法必须遵守不相关备选方案公理。

我们看到波达方法满足公理1和公理4,但是与公理5冲突;而孔多塞方法除了传递性(公理4),满足所有的公理。事实上正如肯尼斯·阿罗①指出的,不存在十全十美的方法。

阿罗不可能性定理: 聚合投票并使之满足所有上述五个公理的唯一方法是让某一个投票人(独裁者)的选择主宰结果,并视之为社会选择。

这是一个应用于判据聚合功能的基本结果。我们无法以完美而理性的方式聚合判据,除非我们选择一个判据!

阿罗定理的欺骗性让经济学家们争论不休。文献[109]中提到了公理的多方面缺点(另参考文献[3])。

阿罗结果可扩展为效用函数。如果有一个选项集合 $\boldsymbol{A}$ 的全先序,则存在一个效用函数(近似和严格递增的转换)来表达一种先序关系: $a \geqslant b \Leftrightarrow u(a) \geqslant u(b)$ 。假设 $\boldsymbol{A}$ 有多个判据,因而有多个先序关系,在此情况下对 p 个判据存在效用函数 u_1 , u_2 , u_3 ,…, u_p 。问题是存在一个单函数 u 表示一个多判据选择或者聚合判据 p 的社会效用函数。当 $u_i(x)=x_i$ 是 x 根据组件 i 的效用时,加权求和函数 $u(x)=\sum_{1 \leqslant i \leqslant p} w_i u_i(x)$ 是一个社会效用函数,也是波达排名之和。

反之,为了得到一个定义在笛卡儿积且可分解的效用函数

①肯尼斯·约瑟夫·阿罗(Kenneth Joseph Arrow),生于1921年,美国经济学家,于1972年获得诺贝尔经济学奖。他是社会选择和市场均衡领域的专家。

$u(x)=u(x_1, x_2, \cdots, x_n)$,我们需要参考一定的假说[3,109]。正是德布鲁①和阿罗并肩工作,提出了确保多维效用函数分解的第一组条件。类似阿罗定理的考虑可以证明,多属性效用函数不存在简单分解。可以考虑的假说是类似第一章中的"独立性",我们并不惊讶于存在条件[1.2]和[1.4],确保以和的形式存在一个效用函数,且判据扮演与事件相同的角色。简单来说,坐标独立性[3,109]表现在:

坐标独立性定义:如果考虑两个备选方案 a' 和 b'(分别由 a 和 b 生成),特定坐标已经被相同的值所替换,如果执行相同的操作并使用不同的值获得了 a'' 和 b'',则有:

$a' \succsim b' \Leftrightarrow a'' \succsim b''$

例 5.4 我们采用具有三个组件的备选方案:如果$(a_{11}, 3, a_{13}) \succsim (b_{11}, 3, b_{13})$,则$(a_{11}, 1, a_{13}) \succsim (b_{11}, 1, b_{13})$,反之亦然。这意味着偏好独立于第二个坐标的层级。

下面给出不满足上述条件的两个例子。

假设三个判据分别是价格、百公里耗油量和舒适度。可选的集合是一些汽车。考虑表5.12中的决定矩阵:

表5.12 选择汽车的决定矩阵

	价格(美元)	百公里耗油量(升)	舒适度
a_1	10 000	10	非常好
a_2	10 000	9	好
a_3	50 000	10	非常好
a_4	50 000	9	好

我们可能认为决策者选择 a_2 优于 a_1,因为选购廉价汽车时,价格和油耗比舒适度更重要。另一方面,对于奢侈汽车则选择可能是 a_3优于a_4,因为在价格水平上,油耗很容易被忽略不计。上述偏好在坐标上并不是独立的,因为我们可以简单地把价格从10000美元变到50000美元。Fishburn[117]也给出了一个简单而引人注意的时序例子。第一个判据是每天吃了什么,第二个是第二天要吃什么。我们产生了如下表格。

①杰拉德·德布鲁(Gérard Debreu,1921—2004),法国经济学家。从1948年开始,他的主要工作在美国完成,和阿罗一起证明了市场经济均衡的存在,1983年获得诺贝尔经济学奖。

表5.13　两餐的决定矩阵

	第一餐	第二餐
a_1	比萨	牛排炸土豆条
a_2	比萨	比萨
a_3	牛排炸土豆条	比萨
a_4	牛排炸土豆条	牛排炸土豆条

很显然,决策者偏向于 a_1 优于 a_2,且 a_3 优于 a_4。因此缺乏独立性。

加法函数的存在造成选择的僵化,而独立于满意度。总之,不存在完美的效用聚合;相反地,一个产品集合上的效用函数在缺乏额外假设的情况下,无法简单地分解为每个组件的效用函数之和。

本节提出的结果的最尖刻批判来自马克思主义者。那些采用社会效用函数来证明自己决定的人们,据说往往能够正确地聚合所有参与者的选择——他们用这个效用函数独自保守秘密和权力。既然不存在这样的函数,除了一个独裁功能,这个所谓"优化"的决定将狂热地代表了个人选择——然而他们却缄口不言。这一点是阿罗定理的主要缺陷。集体效用的概念(被最大化的)可能是19世纪晚期最错误和最具有破坏性的政治理念。注意:我们无法最大化所有参与者的利益,同样我们无法一次性最大化所有的判据。请不要忘记在多维空间上的决策是"一种妥协",正如西蒙所说(参见本章的题词)。

5.7　个人对多判据决策的反应

多判据决策基本上不被个人决策者采用。因为,如我们所见,建模过程需要确定判据、规模、标准化和聚合。往往只有咨询师或律师(而不是决策者)才能操纵多判据决策过程。自称能够最大化效用函数的决策者基本上是虚无缥缈的,并且他们不承认自己的选择实际上是源自多个帕累托最优。第一种情况中选择的任意性是隐含的,但在第二种情况中却是允许的。这一点改变了一切!

现实中,多判据建模的主要缺陷是它的结果让人担心:每一个人都想吃到属于自己的蛋糕,得到高回报并规避风险,获得短期满意度和长期收益!决策者们拒绝复杂的聚合方法,避免不断摸索或凭借本杰明·富兰克林式的直觉,意味着一些判据的消极因素受到了其他判据的积极因素的直接补

偿[109,110]。

正如Kotteman和Davis[118]所发现的，某种方法对判据之间的冲突描述得越清晰，则决策者对此方法的信心越低。危险之处在于：为了让判据1得到x，你应当赋予判据2多少？这种类型的补偿太细致，仅关心局部，因而很难让人接受。另一方面，使用权重的全局补偿往往易于理解，并且个人决策者乐于为判据赋予权重。多判据决策的问题是判据及其后果之间产生了冲突——尤其是很难在帕累托最优之间做出选择。将效用函数的最优值作为唯一选择告诉某人该有多么舒服啊！决策者无法逃脱由冲突造成的压力，除非先验地支持他的选择（见6.11节）。从某种程度上讲，选车和选电视机就能使很多人困惑，因而很容易理解权衡自相矛盾判据的难度。人类行为中存在一种人际冲突的厌恶情绪[119]，以及一种内心冲突，这些均是缺乏多判据决策辅助的表现。幸运的是，Peter Keen[120]53提出，“尽管目标和判据之间的冲突是不可避免和无法解决的，但是行动是可能的解决方案”。冲突的厌恶情绪也可能解释了一个事实，即决策者避免研究大量的备选方案——这是一种好的方式，无须审视每一个选项的优缺点等过多问题，因此决策者对最终决定信心十足[121]。这样也避免了质疑那些与决策者想做的事情相关的直觉选择，即“让他感到舒适”的选项（见第4章和第6章）。

强调一下，个人的舒适倾向于避免让自己面对“高乃依困境”（指必须在两个选项中选其一，但是无论怎么选择，要么伤害自己，要么伤害亲人。皮埃尔·高乃依是法国剧作家——译者注）。例如，罗德里格斯不得不在荣誉（为父报仇）和情人之间二选一。然而罗德里格斯无法选择，最终结果是好的，多亏了爱情！“布里丹之驴①”就没有这么幸运了，它自己死在一桶水和一桶草上，因为它又渴又饿！面对两个帕累托最优，来自“饥饿”和“口渴”判据，驴却无法选择。即使是托马斯-谢林，冲突领域的专家，也承认他离开书店而没有买那本承诺给儿子的大百科全书，因为他面对两个版本，很难在价钱、内容、质量上选择：这件轶事请参考文献[110]。我们可以理解谢林的窘境——他面对离散选择，发现自己已经大大远离帕累托点，例如图5.3中的（0,4）和（4,0）。大体上讲，决策者对极端选择表现出强烈反感，即使它们也是帕累托最优（“极端反感”概念来自文献[110]第34章）。显然这是平衡帕

①让·布里丹（1292—1363），14世纪法国哲学家，他最著名的故事是布里丹之驴（一只完全理性的驴恰处于两堆等量等质的干草的中间，将会饿死，因为它不能对究竟该吃哪一堆干草做出任何理性的决定——译者注）。说明了选择的任意性和自由度。

累托最优的情形，如图5.3中的 $(2\sqrt{2}, 2\sqrt{2})$ 。另一方面，布里丹之驴的困境没有借口：它并没有面临如(0,4)和(4,0)的离散选择的困境，因为它可以选择一半水或一半草，抑或混合两者。这样，它将二元选择改为一个类似图5.3所示的连续性选择。正如第四章提出的，两个帕累托最优之间的选择源自人的自由和可变性，与短期目标和长期目标[①]的权衡相关。总之，多判据决策的关键在于决策者高超的艺术。任何一个计算机都能优化——我们仅需要输入需要优化的函数和约束集合，然而处理冲突判据则需要一个有血肉之躯的决策者、一个自由人，并有能力管理冲突的人。

5.8　组织中的约束和多判据决策

正如我们所指出的，不论是多判据的决策或是其他的决策，只有应用一组限制可能性的约束才能进行。例如，在一个投资问题中，我们一开始可以假设一些约束，既能获得大于3.5%的回报率又能最小化风险。然而，我们也可以摆脱约束而寻找能够同时最大化收益并最小化风险的模型（如多判据模型）。

在决策问题中，约束和判据之间存在某种程度的矛盾。组织往往对如何处理约束和判据犹豫不决。例如，投资回报到底是判据还是约束？比如我们利用回报率大于8%的约束。为了保持优化，往往避免使用多判据模型，而由约束代替。假设有一个为使用仓库付费的物流公司，正在寻求最小化运送成本的方法。他们不需要计算机就知道优化费用的方法是让卡车都停在院子里！我们已经忘记了，或者可以增加一个约束，即90%的仓库必须在24小时内重复使用，或者增加一个判据：客户满意度[②]。我们往往对组织的目标和手段犹豫不决，因为中间目标就是手段。因此，如果你的目标是增加市场份额，那么降低产品成本到底是一个目标还是一个中间手段？

选择约束或判据形成了对此问题的部分定义——优秀的决策者应该把

---

①这种对自由的干涉效仿于Spinoza提出的观点（参见维基百科对“让·布里丹”的解释，http://zh.wikipedia.org/wiki/%E8%AE%A9%C2%B7%E5%B8%83%E9%87%8C%E4%B8%B9）。

②哥伦比亚商学院院长幽默地说：“对于冲突目标，比如质量对比低成本，好产品对比便宜原材料，就像任何一个傻子都能最大化简单函数一样。任何人都能提高销售量。毕竟，如果没有其他因素，你可以把价格降到零。事实上，你不应该在此处停下。如果价格不为零，你就花钱买下它。”

全部注意力集中在单个属性上。西蒙[41]指出,“如果你让我决定约束,我并不关心是谁选择了优化的判据”。比约束更符合目标的真实判据有时是很难定义的,并且在组织内部也很难对此达成共识。企业不同层级上的判据不尽相同[41],它们随着时间和问题定义的变化而变化。西蒙说[41]:“决定不只指向单一目标,而是与发现能够满足整个约束集合的行动路线相关。”

让我们看一个目标变化的例子。一位经理任命了他的团队,旨在降低产品成本。他让分析师对合作者在此项目花费的真实费用和时间进行分析,以便记录真实的成本。让我们看看报表和时间表的问题。团队在逻辑上总结道,公司的信息系统无法管理时间表。因此看看信息系统的升级问题,这就是手段。事件之间互为联系,因此大型投资必须具有预见性。作为最小化成本的一部分,我们必须停止增加计算机系统的花费,并将目标调整为调查真实成本。这样的例子在组织中不胜枚举,因为决策者的目标差异很大。正如Marh和Simon[45]所说,“行动本身是一个重要的目标”。多判据决策的优势在于它从不把所有的困难放在一个篮子里。与优化不同,多判据决策为决策者提供了在判据与约束、目标与手段之间进行选择的杠杆,以及根据环境变化而改变判据和约束的权利。

5.9 附加说明和建议

5.9.1 在不同帕累托最优中寻求妥协

能够最大化所有判据的决策者是杰出的,他们的成功始于适应短期目标和长期目标。即使年老昏聩的老人也会三思而后行!我们不能忘记,因为决定就是在很多帕累托最优之间抉择。因此,必须在不同的判据之间寻求一个妥协和平衡。每个帕累托最优都提供一种独特的妥协方案。

5.9.2 平衡多个判据

权衡不一定很容易,也不一定在心理上令人舒服。这就是为什么通过聚合判据,我们用实际值最大化函数时会感到安慰,像加权求和一样。然而我们不能无视一个事实,即使这样做我们也没有消除权衡——而仅仅在聚合过程中掩盖了权衡,例如选择权重。对于每个加权结构,均存在一个相关的帕累托最优,因此选择了权重就相当于做了决定。

5.9.3 多维世界不存在最佳决定

在多维世界中,不要不假思索地拥护最佳决策的争论。这些名词是不受意志支配的。不存在完美的聚合过程,或者不容置疑的效用函数——只有人才能为你执行权衡！

5.9.4　注意错误选择

不要在引入不相关备选方案时让自己受骗。注意不要让错误的选择蒙蔽你的判断。避免受到“以退为进”效应的欺骗。

5.9.5　目标和约束之间的可互换性

目标和约束是可互换的。组织和个人设置了他们渴望实现的约束和目标。相反地，一个与单个判据相关的目标可能变成一个约束，如果目标易于达到的话——目标定义了所选方案必须达到的水平。这就是否决权原则，或者是不能妥协的约束。对于个人或企业，强加太多的约束会减少所考虑判据的数量，因此增加了心理安慰。但是风险导致了解决方案的空集，并造成了压力，更有甚者放大了个人和公司的痛苦。我们不能避免选择判据和约束时的反射。

5.9.6　目标和判据的多样性

在真实世界的决策中，特别是在企业中，目标和判据必须受到“监管”。随着时间的推移，它们往往在企业的层级之间发生变化。基于企业内外的诸多因素，变化必须合法，但是变化必须得到控制而不应放任其在暗中发生。

5.9.7　如何使用多判据决策支持

最后，在使用多判据模型和多判据决策支持时不要犹豫不决：它们会开阔你的眼界并帮助你和你的组织得到一些稳妥的答案，或者至少可以深入调查：

(1)什么是目标？它们稳定吗？可以共享吗？

(2)分别有哪些判据和约束？

(3)我们能否互换约束和判据？

(4)高度发散的判据能否掩盖服务或人们之间的冲突？

(5)有大量的帕累托最优吗？我们是否已经为判据分配了真实的权重，这将使我们选择某个帕累托最优吗？

(6)如果稍微修改一下参数或权重，帕累托最优仍然健壮吗？

类似的好问题还有许多，优秀的决策者应该时常问问自己。

第六章　决策者的心理影响

那些根据预先存在的偏好而做决定的决策者，变得越来越令人难以理解。而另一类决策者要么在困难面前不情愿地做出选择，要么根据当前的情境和特定的情况而动态地构建偏好。

——D. Kahneman

人的一生不像我们认为的那么不幸，但也没有我们期望的那么幸运。

——弗朗索瓦·德·拉罗什富科

快乐是短暂的，只有欲望才是永恒的。人们更容易被欲望而不是快乐驱使。

——古斯塔夫·勒庞

隔山的金子不如到手的铜。

——中国谚语

“已经到手的东西比许诺给你的东西可靠。前者是确定的，而后者不是”。

——拉·封丹

6.1　概述

从第四章我们得知决策者有容易情绪化的倾向。本章将站在心理学家的角度，提出决策者在推理过程中容易成为偏见（这是普遍接受的名词）的牺牲品。换句话说，他们的行为往往是不理性的，有时甚至缺乏逻辑性。本章中展示的结果源自最近的工作，比如特沃斯基①和卡内曼②，以及他们的追随者甚至前辈们的工作。大多数工作可以参考文献[110]和[122]，以及卡内曼最近的一篇文章[123]。与第四章的参考文献不同，上述工作开展的认知

①阿摩司·特沃斯基（Amos Tversky，1937—1996），以色列心理学家，认知实验科学的先驱，专注于决策偏见的研究。他和丹尼尔·卡内曼一起被认为是决策心理学的创始人。

②丹尼尔·卡内曼（Daniel Kahneman，生于1934年），以色列心理学家，耶路撒冷希伯来大学教授，之后生活在加拿大和美国。他和阿摩司·特沃斯基一起合作进行了决策心理学的开创性工作。他于2002年获得诺贝尔经济学奖。

心理学实验形成了行为主义者的思想，包括关注人的行为而无须理解大脑的生理机能。

认知心理学的另一位先驱是心理学家库尔特·勒温①，他在群体行为学领域做了大量工作。另一位是让·皮亚杰（见4.3节），他的贡献主要在儿童心理演化领域。我们在本章的讨论局限于决策心理学领域。

6.2　决策者的理性和效用函数

决策者在面对选择集合时，往往通过一个二元关系 aSb（或 $a \gtrsim b$）来表达自己。这是一个先序关系，意味着它是可传递的，因此 aSb 和 bSc 导出 aSc（见5.1节）。这看起来是自然的，因为如果你偏好 a 胜于 b，且偏好 b 胜于 c，则你偏好 a 胜于 c。然而这假定决策者对可能的选项有清晰的认识。实验结果证明，在特定情况下（如下）可能会出现反传递性——如5.5节提到的孔多塞三元组。在很多模型中，决策者需要对所有可能的方案进行分类。既然这样我们说先序是全序或者完全先序[3]。如果先序是全序，则有 aSb 且/或 bSa。

定义：如果决策者关注的备选方案集合 $\boldsymbol{A}$ 能够定义一个偏好，那么说他/她是理性的。

取一个偏序关系 S。在5.1节我们定义了一个二元关系 I：a 和 b 不相关，表示为 aIb 或 $a \approx b$，当且仅当 aSb 且 bSa。这个关系是可传递的、对称的和自反的。因此，它是一个等价关系，表示为两个选择 a 和 b 是并列的。我们定义了另一个严格关系 aSb 而不是（aIb），表示为 aPb。关系 P 是可传递的和反对称的，意味着（aPb）无法导出（bPa）。

我们说一个决策者表现出对备选方案集合 $\boldsymbol{A}$ 的理性的强烈偏好，如果他有一个偏好关系 S 使得：P 和 I 是相互独立的，I 是自反的和对称的，P 是反对称的并且 $P \cup I$ 是可传递的。相反地，如果决策者有一个关于 $\boldsymbol{A}$ 的偏序关系，那么对称和反对称的部分定义了强烈的理性偏好。我们假定只有 P 是可传递的且 I 不必是可传递的[109]来弱化此定义。因为我们看到，不能理所当然地认为 I 是可传递的。

我们暂时没有要求决策者的偏序是全序。实际上当选项集合足够大时，例如金融投资的集合，要求决策者提出一个考虑每一种投资组合的选择

①库尔特·勒温（Kurt Lewin，1890—1947），德裔美国心理学家。他是社会心理学、组织心理学和领导力心理学创始人，常被称为“社会心理学之父”。

十分困难。然而,两个备选方案(或两个选择)的不可比性会导致不一致性。例如,我们可能找到一个决策者,每年三月份他都更喜欢去巴哈马度假两周而不是在山区待一周,其次才会考虑在佛罗里达群岛待一周。通过这种传递性,他喜欢去巴哈马度假两周而胜过在佛罗里达群岛待一周。然而,他对海边景区之间的选择可能不怎么清晰,他可能倾向在十年之间的每一年都去一趟基韦斯特,而不是只去一次巴哈马。当备选方案之间的差别很大且属于不同类型时,例如巴哈马和山区相比,决策者的选择或许是有争议的(参见文献[123]第33章)。我们的情况是,应该承认他无法在山区和巴哈马之间做出选择,因此避免了孔多塞三元组。如果旅行的时长是可比的,那么他能够比较山区和沙滩。同理,他能够比较两个沙滩,除非两个沙滩不可比较。Tversky[124]提出了如下类型的反转:有两个判据,价格和质量。因此 $a=(800,\ 6)\geqslant b=(700,\ 4)$,因为就第二个判据"价格"而言,$a$ 远比 b 好。同理,$b\geqslant c=(600,\ 2)$。然而 c 可能比 a 更受偏好,因为价格的优势是毋庸置疑的。

定理 一个备选方案的有限集上的全偏序可以表达为实数集 $\mathbf{R}$ 上的集合 $\boldsymbol{A}$ 的一个效用函数 u,使得 aSb 当且仅当 $u(a)\geqslant u(b)$,或者 aPb 当且仅当 $u(a)>u(b)$。

相反地,如果存在一个效用函数,则二元关系 $aSb\Leftrightarrow u(a)\geqslant u(b)$ 定义了一个偏序。我们含蓄地接受上述定理在前两章是满意的。效用函数不唯一,即存在很多能够表达同一个偏序的效用函数。通过严格的增量变换就能实现效用函数之间的转换。

效用函数也能表达顺序,意味着 $u(a)>u(b)$ 导出 a 在 b 之前归类,同理 $u(b)>u(c)$ 导出 b 在 c 之前归类。如果假设 $u(a)=10,\ u(b)=5,\ u(c)=0$,那么我们已经定义了 $\{a,b,c\}$ 集合上的效用函数。然而,如果 $u(a)=20,\ u(b)=2,\ u(c)=0$,则我们定义了表达相同偏序关系的另一个效用函数:$aPbPc$。在第二种情形下,我们应当重视 a 和 b 的区别是 b 和 c 区别的9倍么?

定义 如果决策者能够比较偏好之间的差别,则我们说他能够表达"主要偏好"。相反,如果他对偏好的差别漠不关心,则说他能够表达"序数偏好"(他仅对偏好的顺序感兴趣)。

当决策者表达主要偏好时,信息更加充足,但信息越多越没有说服力,必须小心对待。因为除了在集合 $\boldsymbol{A}$ 中比较备选方案,决策者必须能够对每

一对(a, b)比较所有的值$|u(a)-u(b)|$。这一点很值得怀疑,因为我们质疑决策者越多,不一致性出现的风险越大。

漠不关心的传递性也造成了一个问题。像大多数英格兰人一样,如果喝茶时加 5 mL 牛奶,可能你并不关心加 5 mL 或 6 mL 牛奶的区别。同理,你不关心 6 和 7 的区别等等。如果这种漠不关心是可传递的,你会漠不关心加 5 mL 和 500 mL 的区别!这个故事可以用价格重写,因为你常常不关心为任何商品支付1000 美元或1001 美元的差别。更理性的是,先序的非对称性是可传递的:在这个例子中,我们得到一个以如下方式定义的准序列。假设存在一个效用函数 u:

$$a>b \Leftrightarrow u(a)-u(b)>\varepsilon$$

$$a \approx b \Leftrightarrow |u(a)-u(b)| \leqslant \varepsilon$$

其中 ε 是不关心的阈值。我们不应进入神秘的顺序,因为表述复杂性意味着更难以获得简单结果[3,109]。

6.3　构建效用函数

如果我们关注一个商品集合和某个完全理性偏好的决策者,就会发现的确存在一个效用函数。在货币意义上隶属于每一件商品的价格就是一个效用函数,因为价格导致这些商品的全先序关系。然而,效用原则上表达了决策者的心理偏好而不是价格的特殊度量。因此,如果我们对选择工作岗位和对应的薪水感兴趣,很显然人们的效用随着起薪的提高而显著增加,之后随着高薪而逐渐增加,因为考虑到责任和空闲时间等因素。图6.1 显示薪水的效用,并赋予 0 到 1 之间的值。

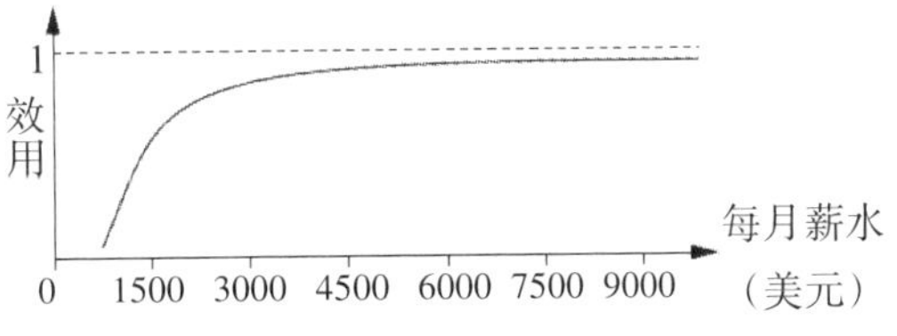

图6.1　薪水的效用

我们不应受到误导而相信效用函数总是增加或减少的。如果考虑“把牛奶倒入茶杯中”的效用,它是单峰分布的,意味着首先增加然后减少,其中最大值与人的口味相关(如图6.2 所示)。

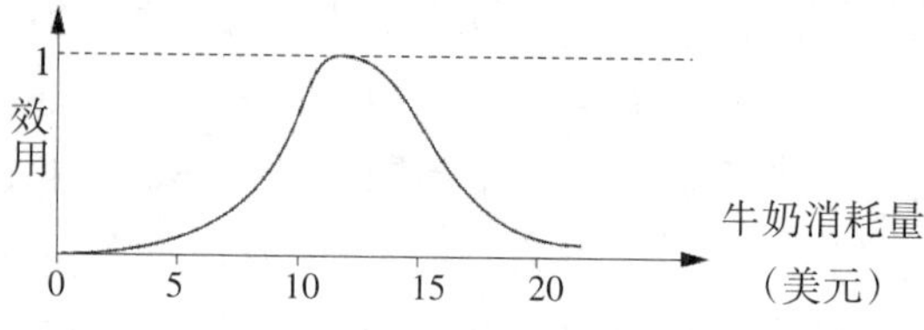

图 6.2　单峰分部的效用函数

基于决策者的响应来构建效用函数的方法很多，最著名的是MAGBETH[109]。有一种现象，例如框架效应，能够影响偏好的表达。

6.4　效用函数的风险

为了在风险情况下研究效用函数，认知心理学家利用彩票来测试人们的反应（见第一章）。我们问一个决策者：你希望直接赢得10美元，还是偏好30%的概率一无所获和70%的概率赢得20美元，他一般情况更倾向于直接拿走10美元。如果这个数字逐渐减少到9美元、8美元等等，他将会转而偏好彩票。然而，彩票的预期效用（值）是14美元——远比保本的10美元诱人。丹尼尔·伯努利①早在1738年就发现，800法郎的礼物比85%的概率赢得1000法郎而15%的概率一无所获更加受人偏好。

让我们回到之前的例子。任何情况都可以发生，对有保障的10美元与14美元进行评价，因为 $20\times0.7=14$ ，10美元的值是彩票的“确定当量”。既然我们往往标准化一个定义为接近增长变换的效用函数（一个保持基数的仿射变换），我们应当假设固定值 $u(0)=0$ 和 $u(20)=1$ 。彩票的期望效用 I 是 $u(I)=0.3\times u(0)+0.7\times u(20)=0.7$ 。为了选择，决策者暗示 $u(10)=0.7$ ，因为这意味着彩票提供了与10美元收益相同的效用——因此称为“确定当量”。在此情况下，效用函数是凹形的（见图6.3）。如果决策者是中立的，他的效用函数是图6.3中正方形的对角线。彩票的确定当量为14美元，或者 $u(14)=0.7$ 。图中可以看到收益为10美元（50%的概率赚得20美元和50%的概率一无所获）的彩票确定当量是6 。标记 RA 的分段

---

①丹尼尔·伯努利（Daniel Bernoulli，1700—1782），荷兰数学家，出生于数学世家，住在瑞士巴塞尔。他首次提出了收益风险规避理论，并解释了概率悖论，即圣彼得堡悖论（人们一般不会在掷硬币等彩票游戏上押很大的赌注，但如果考虑到这个游戏的期望收益是无穷大，我们就应该参加）。这个悖论是由他的兄弟尼古拉斯·伯努利（1695—1726）首次提出的。

度量了风险规避,则我们说决策者规避了风险。

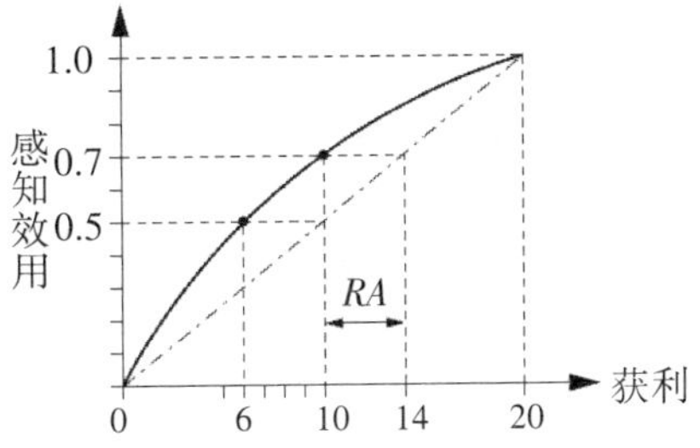

图6.3 收益的效用函数

现在考虑一下损失。假设让你做出选择:要么必定损失750美元,要么有75%的概率损失1000美元和25%的概率没有损失。面对这种形势,你可能会效仿87%的人们的做法——选择预期效用为750美元的彩票,正如Kahneman和Tversky(文献[110]第一章)的实验所提出的。大多数人仍会买彩票而不顾80%的概率损失1000美元的风险,因为人们乐于冒险而不怕损失。我们把图6.3修改为表示损失得到图6.4。

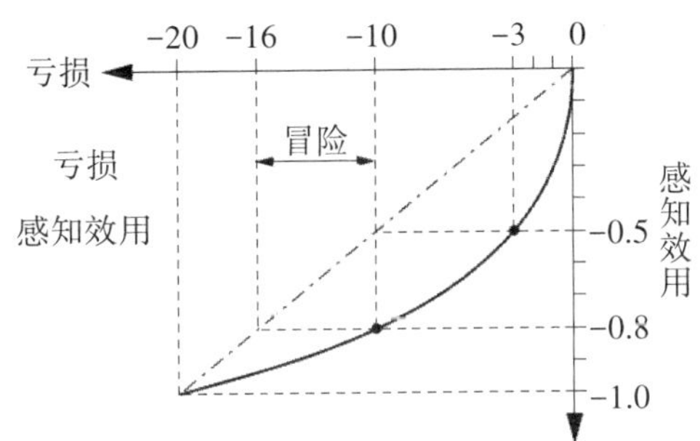

图6.4 损失的效用函数

-20美元的效用是-1,-10美元的效用是-0.8,意味着要么选择直接损失10美元,要么选择80%的概率损失20美元和20%的概率没有损失的彩票,你毫不犹豫地选择了彩票!图中有50%的概率为-20的彩票确定当量是-3美元。也就是说,你在一个3美元的确定损失和一个有50%概率损失20美元的彩票之间权衡。因此,人们大体上偏好彩票而不是确定损失。人类乐于冒险而不怕损失,因此效用函数是凸状的。

人们,尤其是决策者,大多不喜欢损失,使得他们常常犯错——乐于冒险而不顾损失。尽管拉普拉斯[125]159已经提出了不顾损失的冒险,Kahneman和Tversky[126]提出了效用函数的形状通常是S形的(图6.5所示),并是不对称的,意味着决策者拉姆达更加乐于冒险不顾损失而不去为了收益规避风险。我们在第四章看到，大脑的特定损伤将进一步恶化冒险并导致对损失更大程度的漠不关心。

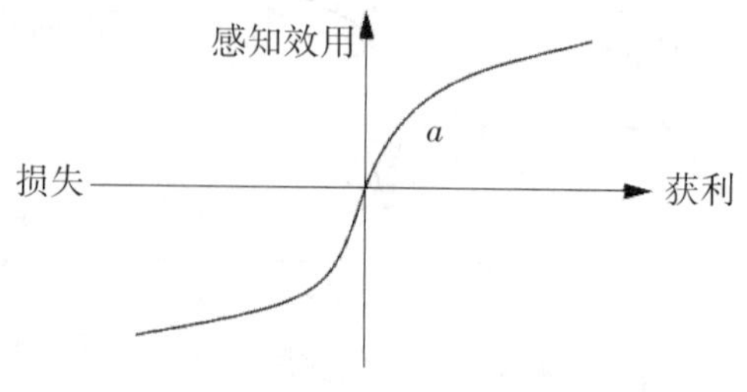

图6.5 典型的效用函数

读者也许会认为这一点非常理论化。我们来看几个不顾损失的冒险所导致糟糕决定的例子。假如你想买一套公寓且预算是30万美元。你碰巧看到一套心仪的公寓但售价35万美元。从纯心理学角度看，你的损失是5万美元。你试图与卖家交涉并把你的损失降低为33.5万美元——比如卖价降到了3.5万美元。然而你拒绝了交易，而继续以2万美元的价格租房。一年以后，你将面临相同的形势——卖家已经以33.5万美元的价格出售了公寓，并且房价已经上涨了5%。当初你拒绝了损失3.5万美元，而现在你已经损失了2万美元（房租），以及33万美元的5%，加起来一共损失了3.65万美元而且你始终没有准备买房。类似的例子是卖房者拒绝降价，并坚信卖房后的损失。通过这些例子我们看到损失和收益的概念是由主观的参考点来评价的，例如买家30万美元的心理价格。

另外一个例子，为了避免10美元停车费，汽车驾驶员冒着135美元罚款的风险而在警察至少每周检查一次的街区占用残疾人停车位，则他是另一位乐于冒险而不顾损失的人。

让我们看一看另一个例子。某些人偶尔投资股票市场或有一个股票投资账号。如果股票上涨，他们将毫不犹豫地卖掉投资组合来买入股票。如果股票行情不好，即卖价低于买入价，他们则在卖出股票时犹豫不决。他一直在观望并期望股票行情再次好转，于是不但损失5%，而是损失越来越多。损失时不轻易卖出的效应已经被广泛研究，因为人们倾向在卖出时有所收益。结果是在股票市场，那些频繁交易的人往往比稳定的人损失更多，此类行为使得股票经纪人变得富有[123]。类似地，乐于冒险而不顾损失的人在所有的机会游戏中屡见不鲜——他们在盈利后从不见好就收，而在损失后坚持下注直到输得精光。

优秀的决策者必须能够承受痛苦，既不能乐于冒险而不顾损失，又不能过度胆小而不顾收益。第三章提到的"再试一次"综合征也源自乐于冒险而不顾损失的习惯，因为不管怎样受害者拒绝损失投资而偏好于冒险继续投资将损失更多(深陷成本或错误的陷阱，参见文献[123]第32章)。当推断加强你的思想时，这种不轻易放弃投资(的真实和情绪化)的想法变得如此强烈并操纵了你。因此，"诱敌深入"法包括为了获得更大的承诺而向某人索要一个小承诺(见6.11节)。

尽管提到了大多数人乐于冒险的态度，也存在少部分人对损失的态度很谨慎。实验[128, 129]说明大约30%的赌徒乐于冒险而不顾损失，而大约只有10%的人谨小慎微。因此，收益和损失之间存在很大程度的不对称性，包括承担风险的强度(图6.5)。我们发现冒险态度和获益之间没有相关性。对差异可能的解释是：对于获益，人们或多或少地参考概率和预期效用并将偏好与确定性相关联；而对于损失，人们很少注意概率而关注损失的数量[128]。关于损失，人们(尤其是经理)认为数量的重要性大于概率。March和Shapira[130]引用了一段经典："根据概率而非数量，我将承担很大的风险。"对于很多经理，根据March和Shapira[130]，80%的经理认为风险在于数量，因而影响结果。这就是为什么对于损失，最大化策略与观测到的行为非常接近[130]。

让我们看一个不确定的情况，也就是说主题上没有赋予概率，对于这种情况我们发现了相同的不对称性。个体中60%是悲观的，例如他们预测获得收益的概率小于50%——大概25%——然而他们预测损失的概率是50%或更小。换句话说在获益的情境下，人们仅知道他们可以获益而缺乏必要的信息，他们预测获益的概率小于25%。而在损失的情境下，损失的概率只有50%。

6.5　损失规避和捐赠效用

除了不能动我的利益以外，其他任何事情都是可以商量的。

——源自苏联的外交政策，但广为使用。

损失和收益之间的区别值得细细品味，因为相关话题的争议非常广泛，并产生了很多衍生问题(参见文献[110]第8和14章)。似乎损失100美金所造成的痛苦要远比碰巧赢得100美金的快乐还要多。"损失的痛苦"和"赢得的快乐”之间存在某种不对称性。因此,人们往往以更高的价格出售产品而为购买相同的产品准备更少的钱。这是众所周知的观点,读者毫无疑问地能够理解。甚至僧帽猴都表现出规避损失的能力[81]。

规避损失类似于依恋个人物品的现象,这是Thaler[110]提到的“捐赠效应”,可以表达为现状偏见。之前提到的Thaler提到,有人在2000年以30欧元购入一瓶尚好的波尔多红酒,但在2012年拒绝以120欧元的价格卖给竞拍者。相反地,他拒绝用100欧元买入同样的红酒。因此,人们对自己所有的物品保持一种偏好。据观察,人们往往在出让个人物品时比购买物品时要价更高。Kahneman[123]估计,规避损失比率量化了获得收益的快乐,是损失带来的痛苦的大致2倍。换句话说,意外赢得100美元仅能补偿50美元损失带来的痛苦。这一点蕴含在本节的题词中。

另一个实验更加引人注目。分别给两个小组等价的一个马克杯或一块糖。第三组在不知情的情况下被分为大致相同的两组,并在马克杯或一块糖之间做出选择。之后询问,马克杯小组中有90%的人更喜欢马克杯而拒绝交换,糖小组恰好相反。

现状偏好普遍存在,它证明了放弃意味着更多的缺点。损失规避存在一些变化:在社交方面,失去或走下坡路的挫败感远比上升的满足感更加强烈。这种损失规避是保险业的基石[110]。当提出一个保险政策时,对风险损失估量是经理强有力的决定因素,比损失概率更重要。

对很多决策者来说,他们正在承担风险的损失量是“风险度量”,而不需要留意概率——这是损失规避的缺点之一。风险规避倾向于关注损失,特别是破产风险。这一点暗示,决策者头脑中的风险意识是模糊的——既不是预期效用,又不是风险变化,更不是利益规模!March和Shapira[130]发现,“……风险看起来是由输出值的量级决定的,而不是量级的权重”。我们在试图为决策者解释风险和理解偏见时不能忽视这一点。

6.6 与概率相关的偏见

尽管我们在第四章提出,人脑能够或多或少地重新评估概率,但它绝对无法应用贝叶斯定理,因此,我们提出了如下问题[122]。

例6.1 某个城市有15%的蓝色出租车和85%的绿色出租车。调查问卷显示,只有80%的受访者能够在夜间辨认出租车的颜色,而20%的人往往辨别出错。一天晚上发生了一起出租车交通事故且驾驶员逃逸。有目击者称肇事出租车是绿色的。那么肇事车真的是绿色的概率是多少呢？大多数人会说 80%。然而我们通常可以应用贝叶斯定理。肇事车是绿色的先验概率是 15%。相应地，80% 的人没有考虑一个事实，即肇事车是蓝色出租车的概率只有 15%。图 6.6 画了概率树，用符号 AB 表示事故出租车是蓝色出租车，用符号 AG 表示事故出租车是绿色出租车。

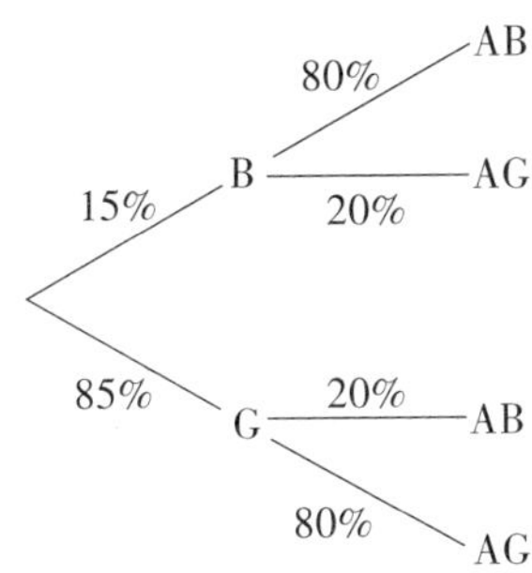

图 6.6 出租车的概率树

我们需要计算 $P(B|AB)$ 的概率。基于贝叶斯定理，我们可以得到：

$$P(B|AB)=\frac{P(AB|B)\cdot P(B)}{P(AB|B)\cdot P(B)+P(AB|G)\cdot P(G)}$$

$$=\frac{0.8\times 0.15}{0.8\times 0.15+0.2\times 0.85}=0.413$$

肇事车是蓝车的概率是 41%—— 小于 50%。

很明显，很多实验已经验证了上述结果：除非我们迫使他们注意，否则人们并不会考虑，或者错误地考虑先验概率。Kahneman 和 Tversky 指出，如果不告诉受访者 85% 的出租车是绿色出租车、15% 的出租车是蓝色出租车，而是说："85% 的出租车事故是由绿车造成的，而只有 15% 的出租车事故是由蓝车造成的"，那么他们错误预测绿车事故责任的比率将大大降低。即使之前我们已经表述了这个问题，区别是人们的注意力被吸引到概率上，并认为绿车比蓝车更容易出事故。

因此，我们说人们完全不是贝叶斯，意味着他们倾向于完全忽略先验概率并不愿意重新评估和检验条件概率。另一个例子是之前提到的"挑战者号"航天飞机失事事件，这种类型的火箭发生故障的先验概率在 10^{-2}（工程师预测）到 10^{-5}（权威人士预测）之间[12]，因此后者无论如何不会被考虑！大脑或许是贝叶斯，但人们自己肯定不是！鉴于通过心算来操纵概率的难度，上述观察并不令人惊讶。然而，我们必须区分医学推理，它很大程度上依赖于

贝叶斯定理[122,268]。

Kahneman[123]提出了另一个例子,即忘记先验概率而造成了对样本大小的错误觉察。人们被问到,谁看起来更像通奸者——政客还是小贩。人们自然地回答,政客比小贩卷入此事的概率更大,而忽略了小贩数量更多的因素,因为政客更容易吸引媒体报道。如果要公布谈及的社区之间的失真率,我们很可能看不出太大的区别!

如果继续讨论与概率相关联的偏见,我们必须再次强调与小概率相关联的偏见。我们已经指出,人们尚未对小概率事件做出正确的评价——它们要么被忽略了[130,131],要么被错误地预测[132],这取决于我们是否处理损失或收益(大体上说收益被低估了,而损失被高估了[123])。事实上,在10^{-3}和10^{-6}的概率之间,人们很难想象并感知某种表达,同时在缺乏感觉和情感时大脑就失去了地标。然而对于当地居民而言,三年一遇的灾难性洪水和三千年一遇的灾难性洪水之间存在着巨大差别。在大约10^{-3}概率中,我们似乎看到了感知风险的变化。概率小于10^{-4}时,人们倾向于忽略风险——这是掷硬币游戏中掷得13次"人头"的概率。概率大于10^{-3}时,在某种限制条件下风险可以接受,特别是如果风险伴随着想法控制(或者错觉控制)时。换句话说,行动者认为他应该注意并且使他认为他有能力这么做[11,133]。对每年驾驶汽车2万千米的法国人来说,身体受伤的风险大约是1/300(1997年的数据),而致命伤害的风险是1/5000。每年至少登山一次的法国人因登山意外死亡的概率在1/500和1/1000之间。每年乘坐飞机里程达到2万千米的人,因飞机失事而死亡的概率小于10^{-6},这是可以忽略不计的。汽车在最大限速的可控情况下(除了兴奋或压力)出事故的风险大约是10^{-3}。让我们看看此类心理极限处于千分之几的另一个例子。18世纪,3%的船舶沉船于大海:船东——更不用说水手——被认为是一个冒险职业,而如果成功的话,伴随这种风险将产生巨大收益。今天,船舶失事的风险大约是2/1000,包括各种形式的建造事故(此数据来自2010年国际海事组织)。海洋运输的风险已经或多或少地与其他运输方式持平。

概率具有容易被忽视的另一面,即事件概率随着子事件概率的相乘而迅速减小——仅对独立事件成立。假设我们的旅程包括三个变量——例如,从英国牛津到美国华盛顿。从牛津到伦敦的火车准点概率是90%。从伦敦出发的航班的前续航班准点且不被取消的概率是80%。从伦敦出发的航班准点到达纽约的概率是90%。最终,纽约到华盛顿的火车准点概率是

85%。这些事件之间是相互独立的。因此准点抵达华盛顿的概率是90%×80%×90%×85%=55%。倍乘使得概率迅速减小。决策者在面对复杂事件序列时往往没有充分考虑此点，比如军事行动。例如，Rosenzweig[134]提出，1980年美国驻德黑兰营救人质失败事件中有5个子行动，每一个子行动都有大于55%的成功概率，然而整个行动成功的概率只有1%。概率与时间独立性相关的另一个特性，也很难让人理解。如果玩掷硬币游戏，连续掷得6次硬币背面的概率很小，是 $\frac{1}{2^6}=\frac{1}{64}=1.56\%$ 。此时如果碰巧连续掷得6次硬币背面，玩家则认为下一次掷得硬币正面的概率非常大。不幸的是，结果仍然是二分之一的概率，因为每一掷之间是相互独立的。人们也许误以为这是一个幼稚的错误，然而很多有能力的决策者都在重复这个错误。例如，塞纳河发生灾难性水灾是一个百年不遇事件——最近一次发生在1910年。2008年，政府部门的诸多权威人士忽然兴师动众地采取安全措施并监控塞纳河两岸的建筑！然而2009年或2010年塞纳河决堤的概率与1911年一样——只有1%(假设洪水每100年泛滥一次)。

对独立事件的错误评价可扩展到一系列事件——人们最小化一系列掷硬币游戏或者其他可重复事件的概率。因此，人们考虑到掷硬币游戏中出现一系列THHHH(T代表硬币背面，H代表硬币正面)的概率比THTHT小，尽管两种情况的概率都是 $\frac{1}{2^5}$ 。如果多次重复一系列的四次投掷，至少出现四个连续“正面”的概率很高——大约1/4(掷10次)或1/2(掷20次)。对很多人来说，这个结果是违背常理的，而得到错误结论——例如，有人在硬币上动了手脚。我们寻找仅存在概率的原因。股票市场的投资人往往十分认同序列法则。他们大体上认为，在很多次市场大跌后，市场反弹或恢复的概率将增加。然而，每一天股票市场上扬或下跌的机会是一样的——这与他们的信仰相悖，即过去的序列对未来没有预测作用。然而，机会没有记忆性。

在概率分布的另一端，考虑到近乎确定性，我们也看到了一些失真情况。我们已经提到了确定性的偏好。相反地，产生收益概率为 $1-\varepsilon$(ε的值很小)的事件可能性被低估了！不存在“近乎确定性”效应：对决策者而言，事件要么是确定发生的，要么该事件不发生的风险被高估了。这些评价概率时的失真情况促使Kahneman和Tversky提出了“期望”理论。期望是一张彩票，存在 x_i($1\leqslant i\leqslant n$)及其概率 p_i。用 $E'=\sum_i u(x_i)\Pi(p_i)$ 取代彩票的预期

效用 $E=\sum_i u(x_i)\ (p_i)$，其中Π是一个修正概率的函数来使得概率接近于决策者真正得到的效用。大体上说，Π的曲线如图6.7所示。

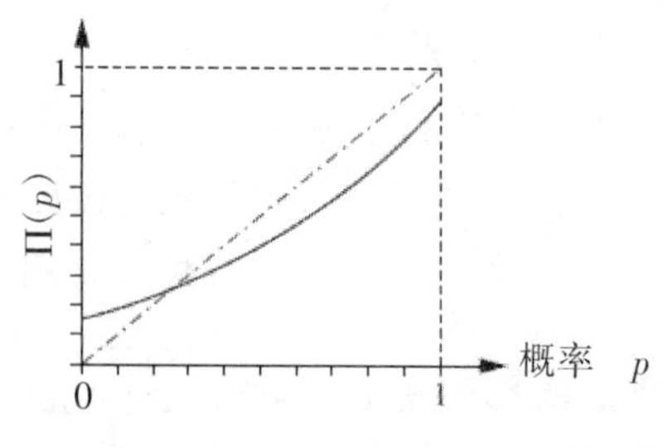

图6.7 概率修正

我们可以看出小概率被高估了，而那些概率接近1的事件被低估了。让我们举一个例子[122]215。人们的选择在圆括号里。

例6.2

情况1：你偏好于

A：毫无疑问地赢得30美元（78%）

B：80%的机会赢得45美元且20%的机会毫无收益（22%）

毫不吃惊地，78%的人偏好确定地赢得30美元，而不选择预期效用36美元（45美元的80%）。

情况2：

C：25%的机会赢得30美元且75%的机会毫无收益（42%）

D：20%的机会赢得45美元且80%的机会毫无收益（58%）

情况C和D基于A和B而得，通过把收益概率划分为四份。如果某人遵守期望规则 $E=\sum_i u(x_i)\ (p_i)$，根据概率，那些偏好A而优于B的人应该偏好C而胜过D。情况不是如此，因为既然确定性是被高估的，确定性一旦消失，人们将重新得到预期效用。假设线性效用函数和实际存在的效用函数之间的不一致性问题可以追溯到阿莱①[35]。阿莱提出了另一个例子来指向使用概率逻辑悖论。考虑以下两种情况。这个例子来自阿莱，但获得了相同结果且更加合理的计算（见文献[122]第2章）。

阿莱例子：

A：确定可以赢得100万美元；

①莫里斯·阿莱（Maurice Allais，1911—2010），法国经济学家，1988年获得诺贝尔经济学奖。

B：10% 的机会赢得 250 万美元，且 89% 的机会赢得 100 万美元，且 1% 的机会一无所获；

C：11% 的机会赢得 100 万美元，且 89% 的机会一无所获；

D：10% 的机会赢得 250 万美元，且 90% 的机会一无所获。

我们可以猜想，一方面，由于确定性效应，大多数人偏好于 A 胜过 B；另一方面，由于收益，大多数人偏好于 D 胜过 C。如果我们在一张图(图 6.8)上显示这些彩票，可以看到 A 和 C 是相似的(除了 10 和 99 之间的部分)；B 和 D 是相似的(除了 10 和 99 之间的部分)。确定性原则或独立性原则(参见第一章，条件[C1.4])意味着如果两个备选方案 A 和 B 在相同事件下的区别是等量的，那么对于另外两个备选方案 A' 和 B'，通过传递性可得：

$$A \geqslant B \Leftrightarrow A' \geqslant B'$$

此处，A 和 C，B 和 D，仅在图 6.8 中的中间部分有差别。并且在此部分，从 A 到 C 的轨迹相同，从 B 到 D 轨迹相同(从 100 万美元到 0)。因此，如果某人偏好 A 而胜过 B，应该有偏好 C 胜过 D。

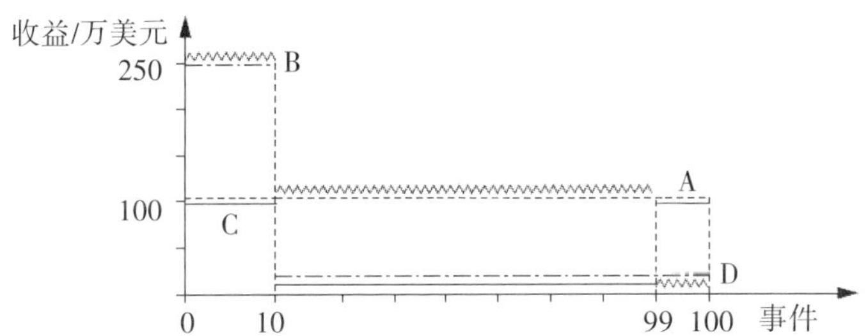

图 6.8　阿莱例子

阿莱例子违反了萨维奇独立性原则(或者称为确定性原则)。违反原则意味着不存在与概率相关的线性效用。让我们回忆一下，公理和第一章的条件[C1.2]是可比的，这一点证实在冒险情况下存在一个线性效用函数。

埃尔斯伯格悖论[136]在某种程度上和阿莱例子类似，但是前者不是在冒险情况下，而是在不确定情况下操作的，意味着不存在用来计算预期效用的概率。

例 6.3　从盒子里取出一个球的例子。盒子里共有 90 个球，其中 30 个红球，60 个黄球或黑球，然而不知道黄球和黑球的准确数量。考虑表 6.1 中的四种可能选择，其中，m 代表最小值，M 代表最大值($M > m$)。R 代表红球，Y 代表黄球，B 代表黑球。

表 6.1　选择表

	R	Y	B
A	M	m	m
B	m	m	M
C	M	M	m
D	m	M	M

大多数人倾向于选择 A 而胜过 B，因为考虑到红球，他们可以在不知道黑球数量的情况下得到最大值。而人们倾向于选择 D 而胜过 C 。如果我们应用阿莱例子的表示，则得到图 6.9。

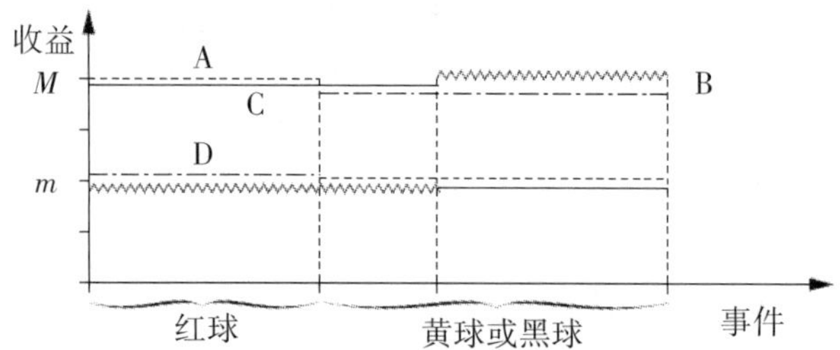

图 6.9　埃尔斯伯格悖论

如图 6.9 所示，从 A 到 C，黄球的收益从 m 到 M 。从 B 到 D 的收益相同。如果满足确定性原则，则偏好 C 胜过 D（参见文献[110]第 30 章）。

这个例子证明人们在面对不确定性时具有悲观情绪，因为：与 C 相比，为了偏好 D，我们必须想象黄球的数量少于 30 个。然而，在这种情况下我们应当选择 B 胜过 A！ 这里我们看到一种支持 A 的安全效应，因为我们确信有 30 个红球。我们称之为“模糊厌恶”，例如如果你不知道盒子里黄色和黑色区域中 m 和 M 的占比，则 60% 的人选择 A 而胜过 B，选择 D 而胜过 C（参见文献[110]第 30 章）。换句话说，人们在不确定时表现出悲观情绪。注意：人们在埃尔斯伯格悖论中不可能表现出理性，因为如果黄球数量少于 30 个，那么 $B \gtrsim A$ 并且 $D \gtrsim C$；如果黄球数量多于 30 个，那么 $A \gtrsim B$ 并且 $C \gtrsim D$ 。然而既然我们一无所知……唯一理性的反应是我们无法对概率进行分类。另一个理性的进程[137]使用了极大极大（maximax）准则或极大极小（maximin）准则，然而此处，最小值是 m，最大值是 M——所有的备选方案是等效的并且上述两个准则也无济于事。

存在另一个有关概率的逻辑错误——连接。

著名的“比尔和琳达”例子(参见文献[122]第6章)——这个例子可以简单描述如下(琳达的例子类似):

(a)比尔是一个医生,并喜欢玩扑克;

(b)比尔是一个建筑师;

(c)比尔是一个会计;

(d)比尔喜欢玩爵士乐;

(e)比尔是一个会计,并喜欢玩爵士乐。

比尔34岁,他很聪明,缺乏想象力,数学很好,不会交际和情绪化。如果有人被问及比尔是否属于上述类型,大多数人的回复是,比尔是一个会计(c选项)比他是一个会计并喜欢玩爵士乐(e选项)的概率大,且比他喜欢玩爵士乐的概率大(选项d)。然而,如果考虑到选项e包含选项c和选项d,因为并是交集。因此,选项e的概率比选项c和选项d略小。人们忘记了事件的交集概率和组合概率比任何单独概率都要小。存在一种强烈的吸引力效应——比尔只能是一个会计。表达方式完全胜过了逻辑(见6.8节)。

6.7　自信和控制错觉

“我们不应该把爱情描述为盲目,盲目的是自爱。”

——伏尔泰

没有人会惊讶于自爱是人类灵魂的强大驱动力之一。因此,自爱将产生显著而不可信的偏见,也就见怪不怪了。第一点是控制错觉。在采访驾驶员时尤其明显,据信大多数人均能够谨慎驾驶并且完全控制汽车。也有一些人很危险。这就是“危险从未在我身上发生”效应[122]。风险控制的错觉[122,130,133,138,139,140]极其危险,因为显然地我们既不能控制事件,也无法控制概率。也就是说,谨慎驾驶能够降低事故风险——但不能完全消除这种风险。

这就是所谓的风险控制是纯粹不合理的,并且是一个混淆了决策者是否有控制力(例如决策者无法控制事件的发生)的先-萨维奇回归。如果不接受行动与事件相分离的事实,那么我们只能面临一种类似于1.1节赛马例子的悖论,以及风险控制的错觉。驾驶汽车时,一方面驾驶员能够控制的行动包括是否谨慎驾驶、是否接打电话等。另一方面存在一些无法度量因素,包括爆胎、路面有冰或迎面而来的汽车等。这两方面必须严格区分,因为人们感觉自己能够控制行动的事实往往使得那些不敏感的决策者遭受控制事

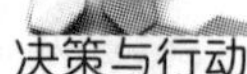

件或“管理风险”错觉之苦。经理最容易产生这种错觉[130]。在工业界也是如此，这种过分自信影响了那些习惯在非常危险环境下工作的决策者。他们想当然地认为自己能够控制风险。这一点是发生事故的主要原因。根据Heinrich[141]对5000个案例的分析结果，当客观危险伴随着主观错误和疏忽时，发生一起严重事故的概率是1/300。类似地，如果事故有多重原因并伴随着多米诺效应，那么一定会找到一些人为错误[141,142]。

人们往往误以为自己有能力控制风险，然而在面临逆境时他们唯一能做的只是控制自己行动的健壮性。换句话说，人们只能为概率不能忽略不计的事件选择不会导致巨大损失的行动。控制事件的唯一合理想法是研究事件概率的质量，因此预测扮演了重要角色，比如某些国家的天气预报服务提供了概率预测。寻找与事件相关的信息也能延迟行动（见2.5节），意味着我们让自然界按照常规发展，并希望在决策之前获得更多自然界的真实状态。

造成控制错觉的因素之一是，一个认为自己能够控制风险的人，接受的风险情况多于被动情况。这一点在所有危险的体育运动中屡见不鲜。有时我们认为“它永远不会发生在我身上”的自爱会产生另一种错觉——对自己的专业技能过度自信。很多实验已经预测了个人对自己反应的自信，参见文献[122]第20、21和22章以及文献[123]第24章。这种自信总是高于反应的质量。大体上，受访者对确信之事的反应与真实之间的误差大概是20%——比如有人认为他们70%的反应是正确的，然而实际上只有50%的正确率。事实上，当我们询问决策者赋予其反应的置信区间是多少时，其结果往往是非常高估的。对自我判断的自信不仅仅出现在普通大众身上——专家群体也广泛存在，并且专家获得的信息越多，他们对案例的信心越大，即使他们是错的！Oskamp[122]发现了这个结果。他还提出，任务越复杂，人们越容易出错并且对错误反应的自信越大。如果情况变得复杂、不具有重复性，且决定范围是远程的，那么专家的表现，特别是在预测方面，就很差[25]。同时也可以参考Kahneman和Klein[76,123]引用的例子，这些例子来自Paul Meehl和Philip Tetlock[123,143]的工作。在这些作者汇报的案例中，线性回归的结果均优于专家。认知主导决定或直觉（参见本书第四章，以及文献[76]）往往导致了很多错误，因为表面相似并不意味着诱发因素也是相同的，然而专家过分相信自己的判断而忘记了检验。

曾经红极一时的德尔菲方法，是基于收集和比较那些无可争议专家的观点。这是一种有效的头脑风暴方法，但是对于预测毫无用处。自信效应在预测时特别危险。人们往往在预测时赋予更多自信(参见文献[110]第22和23章)。乐观预测领域已经得到了细致的研究(参见文献[110]第22和26章)。上述工作是大体上解决冲突和特殊诉讼程序[110]476的推荐的标准方法。现在我们处在一个决策者无法看到收益或损失频率的领域。过分自信的好处是让人们有进取心和主动性。如果企业创始人对于打败竞争对手和预期销售额缺乏自信(参见文献[123]第24章)，那么这个企业创始人就不复存在。很多创始人和发明人受到过度自信的感染，这真是经济的幸运!

6.8　与记忆有关的偏见

人们往往混淆不熟悉和不可能的事物。那些没有考虑到的意外事件看起来有些奇怪。看起来奇怪的事情往往是不可能的，而不可能的事情是不值得认真考虑的。

——T. C. Schelling

风险评估出错的原因之一与回忆过去和创建过去事件或未来事件的心理表征的能力紧密相关。我们往往认为那些仍存储在我们记忆中事件的概率远远大于我们忘记的事件的概率。另一方面，正如Schelling在本节题词中指出的，一个我们从未看到或很难想象的事件的概率是最小的或可以忽略不计的。人们将赋予一个很少发生但显著的事件较高概率(参见文献[123]第30章)。一次刻骨铭心的损失将造成损失规避[41]95-96。因此，实验证明，如果问及死亡原因，人们高估了洪水、龙卷风或地震等鲜有发生的因素——特别是上述某个因素近期发生了并被媒体大量报道(参见文献[122]第33章)。相反地，疾病等频繁发生的因素却被低估了。这就是可得性效应(参见文献[122]第4、11、13章，[123]第12章)，它导致了概率失真。大概率事件提供了想象得出的或易于描述的一致场景，并赋予大量细节信息——即使这些细节是虚假的。大概率也常常贡献于那些我们期望发生的事件，这种现象被称为“让渴望成为现实”。相反地，人们对那些直觉上次要的事情评价较低。

与记忆相关联的偏见之一是“我早告诉过你”现象，更为人知的学术术语是“后见之明的偏见”(参见文献[143]第3章，文献[123]第19章)。人们在事后审视自己的预测或称赞自己的敏锐性，并放大自己之前所预测的概

率。例如,2005年肆虐新奥尔良州的卡特里娜龙卷风和随后的洪水事件,很多人在事后说这场灾害可以事先预见的——并且发生的可能性很大。类似地,在某个袭击事件后,人们常常听到“我早告诉过你会发生”的言论。事实上概率在事前和事后均不会发生变化或仅有微小变化。这种偏见增加了学习的不确定性,因为它使得人们无法正确评估已做决定的质量。人们若不采取防范措施,则有可能在概率很小的时候失去理性。然而人们乐于在事后提高某些事件的概率,而不公平地责怪那些没有发生的事件并降低其概率。这种基于错误的“责怪游戏”重建了概率,并利用媒体随后的报道,最终麻痹了决策甚至投资。这种概率最微妙的形式是“谨慎性原则”,有些人甚至希望写信给法国议会,即使没有人能准确地说明宪法的组成。实际上,这个原则依赖于错误的或者可能的但未经科学证明的因果关系[144],依赖于悲惨后果的炫耀,以及依赖于灾难事件概率的先验膨胀。

我们看一个例子。2011年3月11日在日本海岸发生9级地震,建造福岛核电站的人是否需要对这场灾难负责呢(核电站选址在海边而未考虑到洪水的风险)?自从1900年以来,世界上共发生了14次烈度大于里氏8.5级的地震,也就意味着大约每七年要发生一次大地震。早在1896年,比2011年3月11日的海啸还要严重的海啸重创了日本,当时有些地方的海浪高达38米。如果一个核电站的使用寿命预计为50年,那么50年内一场海啸袭击日本东海岸某处的概率是不可忽略的(然而这很难计算,因为海啸往往仅波及海岸的某个区域)。这种概率大约是百分之几。因此,正如我们之前解释的,这种概率值得考虑。总之,我们从这个案例中总结道,疏忽和草率部分源自决策者。如果日本过去一千年没有发生过海啸,或许找麻烦并不合理。

效用函数也容易受到记忆效应的影响。通过许多实验,Kahneman(参见文献[110]第42章)进一步阐述:人们通过回忆快乐和痛苦的经历来表达某种满意度,其中印象最深刻的总是那些最糟或最好的时刻,而那些最近经历的事情也给人留下最显著的记忆。Kahneman(参见文献[123]第35章)称之为“峰端原则”,它是可得性效应的另一面。这些快速获得的记忆倾向于歪曲概率和效用函数。总之,过去经历的事件和标识性事件,在评估概率中扮演了重要角色。容易回忆最近发生事件的现象催生了一个已经在认知科学和人工智能领域充分展示的效应:新近效应。该效应迫使人们为最近发生(或被牢记)的事件赋予更大的权重。最近事件支持一些选择。在问题求解领域,为了人工地合理补偿系统,Anderson[30]和Newell[145]对新近效应进行了建模。

事实上记忆对我们的行为和生活保持绝对独裁(参见文献[123]第36章),然而记忆既不可靠又不准确。我们已经引用了F. Batlett(见3.4节)的工作,他说记忆是可以重建的:“首先需要摒弃的概念是,记忆在理论上主要是可以重复或再生的。”[146]204简而言之,记忆是选择性的——人们几乎忘记了不愉快或紧张的情况。这种选择性的分类不可避免地导致了错误——这是可得性效应(可达性效应)的后果之一[122]。类似于可得性效应,这种记忆和回忆的偏见同样对概率有影响。我们来看一个简单的例子(参见文献[122]第11章):字母K出现在单词第一个字母的频率高还是第三个字母的频率更高?人们回答道,字母K出现在单词第一个字母的频率高,因为我们更容易联想到以K开头的单词。事实上,字母K出现在单词第三个字母的频率是出现在第一个字母频率的2倍。

与可得性效应类似,经验证明如果让人们说一个元音,人们首先想到字母A的概率是30%,之后根据字母表顺序依次出现的是E,I,O,U。在一个列表中,第一个元素往往具有优势!一些学者称之为“典型性效应”。如果询问受访者花名,人们往往先想到玫瑰。如果想要一杯速溶咖啡,首先想到“雀巢”,那么你就看到了这家公司的市场优势。

我们已经看到人们习惯于对最近和过去经历的事件赋予更高(甚至太高)的概率,同时对不熟悉或尚未经历的事件赋予非常小的概率。这种效应在预测那些决策者难以辨认的小概率(大约10^{-2})时尤为显著。在10^{-2}和10^{-4}概率之间,由于当事人没有经历过当前事件,一位不知情的决策者极易受到参照效应、新近效应和可得性效应(见下面)的影响。然而我们看到,在两个层面之间存在一个心理学界限以及一个使人变得理性的行为差异。最终,毋庸置疑地,本章伊始我们从自爱开始讨论——也应该指出人们有意地高估别人对自己的看法,并且十分敏感于别人对自己的看法——“人类最深层的自然原则是渴求获得感激”,威廉·詹姆士①说。这一点使人们容易受到给予他们关注和关心之人的误导。法国作家安德烈·马尔罗的作品《人的希望》中一个参加西班牙内战的农夫说,“我期望被考虑!”某人一旦给予你关注、关心、时间、友谊甚至爱,那么就更有理由质疑此人:这是入会崇拜(参见文献[147]第3章和第9章)的基石。我们将在后续的章节继续讨论此话题

①威廉·詹姆士(William James,1842—1910),美国哲学家,被称为心理学的创始人之一。

(本书7.2章)。

6.9 框架效应

例6.4 首先来看一下Tversky和Kahneman[148]170的两个例子:

情况1(幸存者)

手术:100位做过手术的人中,有90人恢复健康,68人1年后仍然活着,34人5年后死亡。

放射疗法:100位采用放射疗法的人中,短期内100人全部活下来了,77人1年后仍然活着,22人5年后死亡。

情况2(死亡)

手术:100位做过手术的人中,10人死于,32人术后1年内死亡,66人术后5年内死亡。

放射疗法:100位采用放射疗法的人中,没有人死于放射治疗,23人放射治疗后1年内死亡,78人放射治疗后5年内死亡。

在情况1中,18%的受访者(医生或学生)选择了放射疗法,而情况2中这一比例是46%。两种情况显然是相同的,然而情境产生了一个"排斥效应",即场景的构建方式导致了在第二种情况下"死亡"被推向前线。

例6.5

情况3:

人类发现了一种新型病毒,并据信它一定能够杀死600人。存在两种可能的反应:

选项(a):如果病毒预防措施起效,将拯救200人;

选项(b):如果病毒预防措施起效,600人均被拯救的概率是1/3,无人逃脱死亡厄运的概率是2/3。

72%的受访者选择了选项(a)。两个选项均以拯救人数的方式表达——因此这里看到的是一个确定性效应。

例6.5(续) 增加两个新选项(c)和(d):

选项(c):如果病毒预防措施起效,400人将死亡。

选项(d):如果病毒预防措施起效,无人死亡的概率是1/3,600人均死亡的概率是2/3。

78%的受访者选择了选项(d)。在这种情况下,我们见证了拒绝确定性的现象,因为它采用了消极的表达方式。然而我们看到,选项(a)和(b)分别对应于选项(c)和(d)。

在上述例子中,问题的陈述方式强烈影响了决策者的选择。具体来讲,陈述方式利用了情况和结果产生的情感镜像(参见第四章)。我们完全感激镜像在操纵选项时所扮演的角色。在例6.5中,因为喜欢生存的镜像而拒绝了死亡的镜像。

与概率相关和与框架情况相关的效用之间的中间路线是隔离效应,它导致决策者仅考虑某个问题最突出的方面。

例6.6

情况1:

有一个游戏分两个阶段。第一阶段,你被淘汰出局的概率是75%,而如果涉险过关,则在第二阶段有两个选择:

(a)赢得3000美金;

(b)玩彩票并有80%的机会赢得4000美金。

你必须在第一个阶段开始之前做出决定,78%的人倾向于选择(a)。

情况2:

你有两个选择:

(a) 25%的机会赢得3000美金;

(b) 20%的机会赢得4000美金。

在这种情况下,65%的人倾向于选择(b)。

然而情况1中的(a)和情况2中的(a)的结果是一样的。相似地,因为$0.8 \times 0.25 = 0.2$,两种情况下(b)选项也是一样的。如图6.10所示。

因此,出现了违背依赖性原则的现象。因为两个阶段的陈述方式以及情况1的确定性所带来的吸引力,使得人们忘记了事先发生的彩票。人们似乎没有考虑第一阶段——而在第二阶段中“框架”强调了彩票的作用。理论上,选择应该由预期效用(两个情况下均是800美元)唯一确定。大多数人在情况2时能够回答正确然而在情况1时选择(图6.10)同样得到800美元。隔离效应也能够忽略先验概率,类似于出租车的例子(6.6节):见证者的证词是隔离考虑的,而考虑先验概率。

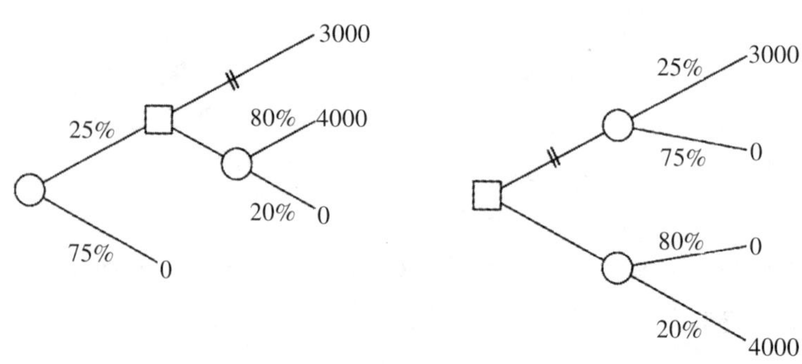

图6.10　折叠

诸多实验证明了“框架效应”的存在。我们可以引用Kahneman和Tversky(参见文献[110]第28和29章、文献[123]第34章)的工作。然而Zickar和Highhouse[149]指出,框架效应的效力取决于每个人的个性。特别地,对风险保持中立态度的人(例如,既不是不愿承担风险,也不是追求风险)来说,他们更易于受到框架效应的影响。我们在Slovic等人[150]的文章中发现了这一点的一个论据和很多做出决定时与感觉和情感冲突的例子——一个被事实的表述而放大的效应。这纯粹是不合理的,但是“心灵自有难以知晓的理由”——帕斯卡富有诗意地说。不合理性和情感也可以用于操纵公众关注小概率事件——正如我们所看到的,如果整合了“我早告诉你”效应,将导致所谓的“谨慎性原则”。操纵技术当然利用这些悖论,并且特别地它滥用了陈述而产生了恻隐之心[113,114]。这些文献的作者表明很容易使用“在他们的心弦猛拉”的论据来修改人们的偏好——例如,拯救儿童或展示人们的悲伤等。

框架也与陈述元素的顺序相关。因此,塔列朗方法和不相关备选方案的引入(见5.3节)能够使我们重新理解框架效应。选项的陈述方式也扮演某种角色。类似地,我们已经看到,未来和立即获得收益(参见4.5节)之间的折旧系数是不同的并依赖于增幅大小——例如,从500美元开始增长,每年兑换1000美元。如果从500美元稳步增长,人们评价兑换的量是$-x$,等价于每年1000美元——比我们从1000美元开始递减的量略少[151]。在拍卖的应用实例中,如果起拍价格从一个小数目开始增长,那么销售价格比从高价降低时更低。第二个案例,如果你降低条件则买者获胜。而第一个案例中,买者的损失越来越多——你再次看到损失规避!陈述的顺序同样在选举中扮演重要角色——那些在选票上排在前面的候选人具有优势,这也是为什

么候选人的顺序应由抽签确定的原因。

另一个与陈述相关的效应是1920年美国心理学家爱德华·桑代克提出的光圈效应(参见文献[143]第3章)。它是一种与正面欣赏相关的超前效应。据证明,善于陈述的人是和蔼可亲的,并有更大的机会获得聘用而无须考察其他能力。良好的第一印象似乎掩盖了选择的其他判据。类似地,如果你造访了一个整洁的公寓,那么你倾向于忽视这个公寓的其他缺点。为了从这种光圈效应中获益,如今公寓展示已经成为一项职业。决策者似乎难以区分判据。光圈效应在管理学文献中十分常见。一个公司或者一个经理之所以成功归功于他的某两个性格,或者是某个广为流传的"秘诀"。针对一两个性能优异判据的假相关,将抵挡所有的批判性分析(参见下一节)。Rosenzweig[152]提供了很多"业务欺骗"(法语称之为"管理的海市蜃楼")例子。假相关和因果关系只有一步之遥,我们将在下一节讨论。

在所有的陈述偏见中,我们尝试把决策者固定在某个充当选择参考的点上。这一点非常重要,因为它也处在损失和收益的边界,并标记不同的行为。下面我们来关注锚定的概念。

6.10　参考和锚定的层级

人的优势在于追求欲望的天性。只要发现了这个优势就能了解这种天性。人的优势包括自由享受人权和与之相关的司法权,以及享用财产的权利。

——Victor Riquetti de Mirabeauand F. Quesnay

在考虑到党派利益时,效用意味着其属性能够产生效益、利益、快乐和幸福,或者能够防止损害、痛苦、邪恶和不幸。

——J. 本瑟姆

每个人似乎都有一个愿望层级并根据该层级来鉴别他们的偏好。愿望层级这一概念不是最近才出现的[153,154],而是1931年由Dembo提出,并得到Tversky和Kahneman[155]的进一步阐述。它显然是一个很重要的实践概念——损失或赢得1美元很明显对于洛克菲勒家族和一个乞丐的意义大相径庭。个人的行为依赖于他们的愿望层级。Siegel[154]认为愿望层级与效用函数的最大梯度相关,并标记为人的偏好程度。在某种意义上说,效用函数度量了嫉妒的力度,这就是薪水很高时效用接近一条渐近线的原因(如图6.1

所示)。嫉妒不仅是罪孽之一——也许是最大的罪孽——而且是行动最大的驱动力。

在愿望层级之上,我们看到某些人甚至对某些特定产品表达出厌恶之情。在这种情况下,我们可以尝试把渴望度量为个人能够达到的层级和愿望层级之间的距离。考虑到这一点,我们在决策支持领域[10]和多判据决策支持领域[156-158]推动了收益差别模型的发展。

让我们看看本书中提出的效用层级的区别,它或多或少地刻画了决策者的满意或渴望程度。"满意度"一词象征着决策者的满意层级,该层级不是最优的,但它的确包含一些变量。根据Simon的观点,满意层级高于决策者结束寻找最优形势的层级。与满意层级类似,愿望层级依赖于给定判据获得的相对层级。如果我们增加决策者持续认同的两个层级,即意味着在层级之下拒绝执行的"拒绝层级",以及在层级之上决策者不感兴趣的"饱和层级"。我们用直线画出五个层级,并增加现有层级(如图6.11所示)。

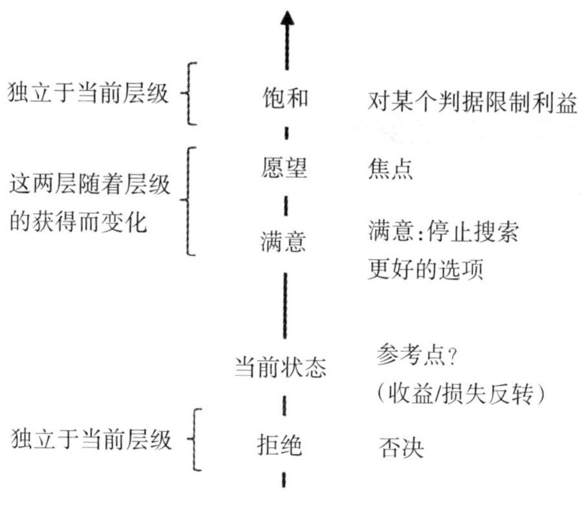

图6.11　效用的不同层级

决策者能够度量愿望层级之上的满意度,而在愿望层级之下他就不满意吗?事实上,这个概念充满争议。愿望层级是一个参考点吗——在该点之上决策者从损失过渡到收益——抑或是象征水平线的焦点?不论哪一种方式,愿望层级是可以移动的:我们知道水平线随着我们的移动而移动。愿望层级和参考点也是如此。另外,正如我们所看到的,人们能够操纵参考点。个人在达到愿望层级时就提高层级,这里我们看一看类似仓鼠轮子的持续适应模型,这个模型也被称为"水车效应"(参见文献[110]第37章)。当决策者移动梯子时，他的满意度快速跌至较低层级。这是与事实相一致的例子——广泛见诸满意度调查问卷中——说明了满意度更多地依赖于个性而非真实情况[110]685。

当面对一个相关的世界时，如果我们接受Bentham和Quesnay提出的观点（见本节的题词），那么满意度和效用依赖于获得的愉悦和情境，而情境很大程度上依赖于过去的经历、当前世界的状态和渴望。这里我们使用“渴望”而不是“预期”（参见文献[110]第39章）。正如我们在第四章所描述的，在满意度方面，大脑主要度量了结果和预期的区别。明显地，这样存在心理学的后果。作为无可争议的领跑者，如果你在经历了很长时间的等待而最终获得升职，届时你的满意度要低于两年前即得到升职的情况。因为两年前你只是三四个候选人之一。它是一种“回报-预测误差”，因而能够提高愉悦感，在实际收益大于预期时尤为明显。如果回报小于预期，我们可以想象到失望和反感。精确地得到所渴望的结果是一个中性位置。注意，经理的缺点是，自我崇拜性格无法从区别中感受到愉快，因为他们认为自己的高收益是应得的并且所有人都这么认为。这一点解释了他们不搭电梯的原因（参见7.2节的互惠原则）。愿望点、期望点和参考点等概念缺乏良好定义，然而这些定义是心理学上研究渴望的关键。最后我们发现，不能说达到目标创造了愉悦——甚至不能说愉悦是一个过客，应该说渴望创造了愉悦。我们不能忘记，社会学教导我们嫉妒不会随着差别而增加——事实上往往相反！最大的不满意源自相邻的层级。一个雇员更加妒忌相邻的、工资是自己2倍的销售人员，而不是那些工资是自己100倍的篮球运动员。这种妒忌情绪易于受到媒体操控，并取决于媒体对我们妒忌的人所表达的积极或消极印象。

我们必须区分嫉妒和渴望，前者因来自比较而各有不同。我们在此讨论的层级是相对的，因此层级之间是可比的因而相互影响。嫉妒与分配的公平性相关，我们将在7.3节讨论。人们可以通过展示别人的镜像和平均主义倾向或“公平性”的情绪来操控嫉妒。然而渴望随着稀有（或困难）程度的增加而增加——这就是众所周知的稀缺效应[113]。我们为稀缺而做准备，以增加人们获取某个产品或愉悦体验时的渴望。

在图6.5中，效用曲线的凹面和凸面（拐点）的反转点大致位于当前状态的高度。愿望层级处在图6.5的（a）点，此处效用突然停止增长，这一点或多或少地与Siegel仅考虑收益的观点一致。

愿望层级在语义上与参考层级的概念相似[159],后者催生了锚定[160]的概念。锚定点与为了评估选项而进行自我适应的情感和经验相关。例如,在阳光明媚而令人愉悦的小岛上度假将作为选择未来度假地点的参考点。这种锚定现象存在一些有趣的维度:认知和遗忘以及代表性和叙述。

在认知和遗忘层级,意味着特定事件被标记在记忆中,并将根据识别的情感来操纵选择。在此层级,我们见证的现象与"框架效应"区别不大。即使做出好的决定(见1.2节),不愉快的经历也会影响再次做出类似的决定。我们可以让情感来操纵参考层级。神经元的作用超越了特定的参考层级[81]515。这一点或许解释了为什么操纵参考层级比操纵框架[161]更有效。

例6.7 参见文献[110]第一章:

情况1:我们决定了晚上去看戏,并花20元买了门票。在进入剧院时,我们发现门票丢了,座位仍然有效。那么你愿意再花20元买票吗?54%的人表示"不愿意"。

情况2:我们决定了晚上去看戏,当你拿出钱包准备买票时,你想起来今天你已经丢了20元,那么你仍然愿意买票吗?88%的人表示"愿意"。

操纵参考点的例子在日常生活中随处可见。概言之,这是一个权衡惩罚与回报的问题。"如果帮祖母取一件物品,你将会得到一个棒棒糖"与"如果你不帮祖母取一件物品,你将无法得到一个棒棒糖"的表述不同,尤其对一个小孩来说。前一种情况,参考点是没有糖的状态——因此存在获得收益的可能性;而第二种情况,参考点是一个得到糖的正常状态,你的收益被剥夺了(即损失)。"胡萝卜加大棒"是放之四海而皆准的政策。深谙于此的人能够在激励或惩罚伊始正确地定位参考点。然而毋庸置疑的是,定位影响了谈话者的心理。基于此,存在很多形式的操纵。除了小孩的例子——银行十分清楚,他们通过信用卡向个人用户提供借款,并称由商业公司付款,而最终该用户成了实际的买单者,因为商场为了包含额外成本早已提价。所有回扣相关的辩证法是基于参考点定位的(参见文献[110]第12章)。为了强调选择,这种操纵也是可行的,甚至有时对我们的心理状态来说是可推荐的,参见6.11节中狐狸的寓言。

虽然大脑有时也会出错,但是它仍然十分强大,这一点归功于选择性记忆,它创造了基于完整独立事件的假相关[122,162]。因此,如果命令人们记住一组由随机彩票产生的数字,之后询问他们联合国承认的国家有多少个,那么他们的回答受到了之前数字的影响[123,163]。我们也可以将这种现象解读为一种提出问题之前的针对操纵数据的锚定效应。例如，为了给人留下印象，如果在慈善捐赠明信片上注明捐赠数目——例如50元，那么实际捐赠数额很有可能在50元左右。如果明信片上写着20元，那么捐赠数额会大大减少。以此类推，谈判的第一出价是非常重要的，因为这个价格将在余下的谈判过程中扮演锚点的角色。

Chapman研究的案例中，假相关源自受访者的预期——已经向他推荐的预期——因此文章的题目叫作“测试结果与你想象的结果相吻合”（参见文献[122]第17章）。在其他实验中（参见文献[122]第15章），我们看到相关性的发现极其随机，除非相关性十分强烈——即其值接近于1。这是学习的一个重要结论。另一方面，先入之见的存在使得人脑易于受到强相关性的说服，尽管实际上并没有那么强烈。我们在之前看到假相关可能由光圈效应产生。对正义持有怀疑态度的大脑和思想禁锢在某个相关性上的加强的确定性之间存在很大的不对称性（参见文献[122]第15章）。

很多人对于假相关的迷惑十分敏感，特别是当它伴随着漂亮的故事和科学伪装时。人们从未质疑占星术的成功，然而一千年来从未出现相关性证明的任何线索。经理非常喜欢将成功与他们的洞察力或战略价值挂钩[152]。数学命理学和大师的解释拥有很多支持者。假相关可能在迷信中十分稳定[4]89。简单的巧合呈现出事实的伪装。因此，在第二次世界大战中，伦敦人表现出“聪明反应”而将闪电误认为是德国人的炸弹袭击。早期研究认为，落点恰好满足泊松随机分布（参见文献[122]第23章）。一种发达且学院派的思想将大多数事件解读为计划。阴谋论者在将意外事件（或不幸事件）提供过分解读方面具有优势。

科学已经在解释人们不能用因果解释的隐藏事物方面产生了惊人的成功。核心思想是人们不易承认这些事物背后是随机机会或概率发挥了作用。荒谬的是，喜欢相关性和因果关系的人脑，往往回避相关性和因果关系。这一点不像因素的多样性。它快活地和偷偷摸摸地将“A是B的成因之一”变成“A是B的成因”[164]247。很多管理学领域的例子可以参考[152]。也许是懒惰的原因，人脑喜欢做的事情只有单个或唯一因素，比如一个负责任的政党——或一个替罪羊。注意这种背离因素多样性的现象。

另一方面，对典型性效应以及对假相关共同特点的执着，即使那些特点既不明显又不详尽，大脑都能创造一个便于记忆和随后识别的类目（类目不一定是正确的）。这种现象在日常生活中很常见，当人们说“某国人（这里

‘某国人’可以代表‘英国人’‘法国人’‘阿拉伯人’‘纽约人’或‘移民’等等）就是这样的或那样的”——通常跟着一点儿也不悦耳的词语。这是一种归纳（见7.4节），也是一种仓促创建分类的回声。故意定义的类目（例如，通过特性或盘踞而定义的类目）是一个捷径。然而，这个类目真实存在吗？宇宙的全部问题，可以追溯到亚里士多德和唯名主义。意大利作家翁贝托·埃可的小说《玫瑰之名》中定义了这种教条。唯名主义认为“玫瑰”类目并不存在——而只存在特殊的玫瑰花，因此“玫瑰”这一清晰概念仅是一个语言学的捷径。另一方面，“现实主义者”质疑类目的存在性。然而当哲学家之间沉思并相互争辩时，人脑的自然反应是“玫瑰”的确存在。从哲学和实用主义意义上这一点是现实的，因为分类造就了快速但往往容易出错的推理。分类没有得到清晰而可验证的定义这一事实并没有使大脑迷惑，大脑反而很乐于处理难以定义的分类。

正如Boudon[164]339所做的，我们举一个音乐的例子来说明：古典音乐和说唱音乐之间实际上完全不存在共同点，然而大多数人都同意它们都是音乐而不是噪音。这种类型的“分类”推理是种族偏见和歧视的基石，当我们不信任某个特殊宗教的所有信徒或某个特定国家的所有国民而不考虑个体例外时，这种偏见和歧视愈发明显。分类冲击了个体的独特性。这种现象在招聘决策中很常见——例如，应聘者的出身往往影响对其品格的判断。这个问题的复杂性在于分类有时是合理的——例如，狮子都是食肉动物，因此我们在面对一头狮子时有一个应激反应而不能停下来考虑这头狮子是否吃素。相反地，很多人都害怕蛇——因此蛇的分类是有毒的——对无毒蛇太不公平了！

分类和假相关往往是相关联的，因此必须小心考虑。例如，据说双子座的人（作者和译者都是双子座）往往聪明而充满活力，“双子座”的分类和相关性为“聪颖”。可疑的相关性和分类往往相互关联并极其危险：它们导致了很多糟糕的决定。然而这是天然的事故。Berthoz[95]232写道：“决策首先是分解和分类，随后变成了偏好。”我们必须提防基于分类的推理——它是危险的，即使它可能十分实用。

另一个基于框架偏见（框架效应）的应用是将选择转变为机会的操作[165]。例如，你邀请一个朋友跟你去海边或山区度假。存在两种有趣的旅行，然而如果你不提供两个选项，却说：“我们可能去山区度假，听起来是一个好机会，你同意吗？”你触发了去山区的渴望，并排除了两个提议之间的冲突。这是修改决策者预期的一种方式，而他的先验偏好是去海边度假。这一点在某种程度上与操纵参考点类似，后者将选项表述为损失或收益。表述的终极诀窍是减少而不要增加选项[166]。如果让决策者淘汰那些不满足条件的候选人或选项，他会比较谨慎。而如果让他基于暗示判据从相同候选人集合中选择一个子集或合格“候选人名单”，那么剩下的人数远远小于淘汰的情况。似乎存在一种现状效应：前一个案例，现状效应停留在选项集合中；而在后一个案例，现状效应不出现在名单上。

锚定的第二个组件是代表性的。这一点意味着能够轻易创建内心表达的事件的比不容易想象的事件概率更高[4,33,138,167]。这是我们已经看到的典型性效应。如果指示灯没有正常显示(这种情况在日常训练中很常见)，那么飞行员很容易想象可能是因为起落装置无法放下。然而在他尝试解决此问题(如波特兰事故[12])时，却忘记了飞机的燃油即将耗尽。面对难以完成的任务时，我们看到一种现象，即我们的注意力完全锚定在某个尽全力满足的目标上，而忽视了其他的问题。研究飞机起降困难的文献很多，类似的例子还有登山运动[168]。这种锚定效应在“投资太大而无法放弃”的观念下不断增强，并可能导致事故。典型性效应在诊断领域也很常见，考虑到对当前世界状态的诊断大大取决于我们的心理表征。由于诊断错误而导致的事故也很多，例如1979年3月28日发生在美国宾夕法尼亚州萨斯奎哈纳河的三哩岛核泄漏事故，以及很多航空事故[12,133,168,169]。

决策者心中预设的认知模式的加强开始于觉察力(见4.3节)，并且个人看不到模式对应的原因是已知的。Goleman[170]发现了“回避学习”现象。与“逃避学习”不同，人们避免看到事物以便让自己与质疑脱离干系(“为了保持其行为的毫无迟疑性”)。有时大脑继续错误的认知模式并使得模式适应行为的成本并不高，反而事实上证明模式的错误的成本很高[4,171,172]。通过拒绝看到事实，这种增强的信念是为了与我们的洞察力保持一致的重新调整的拒绝。

类似情况是为了修改诊断的顽固拒绝，该诊断被看不到的事实废除了。这些行为似乎导致了大灾难。组织中也有类似案例[173]。正如我们在企业的事后分析中经常看到的，应该做出变化，警钟长鸣，但是由于错误模型，觉察力是不可改变的。“一个复杂组织能够整合一批高度专业化的活动，然而在包含未测试信念和最简单争论的过期地图上规划主要政策决定，仍然是一个不解之谜[174]923”。我们信念的增强是一个典型性误差。我们将在下

一小节强调我们的选择在记忆层级提高了偏见的可能性。这里，大脑拒绝看；在6.11节，大脑拒绝记忆。

在陈述错觉中，公司的管理层提到非常重要的“规划错觉”，或使用Kahneman的术语“规划谬误”。很多投资，尤其是显著的投资，结束于拖拉和无限制的巨大成本。我们已经看到Robert McNamara的想法，起初展现的成本至少应该乘以3，或者至少乘以π。第一个原因是承担此项目的专家对类似的项目不感兴趣。例如当修建隧道时，几乎不可能想起苏伊士运河或巴拿马运河。我们的项目中，我们应该更加聪明（这是一个过度自信的例子）。事实上我们不应当接受不含多种假说和不同乐观程度的计划。决策者应当注意项目的整体一致性：对项目不同阶段正确的理论调整，完美的商业计划，一个好的卷宗，对如何进行操作的清晰表达……这些是说服决策者的必备论据。我们再次看到了专家对自己判断的过度自信：仅仅草拟了一份商业计划——打赌有良好的销售业绩。当碰到冲突事件时——比如一宗诉讼——我们绝不考虑收益统计和花费在解决类似案例的时间成本。规划者选定最喜欢的场景而无视可能的挫折，把独立事件的累加概率全然抛在脑后，因此结果很快减小。他们没有研究包括糟糕场景的多种场景，而仅研究那个计划能够顺利进行的场景。

这种规划错误有一个明显好处，因为如果我们期望在项目实现过程中考虑到所有可能出错的事情，几年过后我们仍将一事无成。这种规划错觉类似于损失规避和“投资太大而无法放弃”现象，它导致大规模基础设施或工业项目的延期。然而，故事不总是以快乐收尾，有时“只差一点”综合征和“不尽如人意结局”均造成了项目的放弃。考虑一个项目案例，无法预计的绿灯归功于规划错觉，有时花三倍成本和两倍时间的成功和付出昂贵开销但毫无结果的失败之间只有毫厘之差。规划错误在某种程度上使人联想到法国诗人拉·封丹的作品《挤奶工和奶锅》：我们在梦想世界里计划。这是Gaudin[175]所说的“梦想力量”，它驱动了很多创新者和企业家追逐名利。显然我们无法计算，数不尽的有事业心的人到头来毫无收获。规划错误的另一个好处是它缓解了CEO和决策者们的压力。当所有事情都已经规划好时，中层管理人员沿着规划轨迹而做出的决定毕竟是可靠的[176]。因此，规划错误一方面鼓励行动，因为创新者信任他们的计划，另一方面官僚主义地执行，因为它鼓励对规划毫无修改的官僚主义并使人们安心。

众所周知，锚定效应的第三个组件是叙述方面。这里我们再转向场景：

一个场景是一个故事。正如我们所看到的,决策过程就是排除所有可能的场景,除了留下一个占据统治地位的场景。这个场景发生在行动之前(“合理构建行动”效应[177]),或者行动之后(增强或先验合理化——见下节)。合理构建仍然存在,并往往和情境相关[178]。如果故事越不可思议——细节听起来更真实,则做出决策的机会越大。

大体上,叙述模型是认知模型的基础[179-181]。在组织中做出一个决策的过程与讲一个令人相信的故事类似[182,183]。“我们讲述故事,还是故事告诉我们”使得我们远离理性,但是拉近了我们和决定有很多公共特点的语言的距离,尽管只是从系统角度来说。即使不引用Vico[184],我们容易忽略一个事实,即推理之前,历史上早就存在以故事形式的神话和抒情诗,它们是最早构建世界和积累知识的方式。科学地说,Tversky和Kahneman[185]认为,越容易构想的故事,做出决策的概率越大——参见文献[139]和文献[5]。

6.11　合理性和加强

一开始就拒绝比拖到最后容易多了。

——莱昂纳多·达·芬奇

吃不到葡萄说葡萄酸。

——拉·封丹

正如第五章提到的,多冲突判据之间的选择往往是令人烦恼而困难的。心理学上讲,它使很多人产生了一种忧虑和压力[43]。Léon Festinger[186]称这种现象为“认知失调(cognitive dissonance)”:它是与个人或他所处环境相关的不同认知元素之间的不一致性或不和谐问题。个体心智尝试降低认知元素的差别或修复一致性的方式很多:有的通过改变元素的值和知识,有的忽略不一致性,或者通过合理化过程和记忆重建[187]。类似地,当提到选择时,如果人的实际渴望和理性建议之间存在不一致性,那么个体将在做出选择之前或之后尝试克服心中之选和理性选择之间的不一致性。勒庞理性[188]21被更多地用于辩护而不是驱动人的行为(古斯塔夫·勒庞,法国社会心理学家——译者注)。因此,人们会想出好的理由来说服自己选择心仪的汽车。如果他能够成功地建立这种知识构建并进行支付,那么他的感觉好极了(见第四章)。之后,他会后验地加强选择理由的益处。Festinger展示了决策者在做出决定后如何修改偏好。Festinger、Montgomery[189,190]研究了减少

失调策略，或者称之为“剥夺特权行动的合理化策略”。他把这种现象命名为“寻找优势”，并描述了根据优先位置寻找优势的决策过程。决策者必须理性行事，因此他寻找并构建了理性（参见文献[110]第34章）。

我们已经看到，在组织机构中缓解认知失调的最佳方法之一是把失调扼杀在摇篮中，即拒绝看到与你的模型不相关并且与你的信条背道而驰的认知元素。Boudon[164]306提出了通过改变信条来减少失调的例子，古代希腊人已经认识到了 $\sqrt{2}$ 不能归纳为一个有理分式。他们简单地同意它不是一个数值而是一个“值”——一类与数字完全不同的对象。因此，他们没有必要质疑数字的概念。在决策中寻找优势包括说服自己已经做出的决定是最好的。我们常常看到人们持续赞美他们的汽车或房子，甚至发现自己的汽车和房子有明显缺陷或发现买贵了时也拒绝停止自夸。惹恼某人的最佳方法之一就是不断质疑他最看重的选择。

人脑增强决策的方法之一是放大选择和放弃的区别。人们为已经做出的决定赋予优势[112]。灵长类动物甚至也具备增强能力，就像寓言中吃不到葡萄说葡萄酸的狐狸一样（见本节的题词）。在多判据决策的情境下，这一点增强了导致我们做出决策的权重（帕累托最优）。既然判据可以转变为约束，我们能够比较面对冲突判据的抉择和Bateson等人[191]提出的进退两难困境。面临两个冲突困境的受访者所处的形势类似于最大化两个相互矛盾的判据——例如，尽可能好地为待售公寓估价，并同时尽快出售。法国剧作家皮埃尔·高乃依的作品《席德》中的主人公席德也面临一个典型的进退两难困境：不让西蒙娜伤心，还是为了道义杀掉她的父亲。

似乎在很多案例中，大脑寻找独立的优势，并且通过释放刹车和触发行动而对偏好进行重新评估。加强也包括记忆。我们已经看到（见3.4节），记忆是可以重建的[146]，比起破坏信念和选择的事情来说，人们更容易记住那些增强信念和选择的事情[139]。记忆重写历史，改变了做出决定那一刻的概率——为“自己”赋予一个角色[187]，因为人们更乐于做一个利益相关者或听从自己的选择，而不愿成为一个被动的受害者——再一次联想到上面提到的狐狸。这种重建在弹性中扮演一个重要角色。框架效应也可以用于内部构建一个维护决定的框架。加固已有选择的效应可能有可怕的后果，因为他是操纵的特殊形式，例如“破坏”或“门槛”现象。如果受访者从一个小的、近乎不重要的服务开始，例如回答调查问卷、签字，或者在大街上听某个陌生人诉说故事，那么随后他会更加倾向于接受一个更大的服务，例如借一大笔钱。这种“自持过程”对那些事先没有得到预警的人来说屡试不爽[43,113,192]。第一选择往往是一个仁慈的决定,这一点在个体随后的行为中得到确认——这是真正的加强。类似地,如果第一选择是不利的,受访人随后将难以接受本来可以同意的选择。受到情感控制的第一选择,通过一系列加强现象约束了受访者随后的行为。谚语说,“第一步尤为重要,应当为之付出任何代价”。操纵者往往在行动开始时不露声色,而逐渐编织好一张大网来诱捕猎物(参见文献[193]第3章)。

一个更加令人担忧的效应是“增加承诺”,即加强契约。它和6.8节的过程类似,但是该现象的组成包括投资损失的规避(6.5节中提到)和已做决策的一致性维护[193]74。这一点催生了“米尔格拉姆电击实验(参见文献[193]第6章、文献[194])”,即正常人在面对权威者下达违背良心的命令时,被迫严厉地惩罚他人。尽管受害者正在遭受痛苦,并且尽管这个实验在伦理上已经超出了人的承受底线,但是却很少有受测者拒绝体罚他人。这种持续且逐渐升级的承诺容易产生悲惨的决定和行为。

加强地寻找优势和自我说服能够对人的心智产生有益影响。然而这些现象在寻找决策方法时非常危险。如果某个决定看起来是理性的,这些现象永远不会妥协于批评的观点和反馈。

6.12 系统1与系统2

如果回顾一下本章,我们可以看到存在很多与决定相关的偏见。决策过程的错误从何而来?我们不情愿说“不合理”,或者Boudon[195]所说的“非理性”来避开附加在“不合理”一词的判断!快速决策的大脑是个负责任的当事人,它主要通过认知来决策且其专长是“认知主导行动”(见第四章)。2009年Kahneman的著作中[76]细致地比较了系统1(快速人脑)和系统2(能够调动有意识的推理),因为推理和注意力均能消耗大量精力([123]第3章,本书第三章)。除了耗费精力的大小以外,两个系统之间的本质区别在于决策速度。

Kahneman和Frederick[196]引入“系统1”和“系统2”是为了避免陷入大脑的细节,本质上包括了情感和推理之间的区别(见第四章)——或者从大体上讲,额叶皮质以及前额叶皮层和大脑其他部位之间的区别。

Evans[197]在表6.2中总结了系统1和系统2涉及的诸多问题和两者的区别。

表6.2总结了第四章和第六章中讨论的一些属性和区别。然而我们必

须强调人类没有两个分裂的大脑,或者称为两个不同的"自身"这一事实——《化身博士》(苏格兰小说家罗伯特·路易斯·史蒂文森的中篇小说——译者注)中的杰克博士和海德先生在真实世界中是不存在的。相反地,在第四章我们已经看到,正是大脑底层、大脑边缘和皮质之间的交互奠定了所有的正常决策行为的基石——"两个"大脑之间相互关联,就像赛马比赛中的马和骑手一样,使用了Jouvent[187]提出的概念。因此,表6.2仅仅是一个粗糙的简化图,它展示了人类行为的两个方面并解释了偏见的一些起源——它们起初完全不是偏见而只是幸存的启发式方法。

表6.2 两个决策系统的比较

系统1	系统2
意识程度	
无意识的	有意识的
不明确的	明确的
行动	
自动的	受控制的
容易的	需要花费很大精力的
快速的,冲动的	缓慢的,深思熟虑的
高通量,应激反应	低通量,根据计划
整体的	善于分析的
感知的	基于思考的
冲动和加强地选择	困难和怀疑地选择
关联的和有意的因果关系	实验
短期的	长期的
分类	区分和情境化/适合
怨恨的"记忆"	计算"记忆"
进化	
以前的	最近的
面向群体	面向个体
动物	人类
非语言交流	语言交流
功能性特点	
结合的	基于规则和推理
情境化的	抽象的
实用的	逻辑的
并行的	串行的

注:修改和补充自文献[197]。

让我们再次强调表6.2的提纲，它不会让我们认为现象之间是分离的。如第四章所见，两个过程与从一个系统传递到另一个系统的冲动纠缠在一起。正是这种两个系统之间的合作产生了决策心理和本章描述的现象。

即使我们已经理解系统1中的论据比系统2中的论据更难交互，也必须持续与系统2沟通以便赢过系统1并影响决策。这里有点儿像民主国家的选举过程。选举人期望候选人用理性论据来打动他的系统2，尽管选举人使用系统1投票。候选人注意到这一点，但是试图回答论据的需要，同时永远不会忽视只有选举人的系统1才能影响选票。这样往往在某种程度上产生了不一致性。

6.13　偏见与启发

这不是失误，而是特性！

——大卫·鲁巴

这一节的标题及其题词提出了一个不明确的问题：这是一个失误还是蓄意之举？这一点与合理性的问题相关，我们将在第七章详述。根据直觉来避开危险是合理的吗？当然如此！事实上在面临危险时，动物或人没有时间深思熟虑最佳路径。最终，危险是否真实变得相对不重要，我们逃离想象中的危险几乎不会有任何损失——或者总比无法逃离真实的危险而造成的损失少吧！因此我们说这是一种应激反应，或者启发式方法——例如，Simon提出的理性或令人满意的捷径（见第三章）。它不是“偏见”，因为“偏见”暗示着错误。

基于“偏见”和“启发式方法”的问题，我们尝试对上述偏见分类来发现其优势——换句话说，如果不合理，至少是有效的。认知主导行动当然在应急时有用，它依赖于系统1的速度（表6.2）。启发式方法往往被推荐来处理费时费力的假优化问题（文献[198]；本书3.8节）。然而我们必须承认认知主导决策的缺陷——它是可追溯的，意味着它不考虑环境的变化，因为人们首先获得了触发模式：

·因为它是保守的，并假设环境是固定的和结构化的；

·它不是100%可靠的，因为记忆是选择性的并易于受到近因效应和可得性效应的影响。

毋庸置疑地，与陈述和框架效应相关的偏见仍然是偏见，因为它们看起来无法提供可识别的达尔文主义优势，除了使得社会生活变得容易之外。类似地，与锚定相关的偏见便于操作，并必须算作容易犯错记忆的对立面。它们作为我们健忘和选择性记忆的特性，而被归类为“可得性效应”和“近因效应”。毋庸置疑，重新整理记忆对于精神抚慰和内心平静很有帮助，但是对于理性和决策优势来说毫无用处。我们将在讨论加强时回到这一点。

大脑没有很大的能力处理概率——这一点似乎与计算和认知能力相关，均需要在随机领域保持一致性。大脑不喜欢随机性。这一点导致了我们看待概率的结果。第二个后果是搜索因果关系。大脑是一个“因果关系者”——意味着它永远无法满足于随机性的解释。大脑往往倾向于寻找解释、相关性、责任人等等。一旦发生了事故，不论是否因为自然灾害，必须找到责任人：星座、政客等等，逐渐回归等级链条。公众尤其不能接受随机性。人们甚至质疑找不到原因的现象，因为这种反应能力是开启研究和科学之门。我们为何不查找现象的原因而开发和积累知识呢？假设存在的原因是一个好的启发式方法。毫无疑问，迷恋于虚构的原因就是偏见。类似地，便于快速识别的分类是一种生存优势。操纵狮子而不考虑它们的“个体”意图，是一个好的启发式方法。而操纵一条蛇却不是好的启发式方法，尽管这么说有时不公平。然而基于草率和争议的分类而做出的决策是有缺陷的，事实上我们应该有此辨别能力。

偏见可以是积极的也可以是消极的，取决于我们看问题的角度，以及某人大脑的处理方法。因此，一个宗派社会往往基于挑战所有证明的解释的总计系统。而宗派主义者是依附于解释的推荐系统，以提高人的心理安慰。这里我们涉及“偏见”对比“启发式方法”问题的另一面：我们在分配心理安慰时扮演什么角色？从进化的角度来说它是一种积极因素吗？因此，多判据选择的沉默与避免冲突、避免不舒服和压力相一致，常见于多维度决策支持领域[43]。类似地，选择之前或之后构建行动原因和行动本身的加强（见6.11节），对于心理平衡起到有效作用。我们深知在进退两难困境中，如果在危险情况下不作为将造成压力——甚至啮齿动物也是如此！看不到冲突就是舒适的，然而看到冲突却不解决则是危险的——布里丹之驴就是死于此。不计成本地避免冲突可能短期地提高精神安慰，但是正如我们在很多历史书籍中看到的，事后弥补的成本更高！

我们很难知道损失规避与收益损失的不对称性是否得到积极的评估。毋庸置疑，谨慎是一种美德，然而在损失时是否有必要承担风险？这也许是探险的条件。探险家哥伦布和水手们弃船而不承担损失的风险吗？毫无疑问他们的考虑是，现状比风险的损失还要糟糕。这就是为什么我们发现很多探险家是他们家族中最小的成员，并且他们的力量源自很多无家可归的因素——他们在某种程度上一无所有。同样的例子是移民，他们一无所有！上述案例中人们偏好于损失的风险（如死亡风险）而非现状。伴随着过度自信的风险承担也是企业家不可缺少的特质，因此造就了熊波特资本主义（见6.7节和文献[123]的第24章）。大体上对动物来说，进化使得动物具有特殊的探索行为，比如寻找食物或性伙伴。我们对损失风险的偏爱来源于此。它不是偏见，而是一个探索的启发式方法！这种承担风险的偏好或许是天赋效应和现状偏爱的一方面。"我的东西还是我的"。现状偏爱效应展示了对未来安全的偏好，这一点不是平衡的，而是有害的。

考虑一下错觉控制，它的好处在于促成了行动。事实上有多少勇敢而有进取心的人特别容易受到错觉控制的影响？我们已经看到使人接受灾难性风险的错觉控制大约是。然而，正如《伊索寓言》所说，错觉有其消极的一面，它是未经考虑的风险承担、风险安排、危险决定、引发冲突。因为我们感到自己是"确定的"胜者。这些幻觉均来自错觉控制和过度自信，然而没有自信也就没有行动！专家对自身判断力的过度自信是非常不可信的。他们的源自系统1的决定，在面对环境的动态性和复杂性时往往是错误的[76]。在这些情况下我们推荐使用推理。相反地，在一个完全可控的环境下，基于认知和随之而来的经验所做的决定是正确的。我们听到了基于案例推理的回声（见第三章）：如果系统允许学习，那么重复实践将导致真正的专业知识[76]。如果基于案例推理成为可能，专家的认知主导决定就十分有效。

简单回顾一下"启发式和偏见"的优缺点，我们必须注意到一些矛盾点——它们各自都有优缺点——但是它们已经成为遗传基因的一部分，并且我们不得不设法应付！本书旨在帮助读者仅受其优点的影响。另外，我们必须注意区分群体合理性和个体合理性（比如考虑淘汰较差的扬声器，否则想一想众所周知的自然选择）。因此，风险承担可能对个人来讲是危险的，但是便利了物种的扩张。正如我们看到的，很难决定。

6.14　附加说明和建议

改变大脑是极其困难的！相反地，启发式偏见是我们天生的状态而随处可见。然而，科学向我们揭示了这些偏见，也使得通过推理来纠正偏见成

为可能。Kahneman的系统2能够做出纠正,这也是为什么谈起:

(1)努力,因为我们看到这个系统既费时又耗费注意力,并且耗费精力。

(2)推理,因为我们已经看到这个系统负责场景,进而负责投影(第二章和第三章)和逻辑推理。因此它自身不具有对错误(尤其是双重否定[199])的免疫力。真正的危险在于信任认知主导决定,急需一个立即调整时间因素的确认,因为在紧急情况下,没有解决方案而只能听从系统1。在阅读以下内容时,请铭记这些考虑。

6.14.1 对偏好保持理性

我们往往无法得到详尽的分类,但我们建议尝试过渡,因而获得一个偏序。

6.14.2 注意潜在风险

永远不要忘记我们既是损失的风险承担者,又是风险规避者,且两种效应相互关联。每一次损失和失败都能吸引你的注意,以防自己成为"再试一次"综合征的牺牲品,或者结束承担风险来"抵消"损失。正如我们所说,一个优秀的决策者必须知道如何损失——例如,必须能够在损失和收益时规避风险。尽管决策者为了获益而有意地推理预期效用,他也将接受建议来推理损失的期望,并且在损失时放弃冒险的赌博来避免更大的损失。

6.14.3 请勿高估现状

优秀的决策者不会高估现状或他的所得。有时候暂时的损失能换来长期的收益。这一点在糟糕的开始阶段很容易做到,但是在中间阶段越发艰难。优秀的决策者在心里永远不会忘记,收益无法补偿损失,最多只能补偿一半!有理由相信我们必须平衡损失和收益的规模。

6.14.4 客观对待预测概率

大脑不擅长概率计算!你最好寻求专家的帮助。优秀的决策者在预测概率时应努力保持客观,并且做到:

·考虑先验概率;

·不要忽视概率大于10^{-3}的小概率事件;

·避免误认为随机机会能够记住之前的选择;

·考虑多个独立概率的快速倍增现象,它能导致小概率事件变为可能。

6.14.5 谨慎但不悲观

为了对不确定性保持理性,我们必须依赖概率。因此你必须避免出现

悲观情绪,并且避免相信最糟糕场景的概率很大。然而,如果出现灾难性的风险,你必须保持警惕。

6.14.6　请勿相信你能控制事件

决策者应该避免相信他能够控制事件的发生。否则,他将自我满足并在不利的事件中选择一些不那么糟糕的行动。

6.14.7　请勿过度自信

自信是行动背后的驱动力,然而过度的自信将导致诸多判断失误。优秀的决策者谨防那些自信的专家的判断和预测,大多数时候他们也是错的。决策者应当小心翼翼地检查专家确定性背后的原因,并时常质疑他们,特别是当出现冲突的时候。首先,在环境发生变化和因果关系太多而无法建立模型的时候质疑专家。当你计算下一年预算时,向你保证1欧元等于1.2美元或1桶石油价值150美元的专家十分不可信。根据概率计算出的数值并不可信,难道能够拿来检查各种假说么?然而,如果医生说对于某种类型的肿瘤,80%的病人能够康复,那么你可以相信他:因为环境是固定的,情况是可以重复的,并且或多或少地建立了因果关系。

6.14.8　不要相信你的记忆

人很难控制他的记忆。记忆是选择性的和可重建的。然而优秀的决策者会避免过分重视新近事件或显著事件而忽略频繁发生的普通事件的陷阱。他们还能避免改变后验概率,因为后验概率可能提高决策自信并扭曲概率。相反地,好的决策者应该避免相信那些他们没有见过的事情不会发生。

6.14.9　警惕未经验证的相关性

优秀的决策者拒绝相信未经证明的相关性,并且不会把统计学上经过证明的相关性拿来作为因果解释。他们能够接受随机机会而无须搜索不正确的原因、责任人或者替罪羊。

6.14.10　避免过于简化的分类

优秀的决策者在分类时对其大脑的倾向保持谨慎,他们能够避免导致容易决策的滥用分类,这些决定无法区分,但应该区别对待和个性化。

6.14.11　警惕漂亮的故事

优秀的决策者不会落入好机会的陷阱。他们也不会允许自己受到漂亮故事的欺骗。一个让你觉得不可思议的漂亮故事或好的计划不一定有利于做出正确决定。

6.14.12　警惕光圈效应

寻找后验优势并不是一件坏事——你必须证明自己！我们不建议在决策前做出自我暗示，你必须时常权衡利弊并避免扩大判断，而让你某个喜好的判据代替其他所有的判据（光圈效应）。

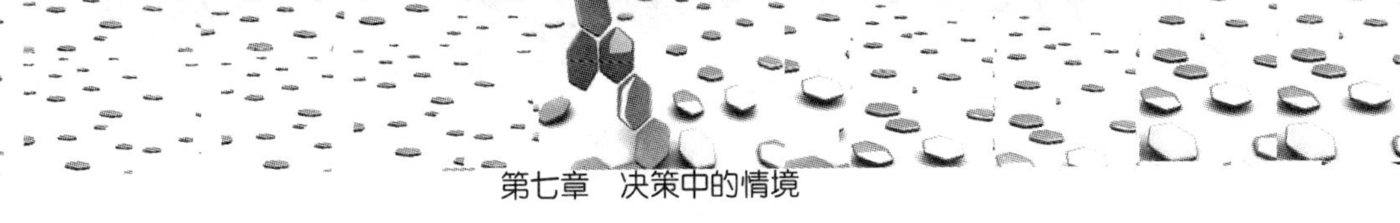

第七章　决策中的情境

决定戒烟太容易了，我一天做20回！

——王尔德

一个好的决策，如果没有植根于广泛的讨论，也会变成不好的决策。

——斯费兹

所谓智能（的形式），在任何（指定的）情况下，如果它能了解大自然所赐予的力量，尊重万物（在自然中的）位置，世间的一切，大到浩瀚的宇宙，小到微小的原子，只要是它想给出解释，用同样的准则（以同样的形式），它都能做到。万事万物无论过去未来尽在掌握。

——拉普拉斯

7.1　意图和承诺

意向是选择与承诺。

——R. 科恩与 H. J. 莱韦斯克

可能就像本章第一个题词写的那样，我们的意图是放弃吸烟。但是吸烟者都知道，在长期放弃吸烟的意图和实际行动之间有巨大的鸿沟。但是可能意图本身就已经是决定。

为了付诸行动，意图之后必须紧随一个增强阶段，然后是承诺。正如前一章（6.11节）所说，增强阶段是一个心理斗争过程，它会导致个人稳定其维持选择的标准。意图也是一个记忆过程，这一过程将选择召回已确定已经做出的选择，并且忘记那些使意图陷入问题之中的因素。更进一步，如果决策者作为一个组织中的团队领导者，处在有责任的位置，在将一个故事告诉别人之前，他将会丰富一下情节，并且先给自己讲述一下这个故事。意图是决策的第一阶段，它是为消除第三章中讲过存在的世界和我们期望的世界之间的不同而产生的。

从意图到行动需要一个重要动作，这就是承诺。承诺与意图之间的差异并不大，但是承诺与意图之间因公共性质的不同而不同，其中公共性质依

赖于它所表述的方式。承诺可能是给自己做出的,例如,假如你躲过某种危险,你承诺愿意给圣人提供贡品。承诺也可能并且经常是给别人做出的。你可能在你的军队和国家面前做出承诺,宣誓不会后退或者失败,无论付出怎样的代价都要保卫你的军队或者国家,在海滩上战斗等等,就像温斯顿·丘吉尔在1940年议会上发表的演讲所说的那样。首领们往往保证他们的承诺像点燃的船一样无法逆转,像迦太基的阿加索克利斯。因此,除了继续向前和尝试兑现你的承诺之外别无选择。

我们也用这种坚定的承诺影响对手的行动。因此,当进行人身威胁时,承诺的力量必不可少。冷战的微妙平衡是建立在令人生畏的攻击后的核报复的巨大威胁上。托马斯先令[200]和其他勇敢的理论家已经完善了这些有威胁比赛分类的理论。让我们举一个典型的例子:囚犯困境。

在囚犯困境中,有以下的增益矩阵(表7.1)。如果一个囚犯与警察合作并且指认他的同谋(*C*合作),他将会被从监狱释放并且他的共同被告人将会获得10年的刑罚;如果他们不招供(*NC*不合作),两人都将在监狱服刑1年;如果每个人都互相指认,两个人都将服刑5年。

表7.1　囚犯的困境

A/B	*C*	*NC*
C	(-5,-5)	(0,-10)
NC	(-10,0)	(-1,-1)

针对这一"游戏"已经有丰富的文献,特别是这一游戏重复了很多次的时候。事实上,对两个囚犯来说利益最明确的就是都不招供这一策略(*NC*,*NC*),但是如果当事人中的一个采用了*NC*策略,他必须完全确定另一个人将会做什么,否则他将会服刑10年。在这个游戏中,(-5,-5)是纳什均衡,因为如果只有一个当事人放弃策略(*C*,*C*)他将会处于更坏的处境。相反地,策略(-1,-1)是不稳定的,因为如果两个囚犯中的一个放弃而另一个没有,他将会改变自己的命运,这将会是他背叛他的同谋者的巨大动机。

恐怖均衡是一个类似的现象:你必须确定没有人会第一个射击,否则每个人都射击的结果将会是令人不愉快的平衡,例如(-5,-5)。在相反的情况下,你会有和平(-1,-1),但是第一个射击的人有好处。不过这个好处可能不是很大,因此有保持第二击的想法。在囚犯困境中如果不合作者出现(-1,-10)或者(-10,-1),我们可以看到策略*C*对两个当事人的控制。这是自相矛盾的,因为为了自己的利益他们都会背叛另一个人,我们都希望打破这种最好的平衡(-1,-1)。在重复囚犯困境中,两个当事人每次都必须获得玩(*NC*,*NC*)的信任。作为惩罚第一个畏惧的人将会获得不利的均衡。囚犯困境就是在利益冲突的情况下,威胁必须是可信的,并且求助威胁的承诺也必须不被质疑——这是和平与不稳定均衡达到的条件。这对父母也是一个启示,不断地威胁你的孩子是无意义的:你必须威胁得少一点,但是很好地兑现你的惩罚。

在进入更详细的冲突理论之前,让我们看另一个游戏。这个游戏与囚犯困境有点区别,但是可以使我们认识自我承诺的概念。它被称为"懦夫游戏",或者通常简称为"懦夫!"。具体规则是两辆汽车猛烈驶向对方,先转向的驾驶员便输了。我们得到如下的表格,*S*代表转向、*NS*代表不转向(见表7.2)。

表 7.2 懦夫游戏

A/B	*S*	*NS*
S	(-10,-10)	(-20,+20)
NS	(+20,-20)	(-100,-100)

很大程度上,这个矩阵与囚犯困境的矩阵是类似的。但是,让我们给出两个观察值:首先,如果输掉游戏比躺在太平间更糟糕,也就是说,如果我们用-20代替-100,那么唯一可能的结果便是正面撞毁,因为这时(*NS*,*NS*)是占优势的。所以我们希望被叫作懦夫比一命呜呼更合人意。第二件事情更多地体现在心理本质上。假设你知道驶向你的驾驶员已经在方向盘上睡着了或者他的操纵被锁住了。换言之,如果你确定他的策略是*NS*,然后你采取策略*S*是更合理的,尽管因你的对手得到的比你多而显得不公平。这个场景就是"燃烧你的船"的一个变体。区别是这是生死攸关的操纵。实际上,你可以让整件事看起来是这样的:你在操纵你的汽车时睡着了,然后欺骗你的对手逼迫他采用策略*S*。在驾驶时你可能会经历这种假的自我承诺的操纵。因此在城市中如果有车辆从你的右边过来你必须让出你右边的道路,尽管你已经看到,你可以在表面上把你的头转向左面并且假装没有看到,大多数情况下另一个驾驶员会让你走,不再继续寻求他们右边的路。一般来说,这通常很有效。不过在不幸的情况下另一个驾驶员做了相同的事情——作者不会对汽车修理厂的费用负责的。

这种操纵在商业中是很普遍的。一些人用法律或者欧洲的法律或者他们的高层保护他们自己并不少见，声称他们更喜欢好的合作。但是这是不可能的，因为约束条件并不受他们控制。这些约束条件通常是自愿接受的，就像懦夫游戏中的一个驾驶员表面上把方向盘从车窗丢了出去一样！在5.8节中我们看到目标很容易成为限制条件。因此，以约束条件为伪装使同伴或对手接受一个人的目标是允许的。如果你是一个附属公司的CEO，你可能对你的下属说："我很不快，但是母公司的董事会已经决定，提高你们工资的先决条件是我们必须达到5000万的销售目标。"你已经创建了一个可能是（谁知道呢？）隐藏在你真实目标之后的自我接受的约束条件：拒绝提高你的员工的工资。

无论真假，承诺在决策中是必不可少的，无论对你、你的跟随者，还是对你的对手，都是决策与行动之间不可逆的转折点。我们已经看到承诺是由登门槛现象操纵的。所谓登门槛现象就是小的承诺打开了大承诺的大门，特别是如果一个操纵者知道如何创造信任时，就更容易做到。然而无须进行操作，我们可能认为对很多重要项目的成本和延迟的低估是双方创建项目实现的承诺时都喜欢的，然后就会上演"再试一次"综合征或"投资太多不能放弃"的现象（见2.6节）。然而让我们问自己一个问题：没有低估预算和技术难度并且不信任（如果不是盲目的）的承诺，隧道会开挖吗？空客飞机会建造吗？

之前提到的信任实际上是决策中的一个贡献因素，在有威胁和利益冲突的游戏中，信任是一个很重要的因素。就像托马斯[200]所说的，在这种环境中创建信任的一种方式就是从事中间者，适当地称为"委托人"的服务。如果在囚犯困境中，两个囚犯都授权或者委托律师为他们做出决定，然后要求当事人不再害怕背叛，自然而然就到达（NC，NC）。授权是一种不可撤销的承诺。

7.2 信任和互惠

士兵的勇气很大程度上来自对上级的信任。

——古斯塔夫·勒庞

为了一个决定可以付诸行动，必须有信任和信心。我们在第六章中看到，我们对自己以及对我们所做出的判断的信心还是有的，特别是专家！然而也有很多人缺乏自信，或者做决定时犹豫不决，或者最后决定不做任何事。除了在受到攻击的情况下，在心理学上不做任何事情确实是最容易做到的。在这种情况下，人们感觉不到像是在做决定，即使这样是危险的。这好像就是通过频繁锻炼决策能力来产生自信，随后便是过度自信（见6.7节）。

但是为了将决策转化为行动，你必须对跟随你的人和同伴有信心。这是举世公认的事实，并且研究表明，信心是商业活动中必不可少的因素（参见文献［201］，不同的定义见文献［202］）。我们也知道自信是一个极其不稳定的东西，失去它比获得它容易得多。在人际关系和组织关系中，信心可以减少汇报的支出[203,204]并且能促进交流。在组织中，信任和与分包商之间的良好关系是好的管理和职员承诺的组成成分[205]。

囚犯困境是信任的困境。在这里将信任定义为“相互信任任何一方在交易中不会利用对方的弱点”[140]是很合理的。如果在囚犯之间没有相互交流，在这种情况下，信任是很难建立的。信任总是需要一个最低限度的交流。自从亨利缅因提出契约这个东西，它一直在不断增加。如今在我们的社会中，契约化的永恒运动只是契约者对一个互惠承诺疯狂热爱综合征的表现之一。在一种信任度很低的环境中，我们约束自己就像按照另一种方式的合同在做一样。Dyer[204]相当正确地说合同是信任的保证。问题是合同是有一定代价的，彼此之间的信任越少，合同就会越复杂、越昂贵并且有用的内容就越少！当人真正地相互信任对方时合同就没必要了！另一种对“强制信任”的解决方法是就像囚犯困境中那样包含重大的惩罚偏差。显然假设游戏可被重复在商业中是很常见的情况。这中间因为偏差是用金钱和领导力支付的，所以没有书面合同。但是因过度自信可能会导致个人去“碰运气”进而导致背叛的发生。

为了让人认同你的决策，你必须对你的下属有信心。这种信心是领导关系和管理的根本。信任是构建和赢得的。首先，信任依赖于你对下属的忠心。你必须让他们了解和参与决策或者至少参与决策的讨论：这是信任的第一个标志。然后你必须意识到你的合作者有提出建议但通常犯错的权利，另外还要试着平衡奖励和惩罚。领导能力和管理能力并不是通常在这问题上缺乏建议并且理当如此。因此在这里改述它们是无意义的，感兴趣的读者可以查阅《美国陆军战地领导手册》[206]。但是让我强调一点，在面对错误时你对下级的态度对信任的授权和创建很重要。宽容那些有积极性的人是必要的，尽管他们没有成功[207]。错误更不应该被不假思索地制裁。我

们知道不严惩错误而承认和讨论错误是复杂过程得到保证的一个重要因素。信任和授权是携手并进的,你不可能顾此失彼。在组织中授权是必不可少的。被授权的人希望授权者可以指出他的错误但不是在积极完成授权任务的情况下,并且在困难迹象出现时不抛弃他。被授权者必须担负起责任。

授权者并不希望授予别人替他们做决定的权利,尽管站在老板位置思考对授权很有用。当他让助手绕开问题时,乔治·马歇尔有询问他的助手的习惯:"在我的位置你会怎么做?"(参见文献[207],第八章)。迪安腊斯克引用他的话说:"如果你没有包含你提议的答案,请不要向我发问。因为没有答案就意味着你还没有充分考虑这个问题。"这让马歇尔能够评估针对他的主意的解决方案以及判断下属的承诺和相关性;做没有提出解决方案的报告是徒劳的或者也可以说是"转弯抹角"。但是如果研究的作者没有提出自己的观点他就必须接受。有时这对专家来说是很困难的。通常很难知道我们的授权最终到哪儿结束。毋庸置疑,作者的思想是评估管理能力最重要的标准之一,直到你能做出自己的决定并且实际上参考了自己的层次优势为止。

争论对创建承诺是永远不够的;但是在本章开头题词中斯费兹提到的"暖词"通常是有帮助的。争论必须连接到一个故事或者情节中,这样才有意义并且听众才会认同。一个决策,如果我们无法很好地解释给我们的同伴听,便是一个坏的决策。在19世纪80年代,在法国布列塔尼建造核电厂备受争议。原因是噪声——布列塔尼曾经并且现在仍然在能源方面存在赤字。公共决策者尽最大努力解释能源缺乏但是没有益处:布列塔尼人强烈反对这一项目,最后这一项目被禁止。对这一项目,斯费兹[208]评论说:"让官方相信核电站(甚至一个必需的东西)表达了一种世界的愿景,并且最有根据的企业可能仅仅是一个没有根据的决定,假如这不被布列塔尼的人接受或不被明确地表达……"他是对的:解释、保持普通好处和社会实用功能是远远不够的(见5.6节)。获得支持是不够的,这是因为人们不相信争论并且在任何情况下他们都会说"不!"(见第四章)。

除了解释,还有深刻的感情需要考虑和聆听,因此,这个问题涉及决策过程中出现的"草根"。如果在你老板给你讲的故事中你是一个利益相关者,无疑你更可能遵从决策。作为执行者,或者简单地认为你在(见下文关于创建情感的介绍)你期望的史诗场景中,或者在言语上促进行动。有一个经典的且经常被那些缺乏力量的人引用的竞争故事:“所有通用组件”(在俄语中这些组件代表“苏联人”)。实际上,它是一个为极少数人提供民主合法伪装和扇动风潮的问题。尽管集会一般不是恰当的解决方案,但是这并不意味着更大范围的集会需要被认真考虑,如果不参与决策,至少要知道什么是利害关系。像这样的普遍参与,需要图片和言语的力量,在7.6节中将会详述。

借用卡罗内[183]的话,我们可以讲述运动或者“类似运动”。即使对你自己来说,所有的决定都是在你给自己设想一个故事并在想象事情后果的情况下做出的(见6.10节)。在你脑子里,决定或者行动之前的陈述是对叙述的一个排序。值得注意的是,在叙述和实际行动时大脑活动区域是相同的[187]。在集体决策中,创造共享的眼力、想象甚至记忆是必需的。史诗和其他长篇故事的作用是对过去冒险产生一种面对未来时的愿景,最好是一个英雄。共同的历史和集体的史诗产生信任。

为了激发商业中的信任,例如在管理中,你必须有前瞻性。然而,为了运营一个公司,你必须能够让你的竞争者惊讶,并且在相当长的时间内保持想法上的优势。这是一个复杂的运动,在可预测性与机密之间有明显的界线,以至于就像伟大的军事指挥官依据本能所做的那样,你应该努力使人际关系变成可讲明的并且保密你的目的。更明确地,下属必须知道你对错误、挫折、成功、失败等等的反应,但是并不应该知道行为的目的——这目的应该只有极少数秘密享有特权的人才能知道。

就公共立场来说,信任必须是挣得的。但是,在决策领域你必须谨慎地对待这一表述。实际上,通常对那些受你感染的、聆听你的和给你时间的跟随者在人性上有着某种共性——特别是在可考虑的印记寥寥无几的情况下,你可能感觉到对他的某种承诺。驱使你返回关注你的态度叫作相互作用[113]。在很多文化中,这种关注通过礼物或者拜访来体现。就像一个日本谚语所说的那样[147]67:“没有比免费的礼物更贵的东西了。”同样的,我们可以引用这种说法,“我担心希腊,甚至当他们带着礼物①”。互惠就是你对“人们会把电梯给你发送回来”的信任。这种想法有很多版本并且有不同的样式。

教派招募的基本要素是能够精确地给予缺少食物的“无条件的”关注[147]。互惠可能会引导你到你没有考虑过的决策中,假如你没有慷慨地感

①原文是法语:“TimeoDanaos et donaferentes”,特洛伊木马中拉奥孔说的话。

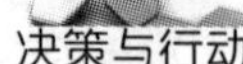

到基于喜爱和考虑的承诺。这是"一点点来"操纵技术关键问题的核心(见6.11节)。背叛讨厌的人和遵守自己的言论会使小的承诺变大。既然互惠支配妥协,很有可能,作为一种为你创造好的意愿方式,一个对话者首先会为你做出让步——尽管就像在"一点点来"技术中的那样,让步是错误的(见文献[193],第38页;也可见本书5.3节)。赢心,你就会赢在想法上[147]187。我们发现对你喜欢或者至少欣赏的人说"是"比较容易。有时通过不同信号仅用于创造人与人之间的熟悉已经足够了。就像美国新闻节目主持人克里斯·马修斯所说的那样,"与聆听相比,人们更喜欢被聆听"。恰尔迪尼补充道:"人们喜欢那些喜欢自己的人。"在痛苦的时候,理解你的人是无价的安慰。这就是"好警察,坏警察"技术。你感觉你应该信任好警察,同时坏警察使你感到恐惧。这一技术在洗脑中被系统地应用。这与布尔什维克是相类似的,他曾不客气地在莫斯科审判中通过使用这一技术来表现公审和其他的一切。

另一个基于信心影响决策的好方法是说服决策提出者这是他的首创方法。根据Anouilh的说法,Joan在与罗伯特的关系中曾多次使用这一方法——即"你足够聪明能够想到那一切"(Anouilh, 1952)——后来在与国王的关系中也用到了这一方法。此方法对那些缺乏自信的人是相当有效的。就像克里斯·马修斯所说的那样,"你更可能与那些微妙的使你认为你帮助过的人形成联系,而不是那些实际帮助过你的人①"。总之,就像布列塔尼可发电厂中指出的那样,当局的理想会变成布列塔尼人的要求!在这一领域领导者至高的能力使得"草根"可以大声地说出他们恰好想说出的话!

利用不够仁慈的有罪的道德心,我们也可以产生互惠的现象。一旦你植入了你的对话者欠你什么东西的想法,你可以推动他向着有利的方向做出决策。内疚的感觉也可以影响决策[147]196。与内疚的感觉差距不大的概念是贬低一个人的想法使他接受一个他无论如何也不会接受的改变。这一过程包括破坏目标的自信心[209]。基于库尔特勒温[210]的改变模型,沙因[209]编码了在朝鲜战争时应用的洗脑机制,使它适应组织。它可以被划分成三个阶段:融化,改变,再冻结。在个人水平,要证明一个人的信念系统是错误的和相悖的也是一个问题。例如,一个美国士兵被中国人俘虏可能会显示所有美国人犯下的罪孽,以及与基督教理念之间的冲突和这个系统是如何虚伪、

①见维基百科,"克里斯·马修斯",在线:http://en.wikipedia.org/wiki/Chris_Matthews 2012年。

轻蔑和错误;逮捕他的人试图使他失去个性并且使他对自己留下不好的印象。然后当士兵动摇他的信念、疲惫不堪和无地自容时,他们会建议选择团结的价值观和人类的爱,等等。如果这是一个“叛变者”向提供帮助的人(“好警察”)所说的话,这种表述就会更有效。如果这一过程有效,士兵在他新的信念和爱慕的人中将会得到重新的确认。在一个或多或少相似和紧迫的方法中,在所有的招聘过程中,这一过程是适应的。

对一个组织来说,这个被称为勒引沙温模型[209]的模型包含与他们对手使用较少的手段相比,他们的做法被超过了多少,或者是否过时、是否高效。一旦组织吸收了继续他们当前的道路将会导致灾难的想法,你就可以开始建议他们做出改变了。最好是由一个专家组来提出。你会和在组织中坚持它的人一起实现变革,同时继续谴责其他的旧制度。当改革进行时,你可以通过展示结果会变得更好来重新稳固系统,并继续赞扬那些投身到新系统中的人。这些想法回到库尔特勒温[210]和沙因[209]的工作,并且在个人水平被邪教广泛应用,在组织和个人层次[147]被大量的管理者应用。对坏的原因或理由它们不一定适用,因为赠予效应和获得与失去之间的不对等(见6.5节)给保守主义带来了一个巨大好处,这对组织来说至关重要。就像卡内曼指出的那样[123],由于这些偏见,那些通过改革能够获得利益的人比那些相信他们将会失去利益而谴责改革的人少两成动力去推动改革——在这里我们看到损失厌恶和赠予效应:获得好处(到目前为止获得的利益)。法国工会以维护这些利益的要求开始每个谈判!

通常,相信自己从改革中获利的人与那些认为自己会失去利益的人的分歧仅仅取决于未来事件的概率分配或者这些外围的个人愿景。这就意味着改革的支持者和反对者仅仅只是部分“正确的”或者“合理的”。比如说提高退休年龄。某些人认为到60岁就会短期内失去工作的观点是对的,但是从长远来看他们将会受益,因为如果这个系统坍塌,他们就不再有养老金或者只有很少的养老金。简单地说,我们可以看到,水平线推理以及或多或少对系统未来危机概率的分配都是很重要的决定因素。然而,赠予效应和损失厌恶有直接的影响。这是由系统1(见6.12)产生的心理学影响的整个问题。

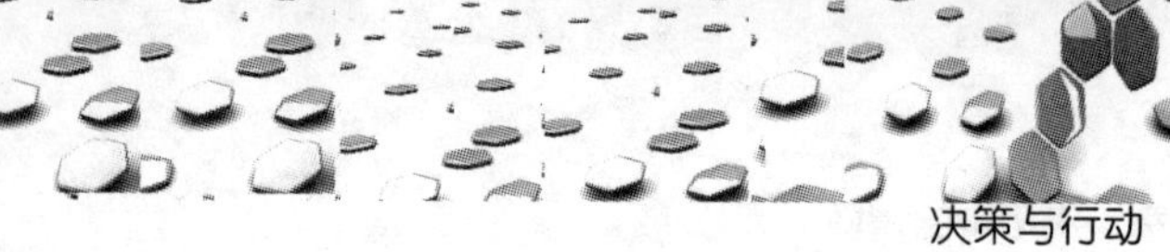

7.3 公平

赠予的方式比赠予的礼物本身重要。

——莫泊桑

当管理者认为公司的流程公平合理时，他们表现出高水平的信任和投入。相反，当他们认为流程不公平时，就会影响他们意见的表达和对工作的参与。

——基姆与莫博涅

参与或者被考虑的感觉，在人群中会产生对决策过程的积极评价，这会影响参与者的满意度。这就是泰勒和利德[211]所说的“公平效应”。通过主题获得，这个效应在结果评估中发挥很好的作用。在平等获利的情况下，如果你相信归因过程是公平的，你将会更满意并能更好地接受结果[212]。换言之：给予东西的方式比给你什么更重要。在分配升职和奖金时，这种效果显然必须被委员会考虑。同样，设定工资水平和评估工作的规程必须被承认是正确的。这种效应对公司的执行投资也有影响（见本节开头）；对那些他们必须有被考虑感觉的人来说，这可能更重要，或许因此我们到了组织的更高层次。

根据金姆和莫伯涅所言[213]，使过程变得公平的三个因素是：卷入（参与）、解释和知晓后果。卷入意味着必须咨询被决定所影响的人并且聆听他们的争论，尽管最终他们可能驳斥我们的想法。卷入会带来负责执行决策人更高程度的承诺（见开头）。然而解释是必需的，这是对被决策影响的人的尊重。在前一节我们看到，你不能解释的决策应该是坏的决策。争论可以产生信任。你必须有能力通过决策者所考虑的事件与概率之间的关系来获取信息。人们可能还不认同这种可能性，如我们在第一章所解释的那样，但是你必须能够解释你为什么采用这种概率而不是其他的。为了产生信任必须完全透明。清晰的决策之后将会发生的事情对再度产生信任和促进决策创造新环境的支持也是非常重要的。无论最终目标和中间目标是什么，相关人员必须理解将会有什么新的情况，他们的行为将会如何被评价。如果游戏规则清楚了，你的合作者将不会浪费时间去尝试偷奸耍滑或再度调整，并且这种方法会使手头的任务变得更简单。

公平的决策过程不是寻找共识。根本上它应该是一个可以被解释的、透明的并且是留有讨论空间的过程。如果规则被尊重,讨论的时间也已经用完,但决策者仍然必须判断他的决策,这可能不是每个人都希望的。解释完在过程中和给出的例子中公平的好处以后,金姆和莫伯涅[213]又提出为什么公平的规则在商业界没有被广泛尊重的问题。他们将之归咎于管理者的个人偏见。管理者们不羞于承认他们是正确和公平的,因此很少会去修改他们的标准。第二个原因是管理者们混淆了过程和结果的公平。如果一个老板给他的员工他们应得的东西,例如工资、奖金等等,员工会认为他是公平的。尽管这个观点是正确的,但它无法阻止部分决策者公平地决策,像法国国王路易斯四世在他的橡胶树下分配正义。冒着令他失望的风险,我们向老板说的是欣赏他的公平,但是像其他所有人一样,他们真正所想的是居住在一个"法治国家",在这里进程是清楚的,规则是相对的,争论是有人聆听的,就像在正义的法庭上一样。

除了对过程的信心和被公平对待的期望,另一方面人类也怀有对"正义"的强烈倾向,即与他们邻居、同事和对手获得的对比。这就是所谓的分配公平,它是建立在比较和嫉妒基础上的。正是这种情绪妨碍公平的效果。Van den Bos[214]表明如果有一个和别人比较的可能性,这个比较就是社会比较基础参考基点。公平的感觉可以通过距离参考基点的长度来测量。我们希望有一定程度的结果,并且公平或者不公平的感觉依赖于我们是否达到目标。如果我们知道别人有什么,那比较将会决定我们的满意度。如果没有比较是可能的,过程的公平在我们的满意度中将会起决定性作用[214]。

公平情绪或多或少与和我们平辈的比较有紧密的联系,它来源于大脑的深处,因此非人的灵长类易受它影响(参见文献[81]第二十六章)。共享中对不公正的厌恶在第四章讨论过,也可见文献[81]第七章和第十九章。这种情绪偶尔会使决策看起来很奇怪,因为我们惩罚自己以达到惩罚别人的目的!在"最后通牒"的游戏中这种现象很明显。在这个游戏中,两名游戏者有一笔钱,据说100美元。第一个游戏者提出一种分配方案,例如60美元是他自己的,40美元是别人的。第二个游戏者只能拒绝或接受。如果他接受,他可以带着这些钱回家;如果拒绝,两个人都不会带走任何东西。这个实验表明就连猴类都拒绝过分不平等的分配——显然是食物的分配。回到钱的问题上来,必须遵守的限制是20美元左右——在这种条件下,第二个游戏者中多于一半的人都会拒绝接受这一分配。然而实际上对于这个游戏者,接受任何大于零的金额都是理性的。同样有趣的是,我们可以注意到通常会提出一个相当接近公平的分配——平均为 44%,等同于 44 美元——这在一定程度上与其他游戏者来说是一种共鸣。实验表明拒绝方案的水平取决于游戏者血清素和催产素的水平[81,92],在拒绝不公平分配本能反应中包含大脑边缘,并且另一方面自然共感导致游戏者不会提出太不平衡的分配方案。

这些结果必须有社会和文化数据的调和。在拉丁美洲某个印第安种群中,即使是微不足道的分配也会被接受,而在坦桑尼亚的某个部落,相同的分配通常被拒绝[215]。但是这个发现是不牢固的,因为它只可以用与我们不同的货币和生活质量来解释。另一方面,无论这个种群如何被测试,这种分配大多数稳定在 40% 左右。这种移情和平等的倾向通过其他实验得到确认,在这些实验中给被试者提供机会去通过花费他们的部分收益来降低赢得多的人的收益。显然,要做到这些不是很难,因此很多被试者愿意支付钱以摧毁那些靠运气赢得比他们多的人的财富[215]。当心这种现象,这会导致人们为了使别人损失而损失自己。当是免费的时候,就像在一个选举过程中,这种态度是很平常的;然而即使他要付出代价,某些决策者仍然有能力做出这种非理性的行为,如果可能,这种行为应当被预料出来。举例来说,如果你要提交一个过程,在这个过程中两个参与者都将损失利益。在个人水平上,当你尝试预期一个竞争者的反应时怨恨已被纳入计算,特别是如果你只有一种成功:"因此,财富爱逃离傲慢的胜利者。"怨恨将会导致极端,并且当它变成一个复仇的愿望时将会导致有问题的人准备丢失远大于最后通牒中 20 美元的东西。这就是为什么所有有技术的谈判者,比如 George C. Marshall[207],总会给对方留一个面子并且有象征性的胜利便放弃交换。

信任、互惠和公平都是态度,或多或少与情绪有关,这些都在决策中起到重要的作用,并且一个好的决策者永远不应该忘记的是他的推理。

7.4 自由和责任

"告诉我,聪明人,你能猜出这位女士的电话号码吗?"
"是的,他说能,是的他能。"

——弗朗西斯

我们非常重视自由的感觉。无论我们喜欢与否,这种感觉使我们将行为和实践合理化。

——弗朗西斯

自由是决策中必不可少的要素,但它却是一个很难定义的概念。如果这个世界是拉普拉斯算子(见本章的开头),由于所有事情都由自然法则决定,那么将没有自由的空间。根据拉普拉斯和他之前的斯宾诺沙所说,我们无论在哪儿都是不确定的,这仅仅因为我们不懂得所有规律和初始条件。在另一方面,拉普拉斯的观点并不是“可证伪的”,因为他知道他考虑的假设没有满足。

看一个例子:假设观测者 *A* 正在看路人 *B* 过十字路口。如果 *A* 是拉普拉斯,他可以说在 *B* 之前抵达十字路口,之前不知道 *B* 将会走哪条路,但是如果我知道他的整个故事,我就可以说出来了(见本节开头)。反过来路人 *B* 可能想一旦他抵达十字路口,他将会完全自由地做决定,并且在这一选择中自然界不会影响他的决定,仅仅依靠他自己。一旦他已经通过了十字路口,*B* 实际上选择了两条路中的一条,并且 *A* 和 *B* 都仍然是正确的。*B* 认为他的选择完全是自由的而不服从任何人,而 *A* 认为自然法则和心理学可以完美地解释他所观察到的选择,尽管 *A* 没有预测所需要的所有元素。然而后验解释从来都是不缺乏的,特别是在专家的嘴里!拉普拉斯或者观测者 *A* 如同佛朗西斯的智者——他们能预测,但是他们不去预测!

在宗教中,上帝的信仰者会说上帝影响了决定,或者上帝允许路人自由选择。可以肯定的是决定是“自由的女儿”。人类在考虑选择时,会自发地看到自己自由选择的权利。他们认为决策并不是碰到热的砂锅立即收回手来,而是有规划的完整决策(见第三章),这时需要反思。我们在第四章中看到选择的感觉来自理性承认的活动和发生在额叶和前额叶皮质过程的分解。没有规划是没有自由!规划允许你在动作执行之前预测它的后果,它给你做或者不做、做好或做坏、帮助或者不帮、接受或者拒绝的自由。由于你有能力在执行之前评估和判断你的行为,因而你是自由的。自由使你在短期和长期之间找到平衡,因为你可以看到如果你立马放弃快乐你未来将会得到什么。就像神经科学告诉我们的那样(第四章),无法想象未来快乐的人是短视的。

无论一个人或者另一个人说什么,大多数人的思考和行动是自由的。我们可以清楚地看到承诺依赖于感染它的自由的感觉[113,192]。在大学里,我们对我们的研究或者我们的方向以及对大量的专业计算都有选择的自由。调查表明,成功的事实和感觉你是操舵决定者的事实之间有着很大的关系[216]。如果承诺是自由进入的,承诺中的坚持不懈是很重要的[192]70。一个自由选择的人比一个或多或少被强迫的人有更多的动力。因此,在像“引导”或者“一点点来”的操纵技术中,你必须足够谨慎地迈出自由应答的第一步。

责任与自由是密切相关的,因为如果我们不自由的话,我们怎么去担起责任?完全是拉普拉斯算子的人将会免责。但是,承诺和领导别人不是没有责任的。责任不可能是拉普拉斯算子环境中的设想。在决策中责任是必不可少的组成部分,特别是在集体决策中。如果我们对自己的决策感觉不到责任,我们就不能领导别人。显然,这种概念是与各种限制自由的决策论相悖的。不出所料的,Tetlock 的研究表明[143]257,感觉到责任的决策者不太容易过度自信,不太容易意志薄弱并且会在进行比其他人更完整的分析后再做决策。

7.5 授权

没有权威的能力就像没有能力的权威一样无力。

——古斯塔夫·勒庞

他在争论中用来体现权威的不是争辩,而是回忆。

——达·芬奇

正如达·芬奇所言,权威是没有理由的。然而权威也不是权利。有人可能继承权利但无权威,就像法国的路易十六,反之,有人可能有很大的权威而没有很多权利,像那个时代的马丁·路德·金,或者当今时代的昂山素季(缅甸反对派领袖)。在精神或者宗教领域,权威大于权利的现象比较常见。罗马人认为权利属于人,权威来自参议院[217]161。

我们的目的不是定义权利是什么,我们只是短暂地绕道权威的概念,因为它与决策和领导相关。无论错和对,权威是一种能力或者技能,被一个人或者一个机构中的一群人意识到,说必须做的事或者最好应该做的事,但是权威不能和能力相混淆(见古斯塔夫·勒庞的题词)。领导一组人是一种授权(至少道德上是这样),无论他们的服从是选举的结果,还是因为其他的事情,或者是因为事实上基于传统、年龄、地位、出生等的默认同意。我们可以用“威望”来表示品质,但很难定义权威是建立在品质的基础上的[218]。不必预定权威的观点,我们可以意识到威望,引申出来就是权威。没有成为天主教徒,我们可以不承认教皇的权威。权威不是力量,不是强迫,不是争论暴力产生的说服力,不是诱惑[219]123。我们常常看到,父母,甚至领导人,为了巩固他们的权威，试图利用诱惑或者尝试收买人心。不用说，这不起作用。对话者很快开始经营他的坚持，一种对服从的勒索，这很快会变得很昂贵并且只产生蔑视和低效率。关于说服，争论更有点微妙。实际上，为了说服某人，你不需要权威，只需要没有建立层次关系可以交换的论点。另一方面，有权威的人通常是上一个步骤，并且人们心甘情愿地接受他的经验带来的好处，年龄、地位、记忆（见开头）、成功（就像股票市场专家）等带来的特权。

在实践中，代表或者权威的认可等同于决策权利的授权。这种授权在一定条件限制下生效，越过有权威的人行使权利是不被允许的。关于这些限制，西蒙[41]讲了验收的区域。除此区域之外，不服从或恶意是意料之中的。显然，在实践中，权威和授权是在军队和在为了生存一群人必须听从一个人的情景下的命令的根源。在军队，领导者任命在所有水平；然而他没有权威，在困难的情况下，他很容易被超越，并且在一定时间后会被取代。

权威不能被任何人赋予在另一个人身上，权威的一个很好的例子是，在索尔仁尼琴的书《伊凡的一天》中，帕夫洛是拟人化的存在。帕夫洛很受他的部门所欢迎，被警卫所尊敬，大家都听从于他，因为他把他自己当作是确保组织生存的最佳人选。帕夫洛是一个真正的管理模式，使人们遵从和尊敬他的方法。这一点应该教给所有的工商管理硕士。为集体服务的人员的稳定，偏离成员的贬值，团队需求的理解，为看守假定责任，这些所有领导关系的基本要素完全被很自然地表现和执行，这是权威真实的证明。增强好的措施，减弱坏的行为，替代品的优先排序，制定和执行决策的速度，每件事或多或少都有；这是《美国军队领导战地手册》[206]的摘要。

帕夫洛有很大的权威和不是很多的权利——远低于营地中任何一个警卫。这就是为什么我们必须非常小心，不要混淆这两个概念。权利服务于我们的决定；权威产生依从性和承诺，这不是相同的事情。另一个没有权利的权威的例子可以在监狱中的老板（“优胜者”或者“王中王”）身上看到。在雅克·奥迪亚的电影《预言者》中，这一现象得到很好的描述。狱中主要人物的权威在一定程度上依赖于恐惧，这可以扩展到狱外——恐惧是力量的一种纯粹形式[218]。

有很多没有权利的权威形式——道德权威，科学或者知识权威，专家权威。也可以发现没有权威的权利——我们已经提到过的法国的路易十六，并且历史上并不缺乏没有权威的国王。但是这并没有逃脱一个事实，为了行使调和的权利最好拥有权威。没有权威的权利在玩忽职守和嗜血胁迫之

间徘徊，例如卡里古拉的例子。

如果权威的来源——知识、机智、团体的支持——贬值的话，就可能会丧失权威。为了破坏一个人的权威，你必须说明它是毫无根据的。你可以重复权威的持有者是一个男人或者女人像其他东西，或者夸大他或者她的弱点，这样我们就可以破坏权威了。据说在奴隶时代，对他们的奴隶来说没有伟人。然而，事实上，伟人在服务中不会像奴隶一样对待他们。

对抗权威最强大的武器是嘲笑。侍臣通过在君主面前揭露和嘲笑彼此的弱点来削弱对方，从而阻止任何一个获得权威。这种现象被帕特里斯·勒空特的电影很好地展示了出来。这就是为什么查尔斯·戴高乐将军拥有很大的权威，并且练习和说教，吝啬的表达并不损害其权威；恰恰相反，还增加他们的权威。通过信心、集会、信息，他们可以使我们建立特权联系网，以便标记对话者之间的区别。如果你使自己变得不易亲近，那些有特权接近你的人将会更感激它（在原则上）。我们可以考虑给自己运用稀缺原则（参见文献[113]和6.10节）来使我们变得更值得拥有。这通常是一把双刃剑，因为孤立你自己，你把自己从矛盾的信息中独立出来，对极少数可以接触到你的人来说过滤你获取的信息变得容易，那极少数的人可能只有兴趣允许适合他们的信息传递。你有可能成为“再试一次”综合征的牺牲品：“马歇尔将军是对的，但是他的随从已经投降给了德国人。”这会随着增强而开始——你只会听到那些说的和你做的事情一样的人的话：它终结了权力游戏。我们从“法院”现象看到了“奸党”现象。如果权威的缺点多于优点，组织本身将不会有那么多权威。

注意：权威因为会使人盲目相信它而改变他们的决定。权威促进支持，就像我们刚才看到的那样，它增加权威拥有者判断的信心，对个人判断有害——“人们听从专家”[113]。米尔格拉姆的实验（见6.11节）表明实验者的权威会煽动被试者产生越来越严重的滥用[193]200。有时候违背权威很困难。这一原则是邪教甚至宗教支持的根源。一旦被触发，通过极权主义和偏执现象来增强崇拜的归属感。极权主义因为狂热分子解释任何事情——这是一个封闭的世界，敌意都在外边——因此偏执反射。封闭的邪教和对外部世界的敌对感知解释了为什么邪教领导者或群众操纵者[220]通常会显示非常清晰的偏执倾向。

增强观点的影响在团体中也有很大的表现[210]。在一个团体中，从一个人到另一个人意见会被增强，团体的成员会更加强烈地支持团体接受的观

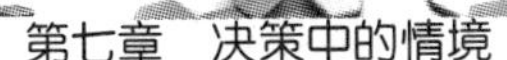

点，而不是他们自己独立形成的观点，并且不太愿意妥协[210]。在政党中这很容易被看到。在政党中激进分子比核心选民更激烈。这是团体权威的真实的影响并且增强信仰。团体影响甚至会使人们接受显而易见的错误的“事实”。阿希做的著名实验[221]表明，在团体中一个孤立的个人会加强确认团体的意见并接受长度A远大于长度B，尽管他的最初反应是B比A长是对的！莫雷尔[168]登山事故报告也表明，随群在做有风险决策时起到消极的作用。我们注意到，一个团体分层越明显，一个“专家”在最顶部，这个团体越趋向于做危险的决策。就像乔治·布拉桑在歌中所唱的那样：“人多是毫无意义的，只要超过四个人，我们都是白痴。”布拉桑无疑夸大了一点，但是我们必须意识到“追随领导者”效应，这会导致我们做出后悔的决策或行动。

在宗教中，增强效应来源于模仿，这些是重要的社会决定因素[193,222]。被Tarde[222]很好地描述的模仿效应是非常强烈的，但也是反复无常的；然而就像Cialdini所指出的那样：“人们跟随相似者的领导。”他们去教堂、清真寺或者寺庙不仅是因为每个人都去这些地方，通常还是因为枪打出头鸟的缘故！人群的权威在任何瞬间都是很强大的，但是它带来的支持是很短暂的。如果人群发生改变，即使是最狂热的信徒也会立即改变他的信仰。历史上有很多暴徒迅速逆转他们忠诚的例子。

7.6　组织中的领导力

我们非常小心地区分权威和权力，因为权威是决策过程中的一个因素，特别是在决策的结果中——行动——如我们在第八章所看到的那样。在另一方面，缺乏支持，权利无论做没做都显得有强制决策的意味，特别是实现它的时候。这是武力的问题：你不用说服，你只需要强迫；你不必遵循一致，你是被强迫的。在这种情况下，我们发现自己进入纯力量的锻炼中，并且远离决策领域，这是与个人自由有内在联系的。“领导者”或者首席官，通常有一只脚在权威和支持（至少在刚开始）的领域，而另一只脚在权力领域（快要结束的时候，他们可能演变成纯权力）。用这种有支持现象的观点，我们把兴趣转移到这个课题上。如果我们采用一个历史的观点，并且问我们自己一下有什么共同点：摩西，亚历山大大帝，恺撒，穆罕默德，圣伯纳德，圣女贞德，圣文森特德保罗，克伦威尔，罗伯斯庇尔，拿破仑，列宁，斯大林，甘地，戴高乐等，这些人无疑是“伟大的领导人”。下列品质通常在管理手册中给出[223]：魅力；灵感；眼力；对跟随者的考虑；对跟随者和对手的智力激发；“革

新"想法;理智;道德;诚实。上述人共有的品质哪一个没有被上述(列表)所覆盖?

尽管摩西、穆罕默德和圣伯纳德三人是相当理智的,但这些是我们对亚历山大或希特勒的看法吗?我们可以简单地说斯大林的道德正直或者诚实。灵感往往是简单的——对法国戴高乐将军的一些想法,克伦威尔宗教的不宽容,亚历山大军队的力量,斯大林的普通警察方法?我们只剩下魅力,并且发现,如果史册是可信的话,那么摩西、罗伯斯庇尔、圣伯纳德和斯大林的人生有着极不易的开端,这自然会引起共鸣和支持。不管怎么说,在魅力和领导力中检测出很大的"同意反复"的意味——我们是在用两种不同的方式说同一种事物:一个强大的领导者有魅力,并且如果一个人有魅力他将会有跟随者,因此他是一个领导者!

鉴于这种观察,显然列出子列表并且研究我们列表中那些诚实、慈悲、移情以及聆听他们跟随者的领导者是可能的。因此,我们在别人的服务中描述领导者("奴隶领导者",在格林夫妇的话语中——见文献[223])。尽管这比单纯的描述没有更进一步。我们不妨描述偏执和/或者夸大的领导者们。

如果我们完整地考虑整个列表并真正地去寻找共同的特性,我们会说"这些领导者"有一个(不是两个)"愿景",太假或者至少高度分散和太简单,并且他们不可否认地改变了整个世界——至少他们活着的时候。最后,作者在这个列表中只能看到一个共同点:一个简单的愿景,通过强大的演讲传达。这正是我们所期望的先知。这段话很有必要说出来:"群体并不贡献思想,但贡献话语。"[188]67相同的作者提供了如下的引用:"理由只能偶尔让人信任一段时间,但它不会导致行动。伟大的人类领导者很少找借口。"[188]47领导者的演讲一旦赢得了原因,我们会认为领导者有能力影响他们爱慕者的决策。这是真实发生的:把这个和羊群效应结合起来,如历史所证明的那样,结果将会是灾难性的;一个最近的例子是"人民圣殿"[147]的集体自杀,或者团体登山运动员所遭受的事故[168]。最后,让我们补充一下,领导者"往往是在神经病患者、狂热入迷者和几乎接近疯狂边缘的人中发现的"[220]。这个结论有一点严厉,而且并不完全符合我们的列表,但是只有一个子集:一方面的"奴隶领导者"和另一方面的疯子!留下给读者决定谁属于这一类。

因此,领导者就是那些可以在他演讲时激发他的听众去想象愿景的人——最好是在对人群进行演讲的时候!领导者必须有能力将自己放到在

7.2节中提到的"类似运动"的中心位置上。如果幸运的话,说话的人会变成行动的人——换言之,就是成了一个领导者。我们会由耶利米变成摩西。我们搜寻历史领导人的共同特点勉强地成功解释了"领导"文学的描述性和操作性的内容以及对术语"领导力"更清楚定义的缺乏。为对主题和相关阅读列表进行更广泛的总结,我们参考了Bryman[224]和Avolio等人[223]的著作。基于性格特征和风格的各种方法没有比一般观察更深入。运用美国军队出版的领导力手册以及认为"领导力"和"练习命令"相同的概念是更有用的。前面提到的战地手册中的很多内容在现有的关于领导力方面的文献中都可以查到。总之,一个真正的领导者是那些在战争中能适当领导他的部属的人,或者那些在一个组织中推动他的团队走上一条高绩效道路的人。

就像March[225],我们也可以问问自己,英雄是否真的如我们所想的那样:"平凡的组织和英勇的领导人"[226]。March被Thierry Weil[226]重新转录的演讲,很好地说明了领导力的多个方面,特别是传奇的英雄主义方面,这是作为组织意义上所需要的答案,尽管相同的组织(和上面的全部?)也需要日常任务正常地被执行。在这篇文章中,March指出,如果我们正在寻找成为一名成功经理与行为之间的相关性,我们只能找到两个。作为经理,他们所愿意相信的成功不是"他们技能、品质和努力的产品",而是依赖于两个基本的决策:他们的父母以及性别的选择。"有成功父母的人会比一个父母不那么富裕的人有更高的成功的可能性。第二个决定因素是他们的性别,男性往往比女性有更高的成功的可能性"[226]137。就像Auguste Detoeuf[227]所说的那样,为了成功你必须成功!相似地,为了成为领导者,你必须是领导者!通常,人们从小事开始,努力工作并且反应敏锐。他们在正确的时间忘记运气和行动的意义。

7.7　逻辑和概率之间的合理性

理性作为一致性的定义是不可能的限制,它要求遵守规则的逻辑;一个有限的思维是无法实现的,理性的人们无法理性地定义,但是他们不应该贴上非理性的原因。

——卡内曼

发誓要行动的人,唯一的底气就是他发誓要做的事情少得可怜。

——古斯塔夫

我们现在已经制定了许许多多决策者可能陷入的陷阱。从这里我们得出人是一种明显不理性的动物吗？

理性与卡内曼系统2密切相关（见6.12节）。粗略地讲，缓慢的大脑，调动额叶和前额叶皮质（第四章）。换句话说，理性像自由一样需要规划。做出基于理性的选择也是自由，而相反的意识和合理的决策可以产生自由的感觉。显然，合理意味着被试者已经意识到运用他的推理和规划的能力；它并不意味着决定是合理的！用我们"预期的"大脑并不一定意味着就能用好它！

能考虑我们行为的后果比说理性是我们结束手段的适应是一种更理性的方法。如我们在3.10节中所看到的那样，这样定义收益效率没有任何意义。但不管怎么说，这是西蒙[41]支持的观点。尽管规划能力是推理的根源，但毋庸置疑，"密集"地使用额叶和前额叶皮层会使男人成为一种理性动物。这种用法必须是有意识的。否则根据我们的定义，一只鸟在捕食者的欲望中伪装了它的鸟巢可以无可非议地描述为理性。

如何很好地利用皮层呢？合理性不能减少传统逻辑的使用（见开头卡内曼所言），有很多原因我们现在只能通过举例来说明。假设你是羚羊，并且看到一只狮子在吞噬你的同类，你可以推断狮子无论何时遇到羚羊都会吃掉它们。这是合理的思考方式，尽管我们不能排除有一只和平主义狮子的可能性！扣除原则包括添加一条基于一个或者多个特定现象的规则。这一原则逻辑上是错误的，所以许多规则有例外。然而正如我们在6.10节中所看到的那样，不管怎样，大脑都是一个标识符。为了解决这个问题，人工智能发展了缺省逻辑，也就是处理异常的协议，比如说一只和平主义的狮子。在人工智能中，一个典型的例子是这样的：翠迪是一只鸟，翠迪飞了然后所有的鸟飞了，这可能是真的，除了一些例外：如鸵鸟和企鹅！然而我们并不是每天都遇到鸵鸟和企鹅，这条规则通常是有效的。不用多说，缺省逻辑是很难操作的。

在传统逻辑中，如果是$p \Rightarrow q$真并且命题p是真，则q是真（演绎推理）。如果q是假，然后p是假（否定式或"置谬"）；然而如果q是真，我们无法得到关于p的任何信息。因此，我们只能通过关注q来说明p是假的；这是波普尔的"可证伪性"原则。但是相同的操作，我们却不能说明p是真的。从社会学家和知识学家立场，布东[164]对这种逻辑上的"不对称性"给出了长篇讨论。借用他的一个突出了人工智能的另一方面例子：如果下雨，街道肯定会是湿的。如果我注意到街道是湿的，大脑推导出已经下了雨。从q是真的，我们

推导出 p 是真的——这是一种错的推理逻辑，有时称之为“绑架”。然而有些城市中洒水清洗街道。在这些街道中，我们需要其他的迹象来得出结论，比如看到屋檐也是湿的，这个例子中提出的问题在推导 $p \Rightarrow q$ 的过程中是有很多可能的前提。如果只有两种方式得到，比如像我们的例子中，如果街道是湿的那么要么下雨了要么洒水了，并且两个命题必有一个为真。我们是在人工智能的术语“封闭的世界”中。只有两个可能的前提和一个推理（下雨推出街道是湿的）。在决策中，封闭世界的假设通常是非常实用的，因为我们强迫自己想象所有可能的场景。布东的工作[164]提供了大量关于形式推理会使封闭的世界隐式地存在并且与社会学相关的例子。因此，如果一个科学家反驳一个普遍被接受的结论，并隐式地推导出自己的结论是正确的，他就是在做封闭世界的假设，因为他没有时间去想想两个结论都是错误的！没有解决的问题是：什么时候我们才可以使用一个我们无法证明真相的命题？在我们不顾逻辑地说前提是真的之前，可以得到多少个结果？不幸的是，针对这个问题没有符合逻辑的答案——这完全是一个升值的问题。另外，自 1931 年以来，大家都知道由于汉克斯哥德尔的工作，有了不可判定的命题，这些命题我们无法证明是真还是假。

让我们总结一下，传统逻辑是非常强大而有用的工具，很难逃脱并且通常我们会放弃自己的成本。有几十种非传统形式的逻辑，但都没传统逻辑的简单性和有效性。特别的是“第三原因谬论”，即只能接受命题或真或假，而没有在两个极点之间包含逻辑效率和一致推理重点的中间地带。如果我们放弃“第三原因谬论”，我们总会碰到很难处理的矛盾。使用非传统逻辑（例如模糊逻辑）的人工智能系统要在某些受限制的情况下才能生效。

然而，逻辑的使用并不保证合理性。在第三章中我们已经看到，如果数据是错的，一个完美的逻辑推理过程将会得到一个精神错乱的结果。就像我们刚刚提到的那样，从错误的假设，我们可能推出任何结论。在计算机科学中，我们经常听到这种表述：“进来垃圾，出去垃圾”，这适用于程序。换言之，我们可能有一个很正确的程序，但是我们给程序输入错误的数据，结果便会是错的。你是否会说人将正确的推理应用到错误的数据上是合理的？

如果我们认为那些只应用传统逻辑规则的人是合理的，那这样的人是找不到的。如果我们只接受自己验证和置疑的事实（见下一节引用帕斯卡的话），那没有人是合理的。但是专业知识包括有能力从给我们的事实中很快地过滤出哪些是可能的：“任何层次的领导者，除了个别在较高层缺乏个人观察的，都只能根据他们得到的信息做出决策，使高层领导与众不同的是他们有整理大量信息的能力，判断什么才是最重要的，然后再做出决策。但是这些决策取决于所得信息的好坏”[228]126。概率逻辑也是同样的。你能说在某人在出租车例子（见6.6节）中给出问题的答案是“80%”是不合理的吗？这当然是不正确的：他没有考虑先验概率并忽略了贝叶斯定理，但是他用“好的原因”得出了错误的结论，因为他注意到有80%的人在夜间正确报出了出租车的颜色。

让我们来看另一个例子，菲尔德曼的研究中给出的[164]374。我们告诉一个被试者假如一个硬币有“80%”的可能是背面，“20%”的可能是正面，并要求他们预测一系列的投掷。他不妨说“背面”“反面”，但是十次中有八次会说“背面”。因此他猜对的可能性是0.8×0.8+0.2×0.2＝0.68。当他十次有八次说“背面”时，他有80%的机会猜对，当说“正面”时，有20%的机会。如果他每次都说“背面”，他有80%的可能赢！我们注意到如果刚才硬币是普通硬币，每次你要么说“正面”要么说“反面”，或者在“正面”和“反面”之间二选一。你总是有二分之一的机会猜对。争辩我们的研究是合理或者不合理是可能的吗？布东[164]试图用“有充分理由”的实验来模拟这种现象，来复制它，并且这是一种启发方式，在其他情况下可以很好地工作。可以肯定的是，如果尊重概率是理性的试金石，然而甚至这个游戏理论的理论家都是不理性的，因为实验已经表明，当面对如阿莱士或者埃尔斯伯格悖论所激发的问题时，他们也会落入和凡人一样的陷阱。然而“好理由”就像我们看到的那样，显然是模糊的和高度依赖情景的。

7.8　合理性和“好的原因”

从实用主义的观点来看，合理性不是所谓的与确定的现实相关的推理，也不是使用一种方法。它仅仅是一种开放和好奇，更多地依赖于说服而不是武力。

——罗蒂

如果我们抛开逻辑，合理性问题将会很快变得模糊。实际上，这个术语是相当多元的。为了下雨而去跳舞，这是合理的吗？但是就像布东[164]所指出的那样，在很长的一段时间内相信太阳绕着地球转是合理的。那些朝着山顶的目标出发但没有装备也没有查看天气预报的人是相当理性的，就像菲尼亚斯盖奇(见第四章)一样,他没有使用或者没有能力使用大脑的预期能力。在木偶中这是完全不相同的,这代表我们忍受恶意,希望温暖它们。恰恰相反地,对于后者的情况,有一个强烈的期待,但是一个错误的因果关系。我们已经看到我们的大脑是心甘情愿的“相关”(见6.10节),另外,他们有意地混淆相关和因果的关系。因此,如果在美国超市,我们注意到啤酒和尿不湿的销售之间有很强的相关性——的确是这样——但不可能是因为婴儿喝啤酒!有很多关系是相互事件之间没有明显的因果关系的。回到大头针的例子上来,尽管生活中有很多不如意的事情,人们观察周围的人会相信诅咒与事故的发生之间有很轻微的关系。为了确信这是没有统计学意义的,我们会计算对照组的不幸以及被直接诅咒的一组人的不幸。在实际情况发生的情境下有很多事情要问。虽然有点八卦,但萨满却将这种无关紧要或者不存在的关系变成了因果关系。请注意在典型的西方文化中,除了诅咒施法者,很多人不相信没有统计元素的因果关系——尽管几个世纪以前,有很多人相信。在西方世界,信仰在遥远的“恶魔之眼”中已经降低了很多——不再是人们命运的一个“理由”——尽管在星星依然存在的力量中,并且在手机的邪恶力量中,信仰每天都在增长!

在卡内曼系统1中我们已经看到,达马西奥的情感大脑是快速大脑,是合理性的罪魁祸首。在这里,我们再一次借用布东[229]的术语来避免“不合理”这个词,因为有时反应很快是合理的。相似地,这通常也是一个很好的具有有启发性的方法,以支持“有因才有果”,或者说“无火没有烟”。因此,很难给人们解释并不是所有的效果和我们的例子中的所有不幸都必须是真的。如果我们认为某些癌症是由过度饮酒或者日常的不良嗜好引起的,那么我们怎么解释霉运和愤世嫉俗命运带来的重大疾病或事故呢?

有哲学家以来,大脑的“合理性”虽然使得它在没有证据的情况下被人们很自然地相信,但一直被认为是情绪化的。兰利、明茨伯格等人[230]谈到“非理性暴力”。我们提到帕斯卡[164]:“没有人意识到实际上有两个输入通道,通过这两个通道收到真正的意见。这两个通道也是两个主要力量:理解和意志。进一步来说,这两个通道是理解,因为我们应该只同意证明真理;然而,越来越多的人认为是意志;对几乎所有的人来说,总是相信一件事,不是根据证据,而是根据协议。这个通道的基础是不称职的,是外来的:每个人都谴责它。实际上每个人都只是相信他知道的、值得他信仰和爱好的东

西。"[①]帕斯卡的意志是大脑中被欲望和情感的虚妄所控制的部分,这决定我们想要什么和想以什么为开始:"心有它的理由,虽然不知道是什么原因"——见6.9节。因此系统2有理性的能力,而系统1明确是单理性。但是他们都不能离开彼此!

让我们像帕斯卡建议的那样再次努力;让我们变得理性和只同意被证明的真理、统计学建立的相关性和基于能被波普尔可证伪理论验证的因果关系。由此来看,很值得怀疑决策者是否有能力在一年内做出多于一个或者两个的决定!原则上帕斯卡是对的,但是实际上这种系统不能应用。我们必须接受事实。此外,实用主义者会让我们接受真实、第一意图,每个人坚持的都是对的。

布东建议用术语"1型合理"来表示很大程度上是公认的和客观的情况,"2型合理"表示客观原因不成立但是被接受的行为。被谁接受?社会学家的大问题是奇幻思维的状态。如果在小部落里每个人都认为跳舞会导致下雨,那么让每个人都到外面跳舞来结束干旱是"合理的"吗?从逻辑上来说,这一点在部落里用到的逻辑和耶鲁管理学院所采用的逻辑之间是没有不同的。任何地方的大脑都是相同的。这种差异来源于不懈地努力分析、评估以及通过过滤试验方法的相关性因果关系。

首先,理性取决于在你必须行动之前可以利用的时间:大脑建立完了,首先是动物的紧迫性和生存,因此在危险的情况下,效率比理性有更大的需要。大脑皮层发达后,打开了语言、情景和规划未来的大门,给了人类变得更理性的手段,并且有了能力、时间和力量去推理。换言之,就是调动卡内曼系统2。因此,我们虽不能达到绝对的理性——这需要宙斯的无所不能(见第三章),但是可以在一定程度上达到受水平限制的有限理性,并且或多或少地完成了知识。理性没有相同的意义,或者相同的内容,一个非洲的贫民窟居住者,一个来自美国中部的农民,或者一个法国科学院工作人员,他

---

①原文是法语:""Personnen' ignorequ' il y a deux entrées par où les opinions sontreçuesdansl' âme, qui sontsesdeuxprincipalespuissances, l' entendement et la volonté. La plus naturelleestcelle del' entendement, car on ne devraitconsentirqu' auxvéritésdémontrées; mais la plusordinaire, quoiquecontre la nature, estcelle de la volonté; car tout cequ' il y ad' hommessontpresquetoujoursemportés à croire non par la preuve, mais parl' agrément. Cettevoieestbasse, indigne et étrangère: aussi tout le monde ladésavoue. Chacun fait profession de ne croire et même de n' aimerques' ilsait le194 Decision-Making and Actionmériter."

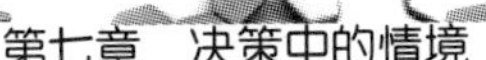

们的理性不尽相同，尽管这些人都能识别他们周围那些在情景中表现不理性的“疯子”。同样地，西蒙的[231]具有完美功能的——有限的和符合实际的理性是区别于非理性的：“广义上讲，理性代表了在某些条件限制和约束下适当的达到给定目标的行为风格。”

因为解释奇幻思维是一种挑战，所以让我们考虑一下传统社会的理性问题。想象一下一个包含了部落所有成员的大会，其中一个人起身说：“所有这些图腾、这些精神、祖先的灵魂等等，都是一堆愚蠢的事情！我们只接受可复制、可验证和可证明的东西。”无论我们接受哪种观点，这个人——除非他自暴自弃的——是不合理的：他的生活基本没有希望并且他改变任何事情的可能性也是如此！今天，想象一下一个法国科学院的成员站起来说：“亲爱的同事们，我们不知道气候变化是自然还是人为的原因。我建议把乌龟壳丢到火里，无论它告诉我们什么，我们都要相信。”他的生命肯定会大于上述在野外生存的人，但是他也将告别“蛋糕”。我们会说他的行为是理性的吗？部落的理性并不是学术的理性，反过来也不是。事实上，理性是依赖于环境的，是多元的。布尔[164]足够大胆地写道：“我们可以定义理性的任何行为，只要我们能够提供一个解释的‘x 有很好的理由，因为……’没有抗议的危险，自己也没有做一个不协调的状态的感觉。”①这是“好理由”的逻辑。

评估决策者的理性必须考虑他的知识水平以及他所生活的社会环境。统计社会的成员不会把贝叶斯定理运用在出租车的例子中，或者在没有查看法国的失业率高于中国的情况下接受的人，一定比看到一只鸟——他没有时间来确定——在9月份飞走的而推断出鹅要迁徙的印第安人更加理性，因为这只鸟是鹅的可能性很大。因此我们不能指责生活在小城镇的封闭世界中的工人相信工作时间下降会导致失业率下降的结论的不合理性。一个部长、一个研究生通过减少工作时间来增加就业率是不合理的，因为工作是一个永恒的价值共享，并且工作完全可以互换。一个真正单理性的人，完全被他的情感和富有蛊惑性的行为所蒙蔽，而情感是简单无知的。除了考虑工作共享（第九章）之外，索雷1965年卓越的传说告诉我们，时代的工作包含众多我们社会接受的神话，这些神话并不比所谓原始社会接受的神话好。

我们不要忘了最后一点：在决策中，我们通常谈论未来，以及结果的主

① 原文是法语：“Estrationnel tout comportementdontonest à même de fournirune explication de la forme ‘x avait de bonnes raisons de faire y, car…’, sans risquer la protestation et sans avoirsoi-même le sentimentd’émettre un énoncéincongru.”

观概率。在10年内原油每桶的价格低于40美元的假设是合理的吗？分配5%的概率给可能发生的事情是合理的吗？8月去苏格兰却不带雨具，声称有可能不会下雨，这是合理的吗？然而在过去的1000年中，一定会有一个8月在亚伯丁（苏格兰一郡）没有下雨！为了鉴别决策的理性，我们必须判断使用概率的问题。但是因为预测很困难——尤其是涉及未来，就像本书引言所指出的那样——判断前面提到的预测是有风险的。我们确实可以判断一个人的概率是不合理的，就像上面给出的例子一样，但并不总是那么简单。如果管理者告诉你他的决策是基于一个假设，这个假设如下：在5年时间内超过50%的可能性每桶原油将会升值到170美元以上，并且另一个人告诉你相同的可能性是30%，需要有一个聪明的人说出这两个哪一个是更合理的！同样，考虑到所有的事情，有的管理者从基于单一经济假设的写得很好的商业计划的角度花费时间来做出决定，有的管理者没有任何计划，就是基于竞争和技术专家给定的信息快速反应做出决策，但前者可能比后者更不合理。管理者花费10万美元得到一个宏大的5年计划而后做出决定，贫穷的移民妇女花费300美元求助于一个塔罗牌读卡器告诉她她的丈夫什么时候回来，在奇幻思维的世界，这不能够说两者是相当的吗？这些和其他如此没有答案的问题可以封装在一个精确的、明确的和普遍的定义中。

总之，事实可能被错误地评估和错误地解释；错误概率和偏离传统逻辑可能是合理的——特别是在封闭的世界中——所以合理性之后会剩下什么呢？剩下的是程序：西蒙是正确的！基于你可用的时间和你可以或者愿意投入到问题、环境和限制中的精力，使用你的额叶和前额叶皮层构造场景（要利用合理的主观概率、正确的计算，避免来自第六章的主要偏见）是合理的——如果可能尽量详尽（封闭世界假设）。然后我们可以说决策者是理性的，尽管逻辑是错误的，或者他错误地计算了概率。

7.9 附加说明和建议

7.9.1 真诚和错误的承诺

意图不是承诺，承诺也不是行动。但是承诺对决策者来说是必不可少的——你对你的伙伴和对手必须是可见的。人们可以通过坚定自信来强化承诺，约束自我，但要保持警惕不被对手设计的约束条件所操纵。

7.9.2 威胁

如果我们没有手段让别人相信我们在必要时会兑现威胁的话,威胁是毫无意义的。当必须兑现之前的威胁时,我们不能动摇。

7.9.3 透明性

好的决策者善于激励和信任。因此,他必须培养对他的跟随者和合作者的透明性和“可预测性”。相反地,他必须努力地对他的对手保持神秘性和秘密性。

7.9.4 互惠

好的决策者时刻表现出对他的跟随者的考虑和尊敬,他会和他的盟友发展互惠的承诺,但是他不会被对手虚心假意的同情或任何承诺所迷惑。

7.9.5 解释你所做的决定

一个你不能解释的承诺是不好的承诺。一个暖心的词语、一个好听的故事和考虑不同人的观点,都是鼓励人们支持你的观点的方法。

7.9.6 有利于现状的偏见

一个好的决策者永远不会忽视的一个事实是:根据卡内曼的计算,你需要两个改革的支持者来平衡党派的现状。他会从勒温沙因模型中汲取灵感以实现五五分配。

7.9.7 寻求帮助

好的决策者永远不会拒绝帮助。他不会忘记,拒绝帮助别人肯定会失去他们,帮助他们但没有起到很好的作用也有很高的可能性失去他们。但是,接受他人的帮助一定会交到盟友。

7.9.8 公平

好的决策者不会忘记给予的方式远比给予本身更有价值。他会优先考虑正确的流程,以牺牲公平而个人化的决定为代价。

7.9.9 怨恨

好的决策者不会为了伤害别人而去惩罚自己。惩罚自己从来都不是一种好的策略。他会避免把对手逼到牺牲自身利益来惩罚他的地步——他会考虑允许他们挽回面子。

7.9.10 自由

好的决策者善于给予随从者自由。忠诚要比一个制裁和限制的世界更好。

7.9.11　责任

没有自由就没有责任——我们必须牢记这一事实。向某人委派任务和职责时，我们必须让他主动带头。另一方面，如果我们不主动承担责任，那么就不可能锻炼自己的领导能力，不要在下属面前轻描淡写地表述自己的责任，意识到自己的错误并吸收来自上级的批评，是锻炼责任感的基本原则之一。

7.9.12　授权

权威不能颁布，必须自己去寻找。做好榜样，保持公平，分清主次，保护群体，赏罚分明，勇于承担责任——这些都是天然的权威。

7.9.13　团队和领导

在团队中，成员很容易被来自领导者的主流观点动摇。有时，在领导者的影响下，每个人都可能会提出一个风险极大的决定。此时，为了坚持一个合理的观点，你必须“鼓足勇气”。坚决反对群体效应是十分困难的，特别是当这个团体成为“暴民”的时候，再想坚持己见几乎不可能。许多群众的领导力通常是基于简单的话语和有吸引力的口才，如果你想理性行事最好清楚地认识到这一点。

7.9.14　合理性

从逻辑和概率意义上而言，没有人是完全理性的。理性取决于可用的时间和精力、环境（包括社会环境）、情景和知识。理性的鉴别基于推理过程、推断以及预测阶段和诊断阶段的估计品质和重要性，依赖于搜索信息的勤奋和充分性并且依赖于检查事实中的严重性。

第八章　行动

行动之前别想太多！

——保罗·瓦勒里

领导者通常不是思想家，而是行动家。他们没有，也不需要太多的远见，因为远见可能会导致怀疑和踌躇。

——古斯塔夫·勒庞

人们问我打胜仗的原因，我不知道。但我知道打败仗的原因：行动太慢！

——麦克·阿瑟

突然，他欢喜地喊了一声"该死"！……那是布鲁彻[1]。

——维克多·雨果

8.1　决定和行动

当断不断，反受其乱。

——司马迁，《史记·春申君列传论》

一切源于行动。

——阿兰

我先记下一句："太初有言！"译不下去了！谁能帮我一把？我不能把语言估计得这样高，如果真受到神灵指导，我定要把它译成另外的词句。我准备这样写："太初有思。"这第一行要深思熟虑，落笔不能这样草率仓促！仅靠思想就能创造一切？应该把它译成："太初有力！"但是，我刚写下这样一行，我已被提醒，这还不够确切。圣灵相助！我突然之间领会，满怀自信地写下："太初有为！"

——歌德

在第七章中我们看到我们如何将意图转变到承诺，然后到决策。一旦

① 这首诗描述了拿破仑在滑铁卢战役的行为。皇帝正在等待马歇尔的援军，大声说救援部队在地平线上。然而，事实上，部队被普鲁士将军派来的布吕歇尔拦住了。他们的到达动摇了战斗的同盟。

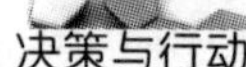

做出了决策，我们必须把它付诸行动——这就是从意图到行动的转变。但是这个简单的想法很有可能是错误的，因为决定更像是看法，它与行动或行为是不可分割的（参见文献[95]，第七章和上面开头）。直接引用Berthoz的话来说就是："行动本身是镌刻在感受功能上的——至少在第一个阶段是这样，因为他们会选择、过滤和组织，述说，视觉信息，基于可能行动的全部曲目。①"因此行动仅仅是达到预定点过程中的可见部分，这过程发生在大脑中。镜像神经元理论表述为：当猕猴看到它的某个同类在做某件事情以及在他想象自己做这件事的时候，猕猴的大脑中相同的神经元正在活动[232]。最近的研究也表明，镜像神经元在人类中也是存在的。因此，决策发生在行动之前[81]51，但二者是不能分离开的。

我们已经注意到，在很多情况下，行动是一种解脱：它有它自身的理由和奖励[81]525。当某些神经元选择增强自己时，行动来自这些神经元的抑制[81,86]。决定是行动之前对行动的仿真[86]。行动能提高心理安慰，并且还能释放在决策或者仿真过程中建立的紧张：任何一个练习危险运动的人、任何一个赌徒、任何一个士兵都会告诉你这些。这同样适用于决策者——在行动开始前，他们焦虑、紧张、暴躁或者迷信。等该做的都做了，他们恢复了正常的心态，并且通常就是在那些时候，他们的专注和评估的能力是最强的。然后进展就变得很自然了，因为他们已经经过了训练，并且记在脑子里了。法国的吉恩克劳德·基利曾经说过他是如何在1968年冬季奥运会上赢得三枚金牌的，他在脑海中多次真实、准确地重复想象在滑雪道上的动作来。在行动之前，我们认为这意味着大脑完成了仿真的每一个细节并且增强了决策；一旦行动开始，我们不再有思考的感觉——这时思想本身已经转化为行动。这就可以解释在某些人身上看到的行动倾向。值得注意的是，在上面提到的需要集中注意力的任务中，我们不能同时进行思考（准备决策和计划）和行动。乔治·马歇尔②在Pops中[207]183声明："计划和操作不能同步，它们是两种不同的思想状态。"

---

①原文是法语："L' actionestelle-mêmeinscritedans le fonctionnement descapteurssen-soriels, du moins des premiers relais, car ceux-ci vontsélectionner, filtrer, organiserl' informa-tionvisuelle, par exemple, en fonction du repertoired' actionspossibles."

②乔治·马歇尔将军（1880—1959），罗斯福总统的主要战略顾问之一，第二次世界大战期间，美国后勤保障的主要组织者。他是欧洲重建计划的主要倡导者和建设师，现在该计划以他的名字命名（马歇尔计划）。

因此,决策者是主要行动的人,对他们来说决策和行动之间的界限是不存在的或者非常微弱的。我们可以发现,这能很好地对应到广泛使用的术语“决策者”,这意味着决策者是进行决定和行动的人,而不是一个只思考的人。尽管决策者并不是像人们常常错误地认为那样,是一个决策很快的人,而是一旦在脑海中做出决定就会很快行动的人。更具体地说,是“决策行动者”,而对缓慢决策者来说,思考并且增强到一定水平进而触发行动(就像我们通常所看到的那样)是很困难的。

8.2　快速决策者和慢速决策者

关键不是做决定,而是及时地做决定。

——科林·鲍威尔

一个可以立即执行的合适计划远胜于一个下周才能制订的完美计划。

——乔治·巴顿

失败的人找借口,成功的人找方法。

——Leo Aquila

我们已经知道,一个所谓的快速决策者不过是对他来说,决定和行动是紧密耦合的,并在这个过程中彼此没有损失——特别的时候甚至没有延时。我们应该可能会将一个快速决策执行者和一个慢速决策执行者进行对比,后者不会容易地把决策转变为行动,并且明显地总是能为不去行动找到合适的借口(见上面的题词)。行动之前的合理化(见6.11节),既能对行动起到增强作用,也能对不行动起到增强作用!对一个慢速决策者来说,并不是决定占用了他大量的时间——就像第七章题词中的戒烟者,他可能一天做20个决定。然而,如果他不把决定变成行动,那他做决定就是没有意义并且对外部世界是不可见的。正是神经元放电水平和强化的不足,导致决定和行动之间脱节,到最后甚至无法行动。

由快速决策制定和慢速决策制定产生的传统区分,导致了不同风格的管理,而这些一直都是研究的课题[233]。正如我们所预料的,这些学术著作都表明,快速决策者比慢速决策者更有效率。在关于决策制定速度的研究中,一个有趣的现象是:从他们测试的假设方面来说,慢速决策者并不比快速决策者更耗费精力。慢速决策者思考得太深入,很容易落入“再试一次”的境地,然而快速决策者却有意将“搜索树”拓展得更宽。事实上,慢速决策者制订更长远的计划，但这是很荒谬的。他们总是希望能考虑到未来的每个方面(见规划谬误，6.10节)，却不去考虑这些计划是否行得通。另一方面，快速决策者更能随机应变，他们没有考虑做出的决定一定要正确无误。他们更倾向于快速做出决定，并且有可能的话，为将来做决定留下余地。他们为下一步计划一直在监视更多的信息。从这个意义上说，他们采纳第三章和第七章中的观点，并且认为一个快速的、令人满意的、次最优的决定优于一个初看疑问重重却制订得完美的计划。他们意识到，就像毛奇所说的“没有任何计划比得上与敌人的初次交锋”。

好的决策者能迅速理解并借用彼得·基恩的表达。他对三个公认的感觉的术语(捆绑，理解，焦虑)充满“理解力”。因为以下原因：

(1)他时刻等待着机遇，并且时刻准备抓住机遇(“未来是难以预测的，你必须时刻做好准备”[234]155)。

(2)他能很好地理解他所处的环境——他感觉敏锐，通过他的感觉、知识或认知的方式来学习。

(3)他对不顺利的事情很谨慎小心。

我们从慢速决策者身上观察到他们不喜欢做出一个选择。当他们面临做决定的时候，总是表现得极度犹豫，特别是舆论不站在他们一边时。由于他们的内部强化没有起作用(见6.11节)，他们似乎认为通过外部强化(即通过他人的看法)代替内部强化是有必要的。慢速决策者对于他们所做决定的结果深感忧虑。他们为此寝食难安：“如果没有起作用怎么办？如果全部失败了怎么办？”

然而，不行动也是一种决定。对有些人来说，不作为不是真的被视为一个决定，只是他们觉得不做决定比做决定承担的责任小，正如“我们行动要比不行动怀有更大的责任感”[235]10。显然地，某些特定机构的职业生涯管理——特别是等级鲜明的或官僚主义的公共机构——更需要强化理解力，并麻痹决策者。这些机构是产生“可靠的不作为者”的温床。我们发现之所以产生这种情况是因为晋升政策是基于资历的，除非出现在管理者看来很明显的错误。的确，在这种分等级的机构中，如果你做出一个决定并做错了一个行动，即使它有10%的可能性会失败，你就是不理性的，因为你100%确信这是按资排辈的(特定效应)。对于做出理性行动的“风险”来说，在成功或好的决定的情况下，职业生涯的前景将是不同的。政治精英的挑选方式——比如说，在现代法国或者古代中国——都是唯一地取决于学业的成功

——之所以更进一步加重这种不情愿直到改变，是因为这种方式没有增加关于人生体验和进取精神。在等级高度分明的机构中，错误的污名化是不作为的一个强烈诱因，从长远来看这会导致机构的崩溃，从短期来看这也有很大的危害。事实上，这会鼓励人们去掩盖错误。这就是为什么有一些团队在执行有风险的任务时，相对近期的对错误"不惩罚"的政策会极大地减少事故发生数。Morel[168]令人信服地解释说在航天或者潜水艇领域情况就是这样。然而在医院却不是，医生倾向于否认或者掩盖错误，因为他们被贴上一大堆耻辱的标签，特别是底层人民给予的。

在6.12节用一个表格对比了"系统1"和"系统2"，我们在这里把快速决策者、慢速决策者的特征也总结成一个表格。

表8.1　快速决策者和慢速决策定者的比较

慢速决策者	快速决策者
风格	
为未来可能发生的事担心	只要他们活着，就有希望
被目标所困扰；"孤注一掷"的原因	互动；总有一些可以捕捉的事情；目标没有途径重要
缺乏自信；寻求完美的方案	有自信；采用自己满意的方案
做法	
犹豫不决，计划很长时间	简短的计划之后就强制行动
在深度上研究场景	在广度上研究场景
细致地过滤信息	很快地浏览信息，但是寻找到不一样的信息
契约和合理的安全性	接受风险
分配工作	授权计划
个人关系	
很少有惩罚或奖励	不断地惩罚或奖励
对建议者很机警，信息过滤等事必躬亲	采用建议和别人过滤的信息

这张表格只是一张示意图，因为很多的决策者是这些类型的混合，但它却是一个两种极端对立情况很好的指示器。将头脑迟钝和头脑敏捷进行对比也许是一个错误，因为对快速决策者来说，即使他可能会反应迅速，理解力强，并比慢速决策者有更强的直觉，但仍然是在使用两种头脑模式。在诸如此类的领域中，我们必须抵制住一些很简单的诱惑。在20世纪70年代，不计其数的人在"管理模式"方面著书，直到某些人，例如Huber[236]，他指出这

种理论基本没用,因为它仅仅是“解释性的”,它说明管理者的决定是因果论。举个例子,当有人犯罪时,我们总能找到一些专家学者来解释原因,从心理学或者社会学上来讲,那是注定要发生的。不幸的是,在犯罪发生后说那样的话一点意义也没有。这与管理模式一样。然而,即使这些注意事项的预见性和可证实性都很低,特别是在一个很多决策者共处的机构中,但我们可以看到,从个人水平来说,在某些方面还是可以依赖的,并且慢速决策者发现在一个多变的环境中很难保持高效。

正如阿里德赫斯在8.6节的题词中所说的那样,快速学习的能力——再加上快速行动的能力——是许多机构和管理者保持可持续竞争力的唯一优势。就像在战争中一样,突然袭击和创新精神都是机构管理保持优势最有效的方式。在两种案例下,慢速决策执行者都身处困境。让我们引用加利·卡斯巴罗夫的一段话来开始关于创新精神的讨论。他说:“创新性举措的长处就是它迫使对手在心理评估上浪费时间,所有的参与者都知道放弃准备充分的市场分析而不得不去立即处理早已预见的难题是多么的困难。”这段引用说到了全部——包括创新精神和打对手一个措手不及,还有迫使对手耗费时间重新进行心理调整。又由于亏损的厌恶和“投资得太多而难以舍弃”的综合征,我们不舍得放弃自己的计划,但我们会看到这对敌人来说有多么大的破坏性。如果事情是这样的,浪费时间去制定一个应对规划并不是时候——你必须立即做出反应!这会容易得多——这正是一个好的决策者的标志——如果你早已发觉或预料到一个创新举措或者突然袭击(不是突然袭击本身,否则那就不是令人惊奇,而是不测事件来临时对手表现出与你计划预料中的不一样,出人意料的演习并不是难以置信的)是有可能的。

作为一种战略要素,突然袭击的运用是战争艺术的一个基本原则。一支意想不到的军队的出现对士兵士气的影响是显著的,正如武器的革新性使用所带来的优势——例如,1346年克雷西战役中的英格兰长弓或是1940年的坦克。在这两个案例当中,值得指出的有趣现象是一项新武器的发明并不是问题,问题是已知武器的创新和大量使用。换句话说,我们所看到的在适应过程中或学习上(见8.6节)的脑力滞后导致的改变没有被考虑。在公司中同样如此——可以说,危险并不经常来源于一项发明,而是以一种新的方式来思考和使用熟悉的东西。如果你的竞争者提出一种新的程序、产品或者服务,或者一种新颖的用法,你必须立即做出反应,而不是无动于衷。

授权的问题解决起来更加棘手。由于慢速决策者偏好亲自检查每一件事,所以他不需要授权太多,或者授权给比他更慢的决策者！他认为让进程变慢一点也不重要;从他自己的节奏来看,事情总是进展得足够快。另一方面,他不确定授权是否符合快速决策的风格。就快速决策者来说,太容易相信自己的直觉而不能成为很容易发现授权的人。然而,他需要行动和他并不需要亲自做任何事的事实,导致他将项目委托给他的同事并通过结果来评判,允许代表们和他们的小组根据他们自己看到的进行组织。说到乔治·马歇尔,他的一个副官说过:"他的体系不论何时有困难、棘手的事情,都是派一些家伙去处理并监督,这就是他的工作方式。"[237]将一个项目交给信得过的人同时密切关注这个项目绝对是一种快速管理的方式,但我们一定不要忘记完成任务的合适时间范围。

我们迟迟不能做出决定往往是因为深思熟虑。一方面,行动会解除一些抑制,但另一方面也会把其他可能的选择丢在一边。警察发现正常人接近高速路的坡道时,他们不能决定走左边还是右边,因为他们一直在犹豫那是否是脱离轨道的合适位置,以至于他们紧张地笔直行进。一瞬间的优柔寡断可能造成病人尾状核和额骨与前额骨皮质之间连接部分的永久性功能障碍[238]。除了这些异常事例,在一个特定大量时间之后——时间的长短不确定,但是假如决定或标准是冲突的话,时间可能会很长——犹豫和焦虑的情绪[43,86]就会慢慢结束。是把决定付诸行动的时候了。即使是最慢的决策者最终也会改变态度——但是太晚了,正如麦克阿瑟(美国五星上将)曾经说的那样!

8.3　求全决策者和专横决策者

满口大话者遍地,踏实做事者难寻。

——中国俗语

做决定是为了能够使你的观点最终胜出。我们无须自欺欺人——在一个机构中,有许多其他的幻想、故事和意愿;因此决定不是被全部人所认同的。换句话说,永远不可能就行动达成一致意见。通常没有一种解决办法既满足这个世界又满足他的妻子(或者他的父亲,借用第五章题词中拉·封丹的话),但是我们必须在对立的标准和限制因素中找到一个平衡(见第五章)。冲突是难以避免的,也是正常的;但是我们必须找到一种折中方式。就像Peter Keen所说的那样,行动是可能的,除了解决所有的冲突。因此,在

这一部分，我们应该重点讨论行动过程中冲突的合理利用。

正如我们已强调多次，做决定是一个过程。它不像抽彩票那样只有一个胜利者和许多失败者。在机构和一生中——特别是机构中的人生——有许多次回合，但是我们却很少能直接打败对手。这意味着我们必须总是充分地思考一个决定的实施。首要考虑的是，除了我们自己的想法，其他观点也应该被允许表达。正如我们在第一章所看到的，有不同期望是正常的，因此不同结论才能被决策者接受。故此，我们应该聆听不和谐的声音，讨论不同的可能性，倾听反对意见。这就是所谓的肺腑的争论。拥有对做决定的多重准则性的良好意识，将会有助于我们理解讨论中出现的冲突标准。暴露这些冲突是不必要的。如果你已经理解了某个小组反对决定是因为他们害怕失去对某些代理人的控制或者被迫放弃不公平的优势，你就没有必要去揭露，理解这些将帮助你做出正确的决定。另一方面，如果你懂得你的对手正在做出一项重要且合法的决定，那么当你在做决定的时候一定要加以考虑。把冲突的标准展示给所有人并不是明智之举——你冒着将对手团结在一起的风险，就像"堑壕战"或者"阶级斗争"。当战争越来越不能解决问题时，就用公共福利来抵制一些决定——政治家们通常玩这样的把戏。最好的方法就是在能刺激你对手的基础上做出意识形态的让步，或者调整你的决定，考虑他们所担心的事情，并证明自己已经理解他们。这通常比找出对手观点中每一个琐碎的细节并以标准应对标准要有效得多。换句话说，你不得不理解并考虑对手的标准，但没必要揭露它们，至多揭露自己的理由。这些适用于从政治对手到公司里顽抗的同事。

在此时，需要指出的是机构中的情形与政治聚会中的通常情形会不相同，因为从原则上来说，可能会有一个"爱的社会"，有很少的一起工作的愿望。在后者的情形当中，一致意见更容易达成，有可能是相反的问题恰恰会出现。那些对决定苛责的人将会屈服，最终保持缄默，不妨说是向权威力量或者代表大众利益的阶层做出退让。

从第七章可以看出，来自金教授与谟玻格妮教授(7.3节的题词)的引言中，不服气的同事拖后腿的风险是非常真实的。盖洛普最近在许多教授中所进行的一项民意测试估计出27%的人是合伙致力于公司的，59%的人是中立的，14%的人是不抱任何幻想的[239]。因此，采取一种做决定的风格和一种管理风格是重要的，目的就是要避免这种幻想破灭的发生。根据David Garvin[240,241]提出的一种线程观点，参与者提出的做决定的方法与专横的方

法是相对立的。对于那些视自己的决定为必胜观点的决策者，Garvin提到了“拥护”；而对于那些监督一个集体的决定的决策者，他用到了“问询”。事实上，在美国这些思考在那之前早就出现——他们植根于入侵古巴（1961年4月）的失败的猪湾事件之中和随后由约翰·肯尼迪的顾问提交的尸检报告，因为总统先生认为他没能做出正确的决定。有分析指出，美国中央情报局通过只展示支持入侵的论据，“推动”了入侵决定。就像在“挑战者号”灾难的案例中，或是后来发生的“哥伦比亚号”在进入德克萨斯州解体坠毁事件中，专家提出作为事实的依据其实都是模棱两可的。当事后分析糟糕的决定时，总会发现专家的自负（见6.9节）和对成功概率连锁效应的忽视——那会导致每一个子操作超过50%，当它们相乘时会迅速减少——是重要的失败因素。在这里我们看到了第六章中提到的偏差特征。这种结构无疑会导致事故[168]或者灾难的发生，就像美国宇航局发生的事件一样。

约翰·肯尼迪的顾问得出的结论是行动的过程应该是不一样的，并且应该采用更加民主的决策。事实上，应该重视不同观点和少数专家，因为不论是什么议题，我们总能发现有些专家持完全相反的观点。我们可以把这种反对原理归结为“故意唱反调”。Morel[168]着重强调了故意唱反调的人在防止事故发生和在危险活动中的安全警示以及在危险系统运行中打破等级界限所扮演的角色。等级制度引入了支持顶级人观点的体系偏见。这些偏见会造成事故，处于高等级上的人对手头的事情并非很精通。即使他们很精通，他们也可能陷入自负之中，这种自负可能是地位太高所导致的或者仅仅是显示自己的聪明。在所有这些场景中，他们都会危害系统，这些在事故发生之后的调查中都有论证[168]。因此，当需要做一个艰难的决定时，每个人都必须有发言权。在危急关头，高素质的人必须做到不顾等级界限的禁锢。在机构中这些或多或少也是这样的——如果是在商讨一项重要决定，你必须听取辩护方不兼容的方案，鼓励反对者的意见，然后做决定。在古巴导弹危机（1962年）中采取了这些方法并取得了可观的结果。再例如，游击队的干涉有许多支持者，但是那些认为如此行动会引发不可控制的事件升级的人的观点和其他少数人的观点都应该虚心听取，好好研究。这些准则保证了更进一步的检查，因为即使没有多大的效率，封锁的解决也有很多更先进的优势。渐进主义和可逆性都是做出战略决定时重要的价值标准。一个对将会发生的事情没有总体概念的专家，在他所擅长的领域是待不长久的。

与前面部分类似,在这里我们把开放和专横的决策制定的特征总结在一个表格里。

表8.2 开放决策和专横决策的比较

专横决策	开放决策
提出并维护一个决定	提出一个决定作为公共的解决方案的探索
试图说服或影响其他人	评估所有的方案,权衡利弊
决定的参与者是他们提前建立的选择的代表或提倡者	参与者讨论所有的选择,每个人都参与其中
少数的呼声被忽略	少数人的观点也是被鼓励的
有输有赢	每个人都高兴或每个人都不高兴

改编于Garvin和Roberto[241],"倡导"与"问询"

正如表8.1,我们必须避免组织主义。所有的事情都因环境而变,我们应该把这两种决策制定的类型结合起来。理解对立两极的存在是重要的,并且开放的决策制定不会阻止冲突,而是在广泛合作的环境中提高人们的参与度,并可能会提出一些极好的决策或者比用专横的方法得到的危险性低的决策。然而需要指出的是,为了合作和继续对话,必须有两种类型的你!在特定的情境下——比如说,在国会中——做出最佳决策并不是问题,问题是获得下任竞选的那个人,参与决策并不是每个人的兴趣。开放的决策制定过程与选举的过程不能混为一谈。开放的民主可能是一个矛盾语:既能找到一个共同的目标进而达成一致意见,又可能选举出一位基于不同目标和议程的代表。在前一个例子中,专横的决策制定则存在可能性,尽管这种方式并不受欢迎;在后面的例子中,开放的决策制定只可能存在于多数阵营。在这两种环境中有一个明显的不对称性。

8.4 执行和管理

你接受的命令是做出一个决定,不论这个决定会是什么。起初,这是令人生畏的,后来你意识到无论你做什么决定,归结起来都是一样的。

——J. Anouilh

无论你的决定是什么,重要的是坚持下去。

——奥古斯特

推理可能暂时说服人们,但它不总是能转化为行动。然而,那些渗透到

人的潜意识里的建议、重复建议和蔓延的情感,才会转化为行动。

——G. Le Bon

根据汉娜·阿伦特[217]的观点,我们发现说希腊语和拉丁语的人把"行动"和"处理"分得很清楚。在希腊语中,有两个动词:其中一个是archein,它的意思是"控制";另一个是prattein,它的意思是"做出好的结论",这也是单词"practical"的来源。根据汉娜·阿伦特的看法,archein在古希腊语中的含义先是"开始",后来是"引导",最后是"控制"——在希腊人眼中这是一个三连音。同样,在拉丁语中我们可以区分agere和gerere。agere的意思是你开始并调动某事——因此它与从决定到行动刚好相一致。另一方面,gerere是处理或者管理的意思——现代法语中,"gérer"来源于此！这意味着你正处于过程当中,你在试图结束已经开始的东西,不管你是否已经亲自做决定或者是别人帮你做决定。

正如政治哲学家阿伦特所说,处于不受约束和行动状态——尤其是正在做一些新东西——是两个联通的观点;这里我们又一次看到与第七章已经建立的做决定之间的联系。拥有下决心和做的能力就是不受约束的状态;没有下决心的自由没有任何价值！在那种情况下,你仍处于意图的阶段,就像第七章题词中的戒烟者一样。"只有自由人——区别于他们拥有自由的天赋——只要他们行动起来,既不超前也不滞后:因为是自由的和行动起来是一样的"[217]。尽管我们憎恨我们思想中的暴君,如果我们无动于衷,就不会是自由的:"没有勇气就没有自由,没有自由就没有幸福。"(修西得底斯,古希腊历史学家)。为了不受约束,必须有能力和勇气去行动。汉娜·阿伦特[217]补充说自由意味着:尽管明天很有可能和今天、昨天还是一样的,但由于获得了两倍的自由和行动,人类能够建立一个自己的真实世界。

我们注意到文明,或者至少说印欧语系文明,在建立自己的语言中存在差异。自己做决定的人和忍受日常生活暴政的人是不同的,不是吗？这种观点也出现在管理学文献中,这种管理慎重地区分战略决策制定(用大写字母D)和实施与操作一致的策略是由上层人物决定的。绝不是这么简单！赫伯特·西蒙指出,一个决定并不阻止战略,而战略的实施包括不断地做出操作性的决定,所以实施战略是决策的一个方面。在3.5节,我们看到两段来自西蒙的引用[21]43,44,他在里面强调一点,即一旦行动已经触发,决定并没有结束,反而会继续直到你确信行动的完成,在这期间你一直在做"越来越小的”决定直到可操作的水平。

人们普遍相信战略水平的决定比可操作水平的决定更重要的信念是错误的——是已经习惯的看法。可能选择一个错误的螺栓，一个有缺陷的联合甚至一个错误的弹药，能够导致“最好的计划”误入歧途。就像老话所说的，“魔鬼存在于细节！”永远不会缺乏奇闻逸事——证明那句话是惊人的——很多“伟大的决策者或领袖”也有细节癖好。一位经常检查军队纽扣的将军形象被想象出来。我们想起詹姆斯·拉菲特，一个从地上捡起大头针，把它别在袖子上的银行家。由于他对细节的关注后来被授予书记的职位。这个例子追溯到很久之前，因为拿破仑对马的干草非常关心。在1000年前，摩西(《圣经》故事中犹太人的领袖)查看饮用水的供应！有些人甚至把领导力能够从对事无巨细的关注来评判这个并不完全正确的观点加以延伸。

Practice(prattein)与拉丁语词汇gerere相一致延续了一段时间。“做”可以从行动加以区分，因为行动有一个确定的开始和结束，并且可以从原则上提前设定：当产品完成了就是结束——产品不仅比生产它的活动持续的时间长，但是从产生之时起，它的“寿命”是短暂的。从另一方面来说，行动是短暂的，就像希腊人最早使之概念化；但它无迹可寻[217]。决策制定并不能简单地“具体化”，借用兰利·明茨伯格的表达是因为，正如我们在第三章所看到的，决策制定是一个过程，不能压缩到一个简单的瞬间。如果我们不考虑决策的实施和决策的处理就会被指责为毫无能力。事实上，如同在战争中，如果意图没有坚持到底，决策就没有任何意义。让我再次借用乔治·马歇尔的话：“Foch说胜利靠10%的计划和90%的执行。这在今天仍然是正确的，就像当初Foch说的时候一样。这一直是正确的。最大的困难在于观察到它在低谷仍执行和推动它继续向前。这些不仅需要作为领袖的伟大能力，需要所有人的尊敬的伟大能力，还需要作为参谋的伟大能力。我不想强调太多，如果你制订了计划但是却袖手旁观，你会再次输掉的。”[237]64

决策者应该把决定付诸实践，并且去驱动和处理它，就像古希腊人所说的，“控制它的移动”并把它应用于实践。我们可能想到这两种功能之间有间隔，但是行动之人同时又是实践之人——那正是他们为什么是行动之人的原因。本书作者的同龄人之一，Jean-Claude Courbon，是一位决策支持系统专家，他曾经回忆说在他早期的工业生涯里，经常在两个理智的选项之间做出选择，这让他极度痛苦。他也可以任意选择其中的一个，但是主要的目标就是“使它有效”。创造条件让决策“有效”对机构中的生活是必要的。再

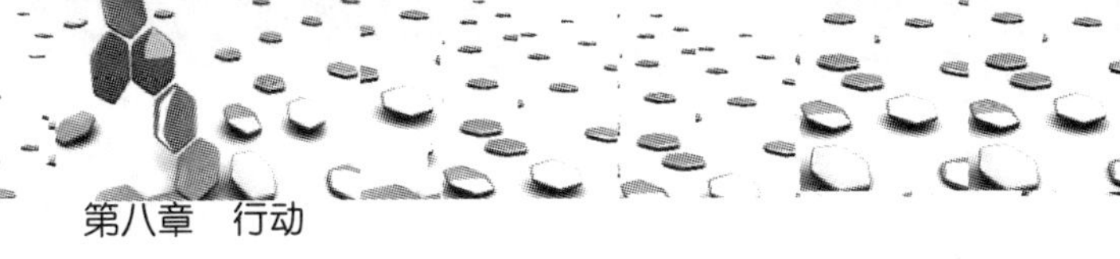

一次,我们看到一个有理解力人的形象,他抓住机会推动他的项目向前。哪个更艰难:是做一个决定还是付诸实践? 反复的考虑是必需的——对Courbon和Anouilh来说,做决定是容易的但是使之有效却是困难的。从经验上来说,作者认为两者都是艰难的,但是更倾向于Anouilh的观点,即谈到战争时借用拿破仑的话:"我会说决策制定就像战争一样,是一门艺术,完全取决于执行它!"

此时,让我们自己做一个决定并操作它的实施直到时机成熟。曾经有一段时间有一种现象很流行,就是老板只充当决策者而不参与决策实施的过程。这种观点,对于不是过于简单化的人,经不住事实的检验。当研究人员比如Gulick[242]、Mintzberg[243]、Kotter[244]等人开始研究CEO的工作包含什么内容时,他们注意到CEO们几乎不思考和计划,反而花时间做战略决策制定。CEO的工作包括基本的任务分派,组织维护委员会,协调机构中几个不同部分之间的行动,花时间接见一大群人并收集信息。CEO们会培养不浪费时间的机遇[244]——他们为收集信息服务,之后收集的信息会被CEO筛选,突出那些他认为会对机构产生巨大影响的重要部分,最后再分配筛选后的信息。他要比他手下的工作人员看得更远,并且能够训练他们,激励他们甚至稍微操纵他们。

决策者的知识在于预料他的行动将会带来什么真实后果[4]:"做出选择时,一个困难的地方就是要描述后果,评估后果,并把它们同可供选择的行为联系起来。"一个公司主管的工作就是考虑后果,思考可能会发生什么,最后处理紧急情况。如果所有的事情进展顺利的话,就不需要主管了。让我们引用拉尔夫·斯泰西[245]的话:"有关战略管理的课本至少有90%的内容是写管理任务中相对轻松的部分,即运营机构尽可能零意外。相反,实际的管理任务可能涉及意外情况的快速处理,解决甚至利用不可预测性以及抵触反文化等。实际的任务是关于处理不稳定、无规律、有差异和混乱的事情。"集中关注与平常不同的情况的观点在理论上称作"基于意外情况的管理"。管理者的角色就是发现并处理计划与预期的偏差。这些全都来源于同样的概念:例行公事不是为决策者准备的——那些身处要任的管理者的实际职责就是处理不可预测、不稳定、无规律、无意义和混乱的情况——作者认为还包括人类情感。因此,你必须清醒地意识到决策制定不仅仅是战略性的:在每一个层面上,公司的每个代理人都在做决策,因为正如赫伯特·西蒙所说,"做仍然是做决定"。

相反地,我们应该花费大量的精力去关注这样一个事实:宣布一个决定——特别是关于什么已经被做或者甚至是什么应该被做的决定——并不等同于行动,行动更迷人[246]。正如Boudon[164]如此有诗意地指出,“所有的观众都被安提戈涅的命运所感动,谁还关心底比斯?”

正如我们以上所看到的,Ralph Stacey提出了一个观点,作者认为该观点是有争议的——如果所有的事情总是和预期发生的一样,就没有必要需要决策者:难道管理不是一门处理意外情况的艺术吗?即使从另一个极端来说,如果管理者只是简单地做出反应,就不会再有决策——当然了,我们处在习惯性思维的范围。这早就被解释了,那就是没有一成不变的目标[248],或者也许根本就没有目标:机构中的决策制定是不断增加的[249,250]。林布隆也赞成这种进行方式的效率和实用,他所说的并不是为现状做辩护:“一系列迅速移动的小的改变能比只有少的主要政策变动更快速完成现状的转变。”机构产生自己的可选方案[171,247]。就像一些决策者,在思考之前做得太多——正如由星巴克[171]出版的一篇文章的标题指出的:“动而后谋:战略变化中的理论对比现实。”通过这种计算,就会有很多论据于计划不利,支持管理者“有理解力”的观点。“很多主要的决策,尤其是改组和搬迁是踏进未知领域一项史无前例的举措”[251]171。就像希克森谈论的,仍然存在的问题是采取那种举动的合适时机——换句话说,就是我们怎么才能知道机构准备好了没?那么决策者所扮演的角色就是准备好然后发出开始行动信号的人;他要承担风险负担,掌握不确定情况。这让人想起Crozier[119]在有关组织中不确定性操作的发现——据他所说,控制或者组织在车间中的危害就是给你自己权利。从这个角度来看,未来有很大的力量,人类要想办法去解决它——正是他们的视野,计划和预期来去应对未来的不确定性。

8.5 战略规划和决策

谁才能真正地做决定?此类问题毫无意义。一个复杂的决定像一条巨大的河流,由无数条支流汇集而成。每个重要的决定都是由许许多多的个人和组织集思广益而来的。

——西蒙

旅行者,路是你的脚步,别无其他;旅行者,也并没有路——因为你忘记了曾经走过的路。

——安东尼奥·马查多

尽管这本书主要是有关个人决策的，但我们可以把这一部分内容应用到组织决策中。我们在3.10节中已经简要介绍了这个问题，并指出：在涉及许多不同行动者大规模决定的情况下，要决定在什么情况下做出决定有时是一件极度困难的事情。通常在大型项目的背景下或公共决策时就是这样（见上面来自赫伯特西蒙的引言）。一些作者比如Sfez[208]从这儿已经得出结论：在这些情况下没有决定，因此，也没有决策者。我们再回到这一点上来。在决策方面，它像是自由（见7.4节）。人们能够写他们想写的东西，没有什么能够阻止人们认为他们正在做出一个决定。然而，在实际情况中，在一些过程特别特殊的特定情境下，在很长一段时间内，有许多人，他们不可能知道是谁做出了什么决定。正是这些小的决定和一系列承诺的齿轮作用让轮子动起来，形成大的胜利或失败。在它的中心并不是在这些情境下消失的决定，而是这个孤独的决策者。"谁真正做出决定？"这个问题没有答案，或者说它有一个混合的答案。基于模糊或拥挤视图，在拆穿决策思想的文献下面经常会发现决策论，特别是社会决策论——某种程度上的马克思主义思想。这些文献说各种形式的力量控制着游戏，或者指导着舞蹈，并且其他任何人都不决定任何东西！（从大局来看每个人所做出的决定都是那么的渺小且"没有意义"以至于在实际中没有任何作用。）从组织的层面我们可以看到在个人决策中出现的相同问题，并且除了我们已经讨论过的自由，关于这个问题还有一些可以讨论的——它之所以存在是因为人们认为它存在。决定存在的证据有时可以被消极地证明，就某种意义上来说，很容易做出"反人类"的决定（引自兰利·明茨伯格等人[230]），特别是当结果是好的时候。从另一方面来说，当企业失败的时候，很少有疑问责任应该由谁来承担！在这种情况下，有一个个人的决策者：正如约瑟夫将军在Battle of the Marne（1914）中所说的：我不知道谁赢取了战争，但我知道谁输掉了它。同样，我们想知道是谁的决定建造协和超音速飞机或金门大桥，但是假如夏尔·戴高乐或Joseph Strauss不在那儿，又是谁建立了这些东西呢？

在实际情况下，详细的研究（见Thoenig[252]给出的参考书目）表明许多国家决定的基础和准备工作都是由那些倾向于控制"傀儡决策者"（往往就是一个政治傀儡）的公务员或技术专家来做的。例如，在1960年前后，关于在巴黎郊区构建RER地区铁路系统的决定，斯费兹[208]给出有多少交织的决定，有多少利益冲突；这些导致了南北分支的修建。虽然东西方向被认为是一个优先的选择，这也引发了最初的整个过程。任何一个处在权利

组织位置上的人都倾向于成为一个"傀儡决策者",他们并不做出任何决定而是被他们周围的人操纵着——尽管许多时候这种受操作的程度比他们周围的人认为的要小,这就是伟大的决策者的情况了。基本上,就像我们事后在戴高乐或 Paul Delouvrier(RER 计划的主持人物)案例中看到的,决策者的角色就是各种压力群体之间的仲裁者。仲裁变成了决定,仲裁者成了决策者。如果出现问题,仲裁(决策)者也要为此负责,因为那些来自施工部门特别是内阁会议的专家游说群体对这些政治意义上的东西是"不负责"的。他们是不对任何人负责的:不对选民,甚至不对他们的部长,因为他们只是筛选信息和试图影响(通常是成功)部长的行动。由于这些团体众多,得出这样的结论是很容易而且是很诱人的:没有负责任的政党就没有决定。在技术专家层面,这可能是真的,但这在仲裁的层面却是假的;因此,否认了这个决定的思想流派是没有价值的。然而,在紧要关头,在公共决策或者大组织的决策中,这确实有吸引标准多样性和利益复杂性的优势。

让我们再一次回到战略规划上,它能为深度检测调集许多人。战略规划的过程有一个很长的时间,一般6个月到4年或更长。假如你遇到妊娠期[253],时间会更长。它占用一个组织中的许多服务。训练通常包括这个组织的近一段所有的历史。这是一个烦琐的过程,而且从某种角度看,它与决策也丝毫无关。事实上,要问的正确问题是:"有没有可能几乎每天都进行经营决策,同时坚持事先建立长期战略?"这个问题对组织来说至关重要。呈现在脑海中的第一幅画面来自人工智能和机器人学:机器人是如何穿过中央车站的广场且不撞到一个人的呢?实际上它做的事情和我们人类一样!机器人牢记着自己的最后目标,比如说"到达七号站台",在向目标移动的过程中,它时刻做出反应。因此,它会到达七号站台,但是没有人能够提前知道它会沿着哪条路线,它的路线取决于人群的移动情况。假如一个机器人能够做到,那么一个决策者也可以。这就是一个优秀的管理者的角色——基于他脑海中已经形成的场景,在一个深思熟虑的策略框架下及时做出决定。正如建筑业巨头拉法基公司的首席执行官特兰·科伦博在1993年所说:"为了能够快速行动,你需要有一个计划。"然而,计划并不意味着通过对每一个细节的描述来形成一个战略规划,一直到第 n 年——这是一个"魔法思考"(见6.10和7.8节)。

战略规划在20世纪70年代的时候曾辉煌一时,后来经历了一个衰落期，就像亨利·明茨伯格1994年的书的标题“战略规划的升起和衰落”。从一个现实的眼光来看，要抛弃传统的规定决策者行为的战略规划思想，而不是把计划作为指导方针。决策，就像中央车站里的例子一样，变成了一个沿着普遍轨迹逐渐收敛的过程，但是伴随着向左向右的迂回。这和兰利·明茨伯格等人[230]266提出的模型4一样：“组织的决定靠迭代驱动，收敛就是结果。”

实际上，在这个商业发展繁荣的不稳定的世界上，中期预测的有限信任度让战略规划的训练高度理论化。战略规划巨大的成功主要依赖于检测一些场景和构建一些框架以使得从一个场景到另一个场景变得可能。这为管理机构提供了方向和凝聚力，也通过计划谬误使州长们放心（见6.10节）。始终引用战略规划成功的例子是Shell战略规划[254]，这个战略规划让公司比其竞争者更好地预测了第一次原油危机风暴。许多文献已经出版，它们形成了一个简单的共识：管理小组成员共同工作在场景上是很有用的。阿里德赫斯，Shell战略规划的一个主要思考者，说，一个公司能比它的竞争者多出来的唯一优势就是他们能学习得更快（见下一节的开头）。这两种思考方式并不是相矛盾的，因为为了尽快抓住和利用新的机遇，一个预期的观点不会造成伤害。

20世纪90年代的那些反思现在还剩下些什么呢？现在仍然有各种类型的组织，并且它们中的一些已经选择了一个功能结构，由此战略决定进入了指导者的讲板上和公司经理身上，然而这些决定的处理一般在董事的职权范围内，并且操作的任务分布在这个层次链之间。在这个层面上，一些证据确凿的场景的战略讨论总是值得推荐的。在许多其他组织中，那里的头儿是经理或CEO，他们发现自己处在公司的日常运行之中——特别是在一些小的企业。这比战略更平淡无奇，但是却是必需的。尽管如此，通常情况下一个战略的观点是有用的。在这些组织中，战略规划中所认为的冷静可能有一点儿不公平，因为就像在中央车站的例子中，并不建议有一个方向。缺少战略规划就是对自己决定目标路线能力的谦虚。

我们可能会问自己，在一个组织中怎样才能将中央车站广场的图像转化为一个行动。答案之一是德国莫尔克公爵方法的理论（Harzburger模型）[255]，即使今天作为管理代表团在德国仍然很流行。在战略层面，你设定目标，把它们分配到独立单位，如部门、团或区域。这些单位知道目标，因此也会为目标而努力。单位里的成员也被训练得具有反应力、创造力，能敏锐地抓住机遇。当然，这涉及报告反馈，以及对不成功计划的宽恕。当框架被合适地构建后，这个方法是高度有效的。这就是1940年古德里安装甲集团如何突破在阿登的防线并推进到英吉利海峡的。同样地，在1944年的诺曼底登陆中，尽管刚开始几个小时中，计划崩溃和过程缺乏，但美国军官的主动意识让这一切转危为安并且获得成功。

这里我们将要离开组织决策的轨道，用另外一个类型的报告结束本节。由于历史上国家重大决策的影响，这种类型的决策总是能够引起人们的注意。有这么一个历史的观点，它倾向于把如此的一个决定归功于一个人——君主，即主要国家的元首，像红衣主教黎塞留，首相，美国总统等。这是一个最初的偏见——正如我们所看到的，问题的决策者大多数情况下仅仅是各种冲突的标准或许多意见之间的仲裁者；有时候那些家伙可能就是题写和揭开了那些决定的仲裁者而已。被历史教育通俗化了的第二次失真往往会找到一个非常具体的原因：第一次世界大战的原因，苏维埃政权的倒台的原因，等等。这一观点满足了我们"浮想联翩"的大脑，但是最终会否定这个决定：第一次世界大战是不可避免的；苏维埃政权的倒台也是一样——这只是时间的问题。在这个层次上，决定的概念被稀释了，但是仍然保持着一个观察和叙述正在发生的事情的模式——这让人们放心，使他们发挥力量，涉及他们。关于这个问题，法国拉罗齐[256]引用了March[257]的观点，后者认为决策的过程是"一种仪式，通过它我们认识圣人，与年轻人交流，安抚老人，背诵经文，理解我们存在的本质"。

历史观再一次揭示出一个重要的观点——即使一个决定被明确指出，我们也只能想象它。因此，个体决策才是关键的概念，而组织决策或许只是一个矛盾：一个组织不能做出决定，因为它不是自由的。古希腊确实有对城市自由的观念，但城市是自由的是因为它里面是有自由的男人，他们命运的主人以及决策者所组成的。

8.6 反馈和学习

从一个连续的视角去观察，决策的成功与否很大程度上依赖于两个主要因素：第一，反馈的可用性；第二，基于反馈而采取纠正措施的机会。

——Kleinmunt D. N.

我们唯一的优势，是比竞争者学得更快。

——阿里德赫斯

好的决策者必须能够对他人的行动、对环境的变换和不可预见的情况有所反应。因此，动词“邀请”在法语中称作 rétroaction（字面意义是“反向动作”），而我们称作“反馈”。故由于传递性的存在，导致行动的决定也要受到反馈的影响。在决策制定中反馈极其重要——没有它，我们怎么才能学着去做好的决定呢？事实上，我们究竟又该如何学习？这里，我们不去研究小孩周围的学习观念——我们可以把对这个领域感兴趣的人推荐去做皮亚杰和他的继承者的工作；为了我们的目的，我们应该向成年决策者所做的决定学习。

在最基本的认知水平上，调节依赖于即时的动作——反应循环（我们很早就知道，反应循环是高效率的，在某种程度上是因为眶额皮层和杏仁体，此外还因为大脑能鉴别结果和期望之间的区别的特性）——见肯尼尔利和沃尔顿[84]。这意味着由于立即反馈，调节能迅速发生[81]。这种结果并不好，当学习训练涉及可能性和风险时，还会造成个体差异的出现[258]。这些差异源于从纹状体产生的多巴胺回路的功能。即使在一个特殊的情境下，在出现错误——事实上，这是一个冒险的行为——的情况下，惩罚的可能性变高时，很自然地学习效果会更好[259]。一旦大脑已经学会了某事，我们会注意到刺激循序在变短，因为前额叶皮质区域脱离了回路[86]。当一个习惯性的计划变成了一个下意识的行动时就会看到这种现象。就像深层大脑在指导你——你几乎可以在不知不觉中找到回家的路。从另一方面来说，如果你想更改你的线路，那就需要故意为之。当你不得不学一些远比行动奖励或行动惩罚复杂的东西时，很多因素就会参与进来。首先，由于可能性和偏差，正如我们在第六章中看到的（“我告诉你该如此”和“有效性”），学习和在好运和好决定之间做出判断会变得困难（见第一章），而这会阻碍学习。

学习过程中的另一个难关是识别正确的变量。“选择相关变量的能力要比在信息处理中过程的复杂性更重要”[56]696。学习正确的相关性是很困难的，就像我们在 6.10 节提到的一样，而学习错误的相关性却是非常容易的！从 3.4 节可知基于实例的论证，为了学习，我们需要框架；为了实现这些协奏曲，我们会再次需要“理论”。然而，经常来说，所谓的优先理论有着偏见和错误的风险，我们强化它们而不是改变它们，用以学习新的相关性。困境在于，没有理论的话学习相关性几乎没有可能，除非它们非常接近 1，或者环境特别平稳并且观测值不计其数。从另一方面来说，适当地使用优先理论，核实早已存在的理论是非常容易的，它不是正确的就是错误的！

第三个需要加以考虑的是反馈中的时延。反馈越慢越直接,学习就越困难。许多策略或者决策制定游戏已经展示了这种困难。最著名的是"啤酒游戏",被它的创始者约翰·斯特曼[260]深入地研究过。由于他们的决定和不是那么迅速的后果之间的延时,参与者在玩这个游戏时,表现出对小故障很大的理解障碍并且难以避免。此外,非线性模型更进一步增加了困惑。大部分的参与者对需求增长反应得过快,好像在产品和交货之间没有时延[261],然而却使情况更糟,并试图通过突然的运动来调节平衡。参与者发现承认是他们自己犯的错误相当困难,这一现象也很有趣——他们或者他们的伙伴故意归咎于需求的波动[262]。

把成功或失败归于正确的原因是基于决策学习其中的很重要的一点[263]。然而,这是很困难的,因为正确的决定绝对不能和好的结果相混淆(见第一章)。在复杂的系统中——对于那些没有模型的系统,或者表面看起来变化很大的不稳定方式的系统——它几乎是"使命:不可能完成"。即使有很多的环境因素有助于它,判断某人或某个团队具有成功的特质相对来说也是很容易的[263];因此,我们就不能理解成功真正的原因,而陷入成见效应。

为了恰当地学习和找到造成成功或失败的正确的因素和正确的人,我们需要稳定、可理解的环境。为执行一个跟随学习体验的任务,我们必须有稳定的、正常的环境[76]523——也就是说,为了反馈能够是"模型化的",这个环境要在一个可解释的模型(较好的线性性)中显示出足够的稳定性和可以接受的理解力。Bowman[57]给出了一个例子,它是一个如此稳定的工业环境,考虑到了适当的学习,同最优化一样有效率。通过反复实验法的调节过程有时比许多复杂的过程更有效,但是再一次强调,这个系统必须相对稳定并且决策者能连续地干涉。这就是"爬山"模型——决策者根据反馈一点一点地调节出来[259]。富有成效的调整能代替学习——许多决策者通过它们来学习做决定!在一个反复调整的模型中[230]274,的确有学习的一个方面:前面的决定会形成学习,这会影响到后面相同领域或其他领域的决定。我们很明白决策制定中的进步有很多优点——然而,环境仍然必须兼顾到这种情况。

回到令人困惑的环境,需要指出的是,不管怎么说反馈与学习的变化减慢了这一过程[264],因为决策者试图想出有怎样的命运在等待着他们,并通过推迟他们的决定来弄懂大自然的法则。他们甚至准备求购信息尝试去理解什么是一只脚[264]。对于不确定和模棱两可的反馈信号,通常的反应是延

期。决策者很难理解他们所得到的不断变化的反馈——例如,随着控制不是按线性变化的反馈——他们倾向于向徒劳无用的事比那些得到清晰反馈或者提前训练过的人投资更久[265]。有趣的是,反馈越模糊,环境越难以确定,把自己推进危险情况的可能看起来就越大。就好像人们不顾一切地投资,就是希望得到正在发生什么的信息或者简单想要理解[264]。同样地,由于一个不理智的行为通常会掩盖另一个不理智的行为,投资领域的决策者经常准备花重金求购信息,即使得到的信息不是那么容易理解或者像反馈一样易变。这导致机密情报交易如火如荼。根据这些作品,我们可以扪心自问,在逐步升级的军事环境中,例如越南战争中,如果那些军官不仅仅是试着搞清楚正在发生什么,而是他们要理解它,他们才会赢。因为这个原因,他们成了他们自己"不小心"大脑和规避损失的受害者。

在学习上的困难会延伸到组织。我们早就提到一大堆关于如何在企业获得成功或卓越的方法的文学作品。机构学习的众多偏见之一是从成功中学习而不是从失败中学习的趋势。当操作有效时,人们就会重复先前的行为,而不去问自己他们最后一次是否也是如此幸运,良好的环境会持续多久。这种短期学习通常在长期具有消极的结果[172];这篇文章展示了成功消极结果的崩溃,这意味着一个公司长时间地依附于一个已经过时的东西。这样刻板会导致不能够觉察到变化的信号,或者是拒绝见到它们(见6.11节),除非管理者把他们当作过眼烟云,不然也可能导致公司一个黏连性的结束。绝不能忘记的是商业环境或者现场行动的反馈总是充满"噪音",这些结果决不能作为决定价值的指示器(见第一章)。我们总是能看到同样基本的错误:决定不是结果。

最后,在机构或人类环境中,反馈不仅充满了噪音,而且还能被控制。另一个参与者很可能传达一个实际上不是他所想的信息,目的是使你以特定的方式行动。这就是公共产品代价的整个问题——许多人会告知你他们没有打算为公共便利设施付款,因为他们认为有人会做并且无论如何他们都会从中获利。"社会体系中的反馈循环不是被动的而是可以预测的。每个参与者都在尝试去预测其他行动者和体系的行为方式,目的是更有利地去适应他或她的行为"[235]10。在某种程度上,这是自我实现原则的一种反应。举个例子,如果大众参与通货膨胀,人们就会更加自由地购买。因此,会抬高价格。这种反馈的理解在于这不是购买力或需求增加导致,而是自我表现的适应。我们要理解社会体系中的反馈就要非常小心。

如果环境不是稳定的或者像如我们所见的社会体系中的那样，从反馈中学习几乎不可能——除非有高度熟练的技巧。像战争游戏或场景游戏这样复杂的游戏，不仅告诉我们间接的或有时延的反馈的存在，而且还有所有其他的决策制定的策略：各种力量的介入（“利益相关者”）；信息源的鉴定；情报的收集与研究；可选方案的构建；随机因素，等等。用于策略反射的场景刺激在20世纪90年代第一次流行起来，由保罗·斯库梅克向前推进（见维基百科，“情景规划”）。这些游戏重点不在于从反馈中学习，而是由教授西蒙尼恩决策制定（见第三章）的整个过程，和通过“头脑风暴”教授游戏者预想接下来会发生什么——换句话说，他们为未来做准备。这些方法对学习做决策很有用，尤其是对于处理意外事件的学习。因为，利用场景，我们又一次处理的是实现品。通过模拟复杂情况的训练现在也存在于所谓的严肃游戏中，这些训练本质上是总结优势、策略规划和场景规划。事实上，我们看到“参与思考期望”的心态鼓动了大批领导者，而那是策略规划（见上文）的基本特征之一，另一方面，游戏者学习对随机机遇做出反应并处理意外情况。

8.7　总结

无论我们自己处在三个管理层面的哪一个——战略层面、战术层面、操作层面——我们都要做出决定。正如March（见7.5节）所提到的，不是每一个人都是决策过程中的英雄！在实际中行动和管理的语义差别是一个差别，这个差别与决定层面的关系要比做出或不做出一个决定的关系还要紧密。因此语言将社会团体运行中的战略决策概念指向了特殊化，到达了权利和要求的层面。当社会团体运行时，其动作遵循的指导，即“从那一点上出发你所有要做的事”。我们看到，它是一个印欧语系社会的三个条令的愿景，这个社会是用古希腊语和拉丁语来表现的。毋庸置疑，那个愿景是有点过时的，而且战略决策也不再是它曾经的样子。事实上，每一个人都想从他们自己的层面来做出和他们相关的决定。集体参与的决策很流行！我们刚才提到的层理或许只有在一个稳定而传统的社会里才会有意义。当今时代，我们生活在一个极其多变的环境中，在这样的环境里，多变、敏捷、能够抓住机遇就显得比战略更为重要。事实上，相似的人们或组织正在不断地试着穿越“中央车站”的广场。现在我们需要的就是两个词：在整个非常时期内，一个是针对很快做出决定反应灵敏的人，一个是为循规蹈矩的人——

两个词,但是经常是对一个相同的人:决策者。

就像我们刚刚看到的,我们必须同时考虑决策和行动——这两者和人类的思想都密切相关,因为任何不是被条件反射自动触发的决定都只是一个想象中的行动而已。这个行动可能就像复仇一样被拖延,或者也可能被立刻实施。尽管如此,决策和行动这两者是不可分开的,我们不能只研究或考虑它们其中的一个而不管另一个。

8.8　附加说明和建议

8.8.1　决定和行为不可分割

对决策者来说,反应仅仅相当于一个动作。换句话来说,反应是伴随行动发生的。通往行动的道路包括决策者将已经在自己的大脑中变化多端地预演过的场景真正付诸行动。

8.8.2　快速决定

敏捷是决策过程中最本质的要求之一。一旦一个决定被外界所知,就应该立即付诸行动。一个优秀的决策者本质上应是“敏捷的”。你应当时刻反思,而不是只在行动中反思。及时做出的决定总是比一整晚做出的完美决定要好。当是紧急事件时,那些踌躇于行动的人应当被剥夺所有的责任。

8.8.3　“不作为”亦是决定

不作为也是一种决定,但它往往是一种比较糟糕的决定。

8.8.4　他人的判据

优秀的决策者会考虑他的对手或敌人的判断标准。他善于倾听,并从不贬低少数人的观点或异见者的观点。

8.8.5　不可能总是一致同意

集体参与的决策不应该是“麻痹”的同义词。优秀的决策者必须有能力解决冲突,并在面临相互矛盾的标准时做出决定。根据情境的不同,优秀的决策者要有能力识别什么时候运用集体决策。

8.8.6　决定不仅是冲动

优秀的决策者会观察他做出决定的实施情况。注意决定的操作情况也是一种形式的决策。决策的艺术蕴含在它的执行过程中。

8.8.7　随机应变

计划和行动不能同时进行。计划对于调动资源是很有帮助的。在行动的过程中,不一定(而实际上也不可能)要完全按照事先的计划来实施。假

如计划详细到能够应对各种变化,就会有利于及时做出行动。

8.8.8　战略规划

战略规划的价值并不在于由它而产生的计划,而是在于其中涉及的集体反思的东西。一个共同愿景的出现是战略规划的最好结果。一个积极活跃的团队,能够认识到他们的目标并为之努力奋斗。对组织和机构来说,这个团队就是战斗的中流砥柱。我们利用游戏得到了类似的结果,并且这比战略反思花费更少,且更便利。

8.8.9　从反馈中学习

在复杂的环境中,从反馈中学习是非常困难的,尽管当反馈是及时的并且现象是线性和单变量时,这会变得简单一点。相反,人们多是在实践中学习。

8.8.10　世上没有后悔药

世界上不存在后悔药。然而,“后悔药”在学习决策的过程中可能很有用。

8.8.11　注意竞争对手

更快地注意到你周围环境的变化和微弱的信号,更快地适应新的环境,这些都是你战胜对手的重要优势。

第九章　决策者的行动手册

每个人都有错，但只有愚者才会执迷不悟。

——西塞罗

决策是一个复杂的过程，人类的大脑也不是机器。对一个决策者来说，为了做出决定，在他大脑中的情绪、意向、要求、爱恨、自恋等因素都要被调动起来以建立场景并且进行推理。这个复杂的过程有时可能出错，比如说推理可能被误导，情绪可能会超过理智，过去可能会掩盖将来的一些东西，焦虑可能会影响到行动，等等。为了克服这些因素造成的决策困难，我们必须意识到这些因素，这就是本书的目标。现在你已经走完了从最初的意图到实践行动的路径，我们还整理出了在进行困难的决策时一些你必须牢记的东西，你应当遵循的准则还有你应该避免的陷阱。

9.1　影响决策的因素

9.1.1　区分备选方案和事件

清楚地区分备选方案和事件非常重要，前者完全取决于你的选择，后者只依赖于自然或其他人的控制。从另一方面讲，事件是完全独立的。许多决策者认为他们能够影响事件的进程，或者影响其他人的行动——这是一个纯粹错误的观念，我们称之为“控制错觉”。人不会代替自然做出决定，也会小心地避免代替别人做决定。许多决策者让自己走进了自以为是的对手或竞争者的想法之中，这是完全错误的！其他人也会以事件同样的方式来分析，因而你无法控制别人的行动，最多也只能对别人的行动预测概率。假如从另一个有利的方面来考虑，虽然我们确信了别人的行动，但是实际上这只是许多备选行动中的一个而已。

9.1.2　明白自己无法掌控事件

一个优秀的决策者会满意自己做出的健壮性选择，这些选择在应对突发事件时也不会造成太差的结果。无论非空的概率是多少，给定的某个事件总有发生的可能。

9.1.3 结果取决于行动和客观条件

即使你想到了一个坏的结果,但这也不一定意味着你做出了一个坏的决定;反之亦然。许多时候,取得好的结果的人相信他做出了一个好的决定,尽管事实上他可能只是运气好而已。相反地,一个坏的结果可能来自事件(或自然)的逆转,即使这个决定是正确的且符合常理的估计概率。然而,许多错误和事故的发生确实归咎于错误的概率评估。有时候,我们不得不接受非常不幸的或几乎不可能发生的事件。因此,此时也不要为了这个坏结果去追究谁是承担责任的替罪羊。

9.2 信息、想象力和决策过程

最困难的事情是如何把两个无关紧要的事物联系起来。

——夏尔·戴高乐

9.2.1 正确识别所有可能的事件

在许多实际的情况下,识别所有可能的事件是一个庞大的任务。首先,即使能够识别,你还必须费尽心机以确定哪些是主要事件。其次,你还要给出这些事件的概率。在缺少客观概率的条件下,这几乎是不可能完成的任务。尽管如此,你还要尝试确定这些事件主观而实际的概率。

9.2.2 正确识别所有可能的备选方案

决定的质量很大程度上依赖于决策过程。因此,决策者必须特别注意以下两点:

·寻找信息;

·建立备选方案和场景。

以上是做出好决定的必要步骤。优秀的决策者对可能的备选方案和事件的发现过程具有创造力。缺乏想象力是决策的主要缺陷之一。优秀的决策者不仅要像自然本身那样富有想象力而且不忽略任何场景,而且还要能将心比心以做到预测同事和对手的反应。

9.2.3 信息查找和信息过滤

优秀的决策者试着合理地分配精力,以便寻找那些与预测相关的重要信息。他不断地努力过滤来自朋友和敌人亟待处理的大量信息。优秀的决策者并不关心历史上最显著或最近的信息,而是关注于结果中最重要的方面。当今世界信息过载,如何筛选信息和资源,以及确定不重要或无关信息的关注程度，均是优秀的决策者必须考虑的主要问题之一。

9.2.4　做问题和时间的主人

一个优秀的决策者总是高度关注实时的进展和决策过程的质量。他总是会费尽心机以避免一些小决定的“级联”。这些小决定会约束最终的决定。

9.2.5　持续关注“满意”的决定

人们无法对场景做出超出一定深度的详尽评估。对决策者来说，反应灵敏要比决策完美重要得多。此外，在许多情况下，最优的想法往往源于错误的科学假说。

9.3　学习和规划

9.3.1　注意反思

你必须拷问自己：从可用的知识和概率角度考虑，你的决定是否正确。另一个更为重要的问题是，已经发生的事件是否符合你认为的很小或不存在的概率？这个评估正确吗？是否缺少信息？抑或你把自己想要的结果变成了现实。

9.3.2　审时度势

一旦观察到一个事件，在场景树上就会有一个或多个枝干减少，同时也会有概率上的变化。此外，在场景中事件之间往往不是独立的，两个相互关联事件的概率不应是简单地相乘。在这种情况下，必须引入条件概率。在已知一个非独立事件发生的情况下，某事件发生的概率一般要比原来事件的概率高。

下面这些知识非常重要：当没有事件发生时，一系列的决定在树根处是正确的。但它会随着决定的实施以及事件的发生而出错，那么继续就是一个致命的错误。由于这个条件概率，可能变为行动的正确选择。换句话来说，一旦环境发生变化，你应该立即问自己决定是否还具有实效性。一成不变是做出好决定的最大敌人，它也会让你成为糟糕的决策者。

9.3.3　不忘初衷

启发式探索取决于对既定目标距离的评估。你越接近目标，这个评估就会越紧张。优秀的决策者从来不把主要目标当作第二目标，但尽管如此他们还会尽最大努力不忽略其中的任何一个目标。然而，时刻牢记主要目标并不意味着允许你被结果迷惑，而认为不计代价也要实现结果。有时候

你不得不放弃或改变目标,而不应在苦难的道路上一直走到黑,或者进入永无止境的"再试一次"困境。因此,一个优秀的决策者必须不断地评估他的目标,并尽可能客观地估计现在距离目标还有多远。

9.3.4 计划并非一成不变

一个人无法同时进行规划和行动。刚开始计划是很有用的,可以用来反思,或用来调动资源。但在实施阶段,不能一成不变地执行计划,因为计划也在不断变化。规划只有以不变应万变,才能让我们更好地应对变化。

9.3.5 战略规划

战略规划的价值不在于由它催生的计划,而在于集体反思的质量。战略规划的最好结果是实现共同愿景。一个积极活跃的团队,能够认识到他们的目标并为之努力奋斗。对组织和机构来说,这个团队就是中流砥柱。

9.3.6 从反馈中学习

在复杂的环境中,通过反馈来学习是十分困难的。相反地,人们往往是在实践中学习。因此,你必须一直注意学习的草率归因——特别是在一个有组织的环境中。

9.3.7 无须后悔

无须后悔,因为后悔也没有用。然而,在学习决策的过程中,后悔可能是有用的。

9.3.8 认知主导的行动

基于案例的决定,或者说是完全基于势态诊断的决定(也就是认知主导的行动),在某些领域是有用的,因为这能建立起自动反应,让我们获得速度和时间。然而,人工智能向我们展示:为了能够补偿诊断操作系统的非发展性,基于案例的决策系统必须装备一个学习模块,这个学习模块能够让各种案例加到数据集上。当案例不符合实际情况时,没有比标准的反应更糟糕的事情了。

9.4 概率缺陷

概率缺陷是取决于自然界的因素。当提到概率时,大脑就显得很糟糕了。因此,从一方面来说,我们必须在"准确"概率上有信心并且运用期望的效用准则。但从另外一个方面来说,对我们已经做出的概率估计,我们必须采取防范措施,利用后见之明。

9.4.1 客观预测概率

最好的方法是让你自己被包围在这个领域的专家之间。在任何情况下，优秀的决策者在概率评估时，都会试图保持客观，并且：

——考虑先验概率；

——不要忽视大于10^{-2}或10^{-3}的小概率；

——不要认为随机因素不会再发生了；

——考虑这样一个事实：独立概率的相乘会使得努力成功的概率变得非常小。

9.4.2 不要忽视小概率

我们已经看到，我们必须努力将概率分配给所有可能发生的事件。这是一个非常艰巨的任务，因为人类的大脑没有有形的概率经验，小概率就更不必说了。对于日常生活中的许多决定，一个10^{-6}的概率通常是可以忽略的，但一个10^{-2}或10^{-3}的概率就不能忽略了，尤其是结果或可能发生的事件是灾难性的。我们不能将一个千分之一甚至更大的小概率和一个百万分之一甚至更小的小概率混为一谈，这是你某一天有“机会”看到的事情和不可能的事情之间的差别。你必须注意那些大于10^{-3}或10^{-4}的概率，特别是结果是灾难性的或不可逆转的时候。在基于场景的推理中，你必须去学习固有的不利的场景并且评估其中内在毁灭的风险。

最后，你必须牢记当涉及小概率或者可能大损失的时候，你不能对你的评估概率有太多信心。这种情况下，你需要进行适当的分析。

9.4.3 基于概率推理

我们已经看到事件的概率在决策中扮演一个关键的角色。这意味着假如面临两个结果不同但不确定的决定的选择时，我们必须同时利用预期效用和概率进行推理。在公司里面，决策者在研究和预期概率为0.2的事件上花费的金钱一般不会和在研究和预期概率为0.01的事件上花费的金钱相同。例如，合同或契约在行政机构中通常会调用相同的合法资源，不管这个吸引力风险是五分之一还是一百分之一。由于人们倾向于承受损失的风险，在损失估计中应用基于概率的推理就显得非常重要。

9.4.4 理性对待不确定性

我们要尽可能做到对不确定性保持理性。因此，要避免过度悲观并且相信糟糕情况的场景总是最有可能的。然而，当面对毁灭性的风险时，我们必须保持警惕。此外，我们必须同心协力去评估小事件的概率，它们也有可

能导致毁灭性的以及不可逆转的后果。

9.4.5　事件之间的依赖性

优秀的决策者不会忽略概率之间相互依赖这一事实。他会考虑相互依赖的事件，并理解相互依赖的事件之间概率不能相乘，而引入条件概率。一旦观察到一个事件，在场景树上就会有一个或多个枝干减少，但是同时在概率上也会发生一些变化，因为会有一系列的事件和刚刚发生的这个事件之间是不独立的。必须牢记，与事件独立时相比，条件概率可能会造成更大的风险。

9.5　人脑缺陷

9.5.1　两个大脑

决策者都知道，一个决定的输入一方面来自额叶皮质和前额皮质推理计划的输入，另一方面来自大脑深层的情感和观念。因此，优秀的决策者会注意修正情绪的负面影响，以避免只看到那些符合他的观点或者肯定他的观点的事件。

9.5.2　直觉

决策不只是一个预期和推理的过程，它也涉及决策模式的识别。基于对过去情况的记忆和识别，模式会通过产生情绪来影响决策过程。我们绝对不能允许自己“沉浸”在决策模式里面。直觉也并不总是个坏的引导者，而且情绪有时也可以转化为有用的信息。但是一个沉浸在模式识别中的决定会太保守，经常也太情绪化，有时在复杂、不确定和多变的环境下甚至是错误的。

9.5.3　损失的风险

优秀的决策者永远不会忘记在损失惨重时，人们才是风险承担者，并且人们都倾向于规避损失。这两个影响是相关的，并且相互加强。任何损失和失败都应当引起你的注意，只有那样你才不会掉进“再试一次”的困境中，或者说是为了挽回损失不顾一切地冒险。优秀的决策者必须能够接受损失，也就是说，他必须意识到损失和收益这两种情况。决策者不仅要在收益期望方面进行小心细致的推理，而且要在避免损失方面保持警惕。比如，不要去从事高风险的赌博。

9.5.4　重新评估结果

优秀的决策者不会忘记从一开始就反抗要比最后才反抗好。为了避免

“再试一次”综合征，保持活力也是一个重要的品质。我们必须不断地重新评估任何需要再等待和额外投资的结果。如果有必要，还要随着时间的推移而减小估值。为了避免更多的损失，优秀的决策者必须懂得放弃。

9.5.5　不要高估现状

优秀的决策者应尽可能不高估现状，也不要高估自己已经持有的资产。有时候，为了赢得长期利益，我们要放弃当前收益。如果一开始的情况很差，我们则很容易放弃收益。然而当收益持续一段时间时，就很难放弃了。我们不应该忘记，对人类的大脑而言，收益不能补偿一个同等的损失，事实上只是补偿了损失的一半。推理要求我们有一个更好的平衡。优秀的决策者不会忘记，根据卡尼曼的计算，为了平衡一个党派的现状，必须有两个改革的支持者。

9.5.6　不要混淆强化和自我暗示

后验搜索的主导地位并不见得是一件糟糕的事情——你不得不证明自己，并且满意自己的选择。决定之前的自我暗示并不正确，你必须适当地权衡利弊，避免扭曲最有利的标准（光环效应）。

9.5.7　相关性和分类

优秀的决策者并不接受未经证实的相关性，并且也不把统计证明的相关性当作随意的解释。他宁愿接受一个事件是偶然发生的，而不去寻找错误的解释或追究替罪羊。

9.5.8　记忆

控制你的记忆是很困难的。记忆有选择性和重建性。然而，优秀的决策者要避免过分关注最近的事件或引人注目的事件而忽略了频繁发生但难以回忆的事件造成的损失。优秀的决策者也要避免改变一个凭经验的概率，这会增加他对自己的决定的信心而扭曲了概率（称为“事后诸葛亮”效应）。

9.5.9　过度自信

优秀的决策者会避免自己掉进过度自信的圈套里面。不可否认，自信是行动背后的力量，但是过于自信可能就会导致许多错误判断。优秀的决策者知道自己的大脑倾向于高估自己的知识量，至少高估百分之二十。优秀的决策者会怀疑专家的判断和预测，因为专家也会出错。优秀的决策者往往会质问专家。总之，当环境发生错综复杂的变化时，我们要怀疑专家。那些打包票说，你必须在未来一年里以一桶原油卖150美元的行情来做预算的专家都不是真正的专家。

9.6 冲突和操纵

9.6.1 冲突

优秀的决策者都知道冲突是不可避免的，但这不会阻碍行动。优秀的决策者即使被周围冲突的意见和标准所包围，也必须做出一个明确的决定。

9.6.2 多判据决策

优秀的决策者知道在与标准存在矛盾的情况下，应该寻求一个帕累托最优，这才能在约束和标准之间形成一个平衡。很少有一个决定能充分符合所有的标准，简单来说，要同时满足短期的收益和长期的收益是很困难的。因此，你必须牢记，做决定就是在许多帕累托最优中做出选择。也就是说，在不同的标准之间寻找平衡。每一个帕累托最优就是一个不同的妥协。

9.6.3 目标和约束之间是可互换的

成熟的决策者理解目标和约束之间的可互换性。组织和相同的个人会给他们自己施加约束，这些约束可能是一些需要满足的要求，也就是目标。相反地，和一个标准相关的目标，如果实现的时候不是太困难，就可能变成了一个约束。也就是说，它定义一个最低的标准，即必须能够通过选择方法来实现。为了在标准和约束之间做出选择，必须有一个反馈。

9.6.4 其他人的判据

优秀的决策者会考虑他的敌人或对手所持有的标准。他听取并不会贬低少数的持不同意见者。

9.6.5 不存在最佳决定

在多维世界中，不假思索地认为存在一个最好决定往往是危险的。事实上，不存在完美的聚合过程和永远正确的集体效用函数。

9.6.6 操纵

优秀的决策者会注意到操纵的主要形式。当他做出一个决定时，这会让他倾向于一个不同的方法而不是他以前已经做过的方法。

9.6.7 情境化

优秀的决策者要避免被框架效应（情境化）和参考水平的操作所欺骗。

9.6.8 错误的相互作用

优秀的决策者在表达自己的想法或者尊重合作者上面不能保守。他将要和自己的盟友发展互惠的债券，但是不会被敌人虚假的同情或者需要他做出承诺的礼物和手势所欺骗。他会避免被操作所蒙蔽。

9.6.9 承诺和虚假承诺

目的不是承诺，同样承诺也不是行动。然而，作为决策者承诺是必需的，这在你的同伴和竞争者中间也是能看到的。你可以通过坚定的自我承诺和向自己施加约束来加强承诺，但是不要让自己被敌人可以设法逃避的假的约束所操纵。

9.6.10 团队和领导

在一个群体中，人们很容易被一个主要的观点所影响，这个观点一般和领导者的观点一致。有时，在领导者和他们的演讲的影响下，当每个人都尊重了一个异常或者高风险的决定时，我们不得不有足够的勇气站起来支持一个合理的决定。抵制群体的影响是很困难的，特别是当一组人变成一群人的时候，这就显得更不可能。假如你想明智地行动，最好对这些保持清醒。

9.6.11 美妙的计划并不真实

优秀的决策者不会跌进好机会和好运气的蜜罐之中，同时他们也不允许自己被美妙的故事迷惑。一个看起来不可思议的美好故事或计划，即使大量的细节让它看起来好像是真实的，但不一定是个好决定！

9.7 结果取决于行动

9.7.1 决定和行动不可分割

对决策者来说，反思问题已经相当于一个行动。换句话来说，他的反思在行动上展开。从决定到行动的道路包括上演一个真实的场景，这已经在你的脑海中被详尽地、大量变化地排练过了。

9.7.2 敏捷

敏捷在决策中是必需的。一旦你让外界知道了你做出的决定，要立刻去行动。优秀的决策者必须是敏锐的。反思是提前准备好的、必需的，而不是在行动开始之后。以及时的方式做出的决定总是比一个晚来的完美决定要好。在紧急事件下，一些踌躇于行动的人应该被解除做决策的权利。

9.7.3 冲动

除非在政治方面，决策本身并不是目标。考虑下一步会发生什么是必需的，这可能会阻止你做出破坏你权威的不现实的决定，因为一般来说，普通士兵知道什么是可行的什么是不可行的。这就是为什么优秀的决策者会观察他决定的实施情况。注意你决定的操作制定和做出一个决定同等重要。决定引发行动,实践或管理控制结果。决策的艺术也表现在它操作的过程。

9.7.4 解释

不能解释的决定不是好决定。温和的语言、漂亮的故事和不同观点的总和考虑,会让别人认可你的决定。

9.7.5 透明性

优秀的决策者激发信心。为了达到目标,他必须给他的随从或合作者培养透明度和“可预见性”。另一方面,他还要尽力与他对手的观点保持秘密联系。

9.7.6 自由

优秀的决策者都知道,自由的忠诚和坚持相当于一千个约束(“胡萝卜”比“大棒”好)。

9.7.7 责任

没有自由就没有责任,你必须牢记住,当你把任务或责任委派给其他人时,允许让那个人自主地做事情。另一方面,如果你不承担责任,就不可能锻炼你的领导能力或权威。不要在你的下属面前轻描淡写地描述自己的责任,找出自己的错误,吸取来自上级的批评——这些都是锻炼一个人责任感的基本准则。

9.7.8 权威

权威不能颁布,必须自己去寻找。做好榜样,保持公平,分清主次,保护群体,赏罚分明,勇于承担责任,这些都是天然的权威。

9.7.9 获得帮助

优秀的决策者不会拒绝来自任何人的帮助。他不会忘记,拒绝帮助别人意味着丢失了他们,帮助他们但没有起到作用也意味着有很高的风险失去他们,但寻求他们帮助就是和他们结为盟友。

9.7.10 公平

优秀的决策者必须知道给东西的方式往往比给什么东西还重要。他会有限考虑正确的、公平的决定而不是私人的决定。

9.7.11 不满

优秀的决策者要避免惩罚自己,因为这永远不是一个好的决策方法。优秀的决策者还应当避免把对手逼到通过损失自身利益以达到伤害你的目的,而是要考虑让他们挽回面子。

9.8　写在最后

任何能把这些戒律和建议记在心中的人将比他的竞争者、对手或敌人更加理智。只要上天不是有意捉弄，他将会获得最好的结果。然而，不要忘了随机因素没有记忆，自然也没有理由帮你或害你。当然，除非你自己做出了糟糕的决定，比如不遵循这本书里面的戒律。

参考文献

[1] VON WINTERFELDT D, EDWARDS W. Decision Analysis and Behavioral Research. M A: Cambridge University Press, 1986.

[2] BELLE D, RAIFFA H, TVERSKY A. Decision Making. M A: Cambridge University Press, 1988.

[3] BOUYSSOU D, DUBOIS D, PRADE H, et al. Decision Making — Process, Concepts and Methods. London: ISTE Ltd; New York: John Wiley & Sons, 2009.

[4] MARCH J G. A Primer on Decision Making. New York: The Free Press, 1994.

[5] BOLAND JR R J. Control, causality and information system requirements. Accounting, Organizations and Society, 1979, 4: 259-272.

[6] GILBOA I, SCHMEIDLER D. Case-based decision theory. Quarterly Journal of Economics, 1995, 110: 605-639.

[7] POUNDSTONE W. Labyrinths of Reason. New York: Anchor Doubleday Publishing Company, 1988.

[8] BERNSTEIN P L. Capital Ideas. New York: The Free Press, 1992.

[9] JAFFRAY J Y. Choice under risk and security factor. An axiomatic model. Theory and Decision, 1988, 24: 169-200.

[10] SHAFIR E B, OSHERSON D N, SMITH E E. The advantage model: a comparative theory of evaluation and choice under risk. Organizational Behavior and Human Decision Processes, 1993, 55: 325-378.

[11] PERROW C. Normal Accidents. N J: Princeton University Press, 1999.

[12] MOREL C. Les décisions absurdes. Paris: Gallimard, 2002.

[13] POMEROL J-CH. Scenario development and practical decision making under uncertainty. Decision Support Systems, 2001, 31: 197-204.

[14] BRÉZILLON P, PASQUIER L, POMEROL J-CH. Reasoning with contextual graphs. European Journal of Operational Research, 2002, 136: 290-

298.

[15] POMEROL J－CH, BRÉZILLON P, PASQUIER L. Operational representation for practical decision making. Journal of Management Information Systems, 2002, 18(4): 101–116.

[16] KOLODNER J. Case－based Reasoning. San Francisco: Morgan Kaufmann, 1993.

[17] RENAUD J, CHEBEL M B, FUCH B, et al. Raisonnement à partir de cas. Paris: Hermes–Lavoisier, 2007.

[18] POMEROL J– CH. Scenario development and practical decision making under uncertainty. Decision Support Systems, 2001, 31: 197–204.

[19] GODARD O, HENRY C, LAGADEC P, et al. Traité des nouveaux risques. Paris: Gallimard, 2002.

[20] NEWELL A, SIMON H A. Human Problem Solving. C A: Prentice–Hall, Englewood Cliffs, 1972.

[21] SIMON H A. The New Science of Management Decision. 3rd ed. N J: Prentice–Hall, Englewood Cliffs, 1977.

[22] DEAN T L, WELLMAN M P. Planning and Control. Los Altos: Morgan Kaufmann, 1991.

[23] POMEROL J–CH. Artificial intelligence and human decision making. European Journal of Operational Research, 1997, 99: 3–25.

[24] HOGARTH R M, MAKRIDAKIS S. Forecasting and planning: an evaluation. Management Science, 1981, 27: 115–138.

[25] MAKRIDAKIS S G. Forecasting, Planning and Strategy for the 21st Century. New York: The Free Press, 1990.

[26] TALEB N N. Le cygne noir, la puissance de l'imprévisible. Paris: Les Belles Lettres, 2008.

[27] GILBOA I, SCHMEIDLER D. Case–based knowledge and induction. IEEE Transactions on Systems, Man and Cybernetics, 2000, 30: 85–95.

[28] SAVAGE L J. The Foundations of Statistics. 2nd ed. New York: Dover Publications, 1972.

[29] GILBOA I, SCHMEIDLER D. Cognitive foundations of inductive inference and probability: an axiomatic approach. Working Paper, Tel Aviv and

Ohio State Universities, 2000.

[30] ANDERSON J R. The Architecture of Cognition. Cambridge, M A: Harvard University Press, 1983.

[31] ANDERSON J R. Cognitive Psychology and Its Implications. New York: Freeman, 1995.

[32]TVERSKY A, KAHNEMAN D. Judgment under uncertainty: heuristics and biases//KAHNEMAND, SLOVICP, TVERSKY A. Judgment Under Uncertainty: Heuristics and Biases. Cambridge: Cambridge University Press, 1982: 3-20.

[33] TVERSKY A. KAHNEMAN D. Availability: a heuristic for judging frequency and probability// KAHNEMAND, SLOVICP, TVERSKY A. Judgment Under Uncertainty: Heuristics and Biases. Cambridge: Cambridge University Press, 1982: 163-178.

[34] BOY G. Intelligent Assistant Systems. New York: Academic Press, 1991.

[35]POMEROL J-CH. L'apport de Herbert Simon dans le management et la décision. Revued' Intelligence Artificielle, 2002, 16: 221-249.

[36] CHECKLAND P. Systems Thinking, Systems Practice. Chichester: John Wiley & Sons, 1981.

[37] MARCH J G, OLSEN J P. Ambiguity and Choice in Organizations. Bergen: Universitets forlaget, 1976.

[38] KEENEY R L. Value- Focused Thinking. M A: Harvard University Press, 1992.

[39] ROY B. Réflexions sur le thème, quête de l' optimum et aide ɑ̀ la decision// THÉPOT J, GODET M, ROUBELAT F, et al. Decision, Prospective et Auto Organisation. Paris: Mélanges en l' honneur de Jacques Lesourne, Dunod, 2000: 61-83.

[40]GOBET F. Recherche et reconnaissance de patterns chez les experts// PITRAT J. Représentations, découverte et rationalité, Hommage ɑ̀ Herbert Simon. Revue d'intelligence artificielle, 2002, 16(1-2) :169-190.

[41] SIMONH A. Administrative Behavior. 4th ed. New York: The Free Press, 1997.

[42] MCNAMARA R S. In Retrospect: The Tragedy and Lessons of Vietnam. New York: Random House, 1995.

[43] JANIS I L, MANN L. Decision Making: A Psychological Analysis of Conflict, Choice and Commitment. New York: The Free Press, 1977.

[44] KLEIN G A. The fiction of optimization // GIGERENZER G, SELTEN R. Bounded Rationality: the Adaptive Toolbox. MA: MIT Press, 2002: 103–121.

[45] MARCH J G, SIMON H A. Organizations. 2nd ed. Oxford: Basil Backwell, 1993.

[46] MARCH J G. Bounded rationality, ambiguity and the engineering of choice// BELLD E, RAIFFAH, TVERSKY A. Decision Making. Cambridge: Cambridge University Press, 1988: 587–608.

[47] SIMONH A. Reason in Human Affairs. Oxford: Basil Blackwell, 1983.

[48] SIMONH A. Models of Thought. New Haven: Yale University Press, 1979.

[49] SIMON H A. Commentaires dans le cadre du Colloque de la Grande Motte// DEMAILLY A, LE MOIGNE J L. Sciences de l'Intelligence, Sciences de l'Artificiel. Presses Universitairesde Lyon, 1984: 577–619.

[50] SELTEN R. What is bounded rationality?//GIGERENZER G, SELTEN R. Bounded Rationality: The Adaptive Toolbox. M A: MIT Press, 2002: 13–36.

[51] SIMONH A. Theories of bounded rationality//MCGUIREC B, RADNERR. Decision and Organization. Amsterdam: North Holland, 1972: 161–176.

[52] GIGERENZER G, SELTEN R. Rethinkingrationality//GIGERENZER G, SELTEN R. Bounded Rationality: The Adaptive Toolbox. M A: MIT Press, 2002: 1–12.

[53] GIGERENZER G. The adaptive toolbox//GIGERENZER G, SELTEN R. Bounded Rationality: The Adaptive Toolbox. M A: MIT Press, 2002: 37–50.

[54] SIMON H A. From substantive to procedural rationality//LATSIS S J. Methods and Appraisal in Economics. M A: Cambridge University Press, 1976: 129–148.

[55] GIGERENZER G. TODD P M. Fast and Frugal Heuristics for Making Decisions. NewYork: Oxford Press, 1999.

[56] KLEINMUNTZ D N. Cognitive heuristics and feedback in a dynamic decision environment. Management Science, 1985, 31: 680–702.

[57] BOWMAN E H. Consistency and optimality in managerial decision making. Management Science, 1963, 9: 310–321.

[58] COHEN M D, MARCH J G, OLSEN J P. A garbage can model of organizational choice. Administrative Science Quarterly, 1972, 17: 1–25

[59]SFEZL. Critique deladécision. 4th ed. Paris: Lespressesde Sciences Po, 1992.

[60] KLEIN G A. A recognition– primed decision (RPD) model of rapid decision making// KLEIN G A, ORASANU J, CALDERWOOD R, et al. Decision Making in Action, Models and Methods. N J: Ablex, Nordwood, 1993: 138–147.

[61]BERNS G S, SEJNOWSKI T J. How the basal ganglia make decisions// DAMASIO A R, DAMASIO H, CHRISTEN Y. Neurobiology of Decision–making. Berlin: Springer, 1996: 83–100.

[62]BERTHOZ A. Neural basis of decision in perception and in the control of movement// DAMASIO A R, DAMASIO H, CHRISTEN Y. Neurobiology of Decision–making. Berlin: Springer, 1996: 83–100.

[63] WORMS F, GAUDIN T. La pensée, modes d' emploi. Paris: CPE, ADITECH, 1988.

[64] PIAGET J. La psychologie de l' intelligence. Paris: Armand Colin, 1967.

[65] PLATO, Grude G M A. Meno. Indianapolis: Hackett Publishing Company Inc., 1976.

[66] RORTY R. Science et solidarité, la vérité sans le pouvoir. Cahors: Eclat, 1990.

[67]RORTY R. Consequences of Pragmatism. M I: Minneapolis University Press, 1982.

[68]RORTY R. Objectivity, Relativism and Truth. Cambridge: Cambridge University Press, 1991.

[69] RORTY R. Philosophy and the Mirror of Nature. Blackwell, Oxford: Princeton University Press, 1980.

[70]JOUVET M. Le sommeil et le rêve. Paris: Odile Jacob, 1992.

[71] DAMASIO A R. Spinoza avail raison, joie et tristesse, le cerveau des émotions. Paris: Odile Jacob, 2003.

[72] PITRAT J. Métaconnaissances. Paris: Hermes, 1990.

[73] STEELS L. Modeling the formation of language in embodied agents. Methods and Open challenges in Evolution of Communication and Language in Embodied Agents, Springer Verlag, 2010: 223–233.

[74] DE GROOT A D, GOBET F. Perception and Memory in Chess: Heuristics of the Professional Eye. Van Gorcum: Assen, 1996.

[75] SIMON H A. What is an "explanation" of behavior. Psychological Science, 1992, 3: 150–161.

[76] KAHNEMAN D, KLEIN G. Conditions for intuitive expertise: a failure to disagree. American Psychologist, 2009, 64(6): 515–526.

[77] CALVIN W– H. The Ascent of Mind: Ice Age. Climate and the Evolution of Intelligence, Bantam Books, 1991.

[78] CALVIN W–H. La naissance de l' intelligence. Pour la Science, 1994, 206: 110–117.

[79] ADOLPHS R, TRANEL D, BECHARA A, et al. Neuropsychological approaches to reasoning and decision making//DAMASIO A R, DAMASIO H, CHRISTEN Y. Neurobiology of Decision–Making. Berlin: Springer, 1996: 157–179.

[80] DAMASIO A R. Descartes' Error. New York: Putnam's Sons, 1994.

[81] GLIMCHER P W, CAMERER C F, FEHR H, et al. Neuroeconomics, Decision–Making and the Brain. London: Academic Press, 2009.

[82] BEJJANI B P, DAMIER P, ARNULF I, et al. Transient acute depression induced by highfrequency deep – brain stimulation. New England Journal of Medecine, 1999: 1476–1480.

[83] MALLET L, SCHÜPBACH M, N' DIAYE K, et al. Stimulation of subterritories of the subthalamic nucleus reveals its role in the integration of the emotional and motor aspects of behavior. PNAS 104, 2007, 25: 10661–10666.

[84] KENNERLEY S W, WALTON M E. Decision making and reward in frontal cortex: complementary evidence from neurophysiological and neuropsychological studies. Behavioural Neurosciences, 2011, 125: 297–317.

[85]FUSTER J M. Frontal lobe and the cognitive foundation of behavioural action// DAMASIO A R, DAMASIO H, CHRISTEN Y. Neurobiology of Decision-Making. Berlin: Springer, 1996: 115-123.

[86]BERTHOZ A. Au commencement était l' action. La Recherche, 2003, 366: 4-9.

[87]PANDYA D N, YETERIAN E H. Morphological correlations of human and monkey frontal lobe// DAMASIO A R, DAMASIO H, CHRISTEN Y. Neurobiology of Decision-Making. Berlin: Springer, 1996: 13-46.

[88]KOENIGS M, YOUNG L, ADOLPHS R, et al. Damage to the prefrontal cortex increases utilitarian moral judgements. Nature, 2007, 446: 908-911.

[89] DAMASIO A R, DAMASIO H, CHRISTEN Y. Neurobiology of Decision Making. Berlin: Springer, 1996.

[90]DE MARTINO B, CAMERER C F, ADOLPHS R. Amygdala damage eliminates monetary loss aversion. Proc. Natl. Acad. Sci. USA, 2010, 107(8): 3788-3792.

[91]ULLSPERGER M, VON CRAMON Y. Decision making, performance and outcome monitoring in frontal cortical areas. Nature Neuroscience, 2004, 7: 1173-1174.

[92] CROCKETT M J, CLARK L, HAUSER M D, et al. Serotonin selectively influences moral judgment and behaviour through effects on harm aversion. PNAS, 2010, 107: 17433-17438.

[93]PETERS J, BÜCHEL C. Episodic future thinking reduces reward delay discounting through an enhancement of prefrontal- mediotemporal interactions. Neuro, 2010, 66: 138-148.

[94]SCHOENBAUM G, CHIBA A, GALLAGHER M. Orbito-frontal cortex and basolateal amygdala encode expected outcomes during learning. Nature Neurosciences, 1998, 1: 155-159.

[95]BERTHOZ A. La Décision. Paris: Odile Jacob, 2003.

[96]INGVAR D H. The will of the brain: cerebral correlates of wilful acts, in Neuropsychologigal approaches to reasoning and decision making// DAMASIO A R, DAMASIO H, CHRISTEN Y. Neurobiology of Decision- making. Berlin: Springer, 1996: 115-124.

[97]PETERS J. The role of the medial orbitofrontal cortex in inter-temporal choice: prospection or valuation. Journal of Neurosciences, 2011, 31: 16.

[98]KALENSCHER T, PENNARTZ C M A. Is a bird in the hand worth two in the future? The neuroeconomics of intertemporal decision-making. Progress in Neurobiology, Elvesier, 2008.

[99] VANNI- MERCIER G, MAUGUIÈRE F, ISNARD J, et al. The hippocampus codes the uncertainty of cue-outcome associations: an intracranial electrophysiological study in humans. The Journal of Neuroscience, 2009, 29(16): 5287-5294.

[100] PLATT M L, GLIMCHER P W. Neural correlates of decision variables in parietal cortex. Nature, 1999, 400: 233-238.

[101] KEPECS A, UCHIDA N, ZARIWALA H, et al. Neural correlates, computation and behavioral impact of decision confidence. Nature, 2008, 455: 227-231.

[102] KIANI R, SHADLEN M N. Representation of confidence associated with a decision by neurons in the parietal cortex. Science, 2009, 324: 759-764.

[103] KNILL D C, POUGET A. The Bayesian Brain: the role of uncertainly in neural coding and computation. Trends Neurosciences, 2004, 27: 712-719.

[104] MA W J, BECK J M, POUGET A. Spiking networks for Bayesian inference and choice. Current Opinion in Neurobiology, 2008, 18: 217-222.

[105] KENNERLEY S W, WALTON M, BEHRENS T E J, et al. Optimal decision making and the anterior cingulate cortex. Nature Neuroscience, 2006, 9: 940-947.

[106] MA W J, BECK J M, LATHAM P E, et al. Bayesian inference with probabilistic population codes. Nature Neurosciences, 2006, 9: 1432-1438.

[107] ROY B. Méthodologie multicritère d' aide à la décision. Paris: Economica, 1985.

[108] ROY B, BOUYSSOU D. Aide Multicritère à la Décision: Méthodes et cas. Paris: Economica, 1993.

[109] POMEROL J- CH, BARBA- ROMERO S. Multicriterion Decision Making in Business. New York: Kluwer, 2000.

[110] KAHNEMAN D, TVERSKY A. Choices, Values and Frames,

Cambridge: Cambridge University Press, 2000.

[111] WOOLSEY R. The fifth column: La Méthode de Charles Maurice de Talleyrand or maximized acceptance with optimized agendas. Interfaces, 1991, 21: 103–105.

[112] TYSZKA T. Two pairs of conflicting motives in decision theory. Organizational Behaviour and Human Decision Processes, 1998, 74(3): 189–211.

[113] CIALDINI R B. Harnessing the science of persuasion. Harvard Business Review, 2001, 10: 72–79.

[114] JOULE R V, BEAUVOIS J L. Petit traité de manipulation à l' usage des honnêtes gens. Grenoble: Presses Universitaires de Grenoble, 1987.

[115] ROY B. Classement et choix en présence de points de vues multiples, la méthode ELECTRE. R. I. R. O.,1968, 2(8): 57–75.

[116] ROY B. The outranking approach and the foundations of ELECTRE methods//BANA E COSTA C A. Readings in Multiple Criteria Decision Making. Springer, 1990: 324–331.

[117] FISHBURN P C. Utility for decision–making. Publications in Operation Research, no. 18. New York: John Wiley & Sons, 1970.

[118] KOTTEMANN J E, DAVIS D R. Decisional conflict and user acceptance of multicriteria decision–making aids. Decision Sciences, 1991, 22: 918–926.

[119] CROZIER M. Le phénomène bureaucratique. Paris: Editions du Seuil, 1963.

[120] KEEN P G W. The evolving concept of optimality//STARR M K, ZELENY M. Multiple Criteria Decision Making. North Holland: TIMS study in management Science, 1977, 6: 31–57.

[121] CATS–BARIL W L, HUBER G P. Decision Support Systems for ill–structured problems. Decision Science, 1987, 18: 350–372.

[122] KAHNEMAN D, SLOVIC P, TVERSKY A. Judgment Under Uncertainty: Heuristics and Biases. Cambridge: Cambridge University Press, 1982.

[123] KAHNEMAN D. Thinking Fast and Slow. London: Allen Lane, 2011.

[124] TVERSKY A. Intransitivity of preferences. Psychological Review,

1969, 76: 31-48, 1969.

[125] LAPLACE P S. Essai philosophique sur les probabilités. Paris: Chez Mme Vve Courcier, 1814.

[126] KAHNEMAN D, TVERSKY A. Prospect theory: an analysis of decision under risk. Econometrica, 1979, 47: 263-291.

[127] LEVINE R V. The Power of Persuasion. New York: John Wiley & Sons, 2003.

[128] COHEN M, JAFFRAY J-Y, SAÏD T. Comparaison expérimentale de comportements individuels dans le risque et dans l' incertain pour des gains et pour des pertes. Bulletin de mathématiques économiques, Paris, 1983, 18.

[129] COHEN M, JAFFRAY J- Y, SAÏD T. Experimental comparison of individual behavior under risk and uncertainty for gains and losses. Organizational Behavior and Human Decision Processes, 1987, 39: 1-22.

[130] MARCH J G, SHAPIRA Z. Managerial perspectives on risk and risk taking. Management Science,1987, 33: 1404-1418.

[131] KUNREUTHER H. Limited knowledge and insurance protection. Public Policy, 1976, 24: 227-261.

[132] TVERSKY A, WAKKER P. Risk attitudes and decision weights. Econometrica, 1995, 63: 1255-1280, 1995.

[133] MCKENNA F P. It won' t happen to me: unrealistic optimism or illusion of control. British Journal of Psychology, 1993, 84: 39-50.

[134] ROSENZWEIG P M. Judgment in organizational decision- making: the Iranian hostage rescue mission//SZUYSKA E. Actes du séminaire CONDOR, Paris: Ecole Polytechnique. 1993: 80-104.

[135] ALLAIS M. Le comportement de l'homme rationnel devant le risque: critique des postulats et axiomes de l'école américaine. Econometrica, 1953, 21 : 503-546, 1953.

[136] ELLSBERG D. Risk, ambiguity, and the Savage axioms. Quarterly Journal of Economics, 1961, 75(4): 643-669.

[137] TOULET C. Respect de l' axiome d' indépendance dans l' incertain total: pessimisme, optimisme, indecision. Bulletin de mathématiques économiques, 1982, 17: 41-81.

[138] SLOVIC P, FISCHHOFF B, LICHTENSTEIN S. Facts versus fears: understanding perceived risk//KAHNEMAN D, SLOVIC P, TVERSKY A. Judgment under Uncertainty: Heuristics and Biases. Cambridge: Cambridge University Press, 1982: 463–489.

[139] KAHNEMAN D, LOVALLO D. Timid choices and bold forecast: a cognitive perspective on risk taking. Management Science, 1993, 39: 17–31.

[140] BARKI H, RIVARD S, TALBOT J. Risk management by information systems project leaders. Journal of Management Information Systems, 1994, 10: 254–265.

[141] HEINRICH H W. Industrial Accident Prevention: A Scientific Approach. New York: McGraw–Hill, 1931.

[142] REASON J. Managing the Risks of Organizational Accidents. Aldershot: Ashgate, 1997.

[143] PLOUS S. The Psychology of Judgment and Decision Making. New York: McGraw–Hill, 1993.

[144] HENRY C, HENRY M. L' essence du principe de précaution: la science incertaine mais néanmoins fiable. Institut du développement durable et des relations internationales, Report no. 13, 2004.

[145] NEWELL A. Unified Theories of Cognition. M A: Harvard University Press, 1990.

[146] BARTLETT F C. Remembering. Cambridge: Cambridge University Press, 1932.

[147] LEVIN I P, JASPER J D, FORBEZ W S. Choosing versus rejecting options at different stages of decision making. Journal of Behavioral Decision Making, 1998, 11: 193–210.

[148] TVERSKY A, KAHNEMAN D. Rational choice and the framing of decisions//BELL D E, RAIFFA H, TVERSKY A. Decision Making. Cambridge: Cambridge University Press, 1988: 167–192.

[149] ZICKAR M J, HIGHHOUSE S. Looking closer on the effects of the framing on risky choice: an item response theory analysis. Organizational Behavior and Human Decision Processes, 1998, 75: 75–91.

[150] SLOVIC P, FINUCANE M, PETERS E, et al. The affect heuristic//

GILOVICH T, GRIFFIN D, KAHNEMAN D. Heuristics and Biases: The Psychology of Intuitive Judgment. Cambridge: Cambridge University Press, 2002: 397–420.

[151] ROBLES E, VARGAS P A, BEJARANO R. Within- subject differences in degree of delay discounting as a function of order of presentation of hypothetical cash rewards. Behavioral Processes, 2009, 81: 260–263.

[152] ROSENZWEIG P M. The Halo Effect. New York: Free Press, 2011.

[153] LEWIN K, DEMBO T, FESTINGER L, et al. Level of aspiration// HUNTS J M. Personality and Behavior Disorders. New York: Ronald Press, 1944: 333–378.

[154] SIEGEL S. Level of aspiration and decision making. Psychological Review, 1957, 64: 253–262.

[155] TVERSKY A, KAHNEMAN D. Judgment under uncertainty: heuristics and biases. Science, 1974, 185: 1124–1131.

[156] BOUYSSOU D. Some remarks on the notion of compensation in MCDM. European Journal of Operational Research, 1986, 26: 150–160.

[157] FISHBURN P C. Non- transitive preferences in decision theory. Journal of Risk and Uncertainty, 1991, 4: 113–134.

[158] FISHBURN P C. Additive differences and simple preference comparisons. Journal of Mathematical Psychology, 1992, 36: 21–31.

[159] STEWART J J. A multi–criteria decision support system from R&D project selection. Journal of the Operational Research Society, 1991, 42: 17–26.

[160] KAHNEMAN D, TVERSKY A. Subjective probability: a judgment of representativeness. Cognitive Psychology, 1972, 3: 430–454.

[161] KÜHBERGER A. The influence of framing on risky decisions: a meta–analysis. Organizational Behavior and Human decision Processes, 198, 75: 23–55.

[162] CHAPMAN L J, CHAPMAN J P. Illusory correlation as an obstacle to the use of valid psychodiagnostic signs. Journal of Abnormal Psychology, 1969, 74: 271–280.

[163] PIATTELLI–PALMARINI M. La réforme du jugement ou comment ne plus se tromper. Paris: Odile Jacob, 1995.

[164] BOUDON R. L' art de se persuader des idées douteuses, fragiles ou fausses. Paris: Fayard, 1990.

[165] JONES S K, FRISCH D, YURAK T J. Choices and opportunities: another effect of framing on decisions. Journal of Behavioral Decision Making, 1998, 11: 211-226.

[166] LEVIN I P, JASPER J D, FORBEZ W S. Choosing versus rejecting options at different stages of decision making. Journal of Behavioral Decision Making, 1998, 11: 193-210.

[167] SLOVIC P, FISCHHOFF B, LICHTENSTEIN S. Response mode, framing and information- processing effects in risk assessment//BELL D E, RAIFFA H, TVERSKY A. Decision Making. Cambridge: Cambridge University Press, 1988: 152-166.

[168] MOREL C. Les décisions absurdes Ⅱ, comment les éviter. Paris: Gallimard, 2012.

[169] BOY G. Intelligent Assistant Systems. New York: Academic Press, 1991.

[170] GOLEMAN D. Vital Lies, Simple Truths, the Psychology of Self-Deception. New York: Touchstone Books, 1985.

[171] STARBUCK W H. Acting first and thinking later: theory versus reality in strategic change//PENNINGS J M. Organizational Strategy and Change. San Francisco: Jossey Bass, 1985.

[172] STARBUCK W H, BARNETT M L, BAUMARD P H. Payoffs and pitfalls of strategic learning. Journal of Economic Behavior and Organization, 2008, 66: 7-21.

[173] MEZIAS J M, STARBUCK W H. Studying the accuracy of managers' perception: a research odyssey. British Journal of Management, 2003, 14: 3-17.

[174] HALL R I. The natural logic of management policy making: its implications for the survival of an organization. Management Science, 1984, 30: 905-927.

[175] GAUDIN T. Pouvoirs du rêve, Centre de Recherche sur la Culture Technique. Paris: Neuilly Seine, 1984.

[176] MINTZBERG H. The Rise and the Fall of Strategic Planning. New

York: The Free Press, 1994.

[177] POMEROL J-CH. Decision making biases and context. DSS from Theory to Practice. Journal of Decision Systems, 2003, 12(3/4): 235–252.

[178] BRÉZILLON P, PASQUIER L, POMEROL J-CH. Reasoning with contextual graphs. European Journal of Operational Research, 2002, 136: 290–298.

[179] BRUNER J S. Actual Minds, Possible Works. Cambridge, M A: Harvard University Press, 1986.

[180] BRUNER J S. Acts of Meaning. Cambridge, M A: Harvard University Press, 1990.

[181] BORNAREL F. La confiance comme instrument d' analyse de l' organisation. Revue Française de Gestion, 1997, 33(175): 95–109.

[182] WEINBERGER D. Garbage in, great staff out. Harvard Business Review, 2001, 79(8): 30–32.

[183] KAHANE B. Les conditions de cohérence des récits stratégiques. De la narration à la nar–action. Revue Française de Gestion, 2005, 31: 125–148.

[184] VICO G. Principes d'une science nouvelle relative à la nature commune des nations, 1744, translation. Paris: Nagel, 1986.

[185] TVERSKY A, KAHNEMAN D. Subjective probability: a judgment of representativeness// KAHNEMAN D, SLOVIC P, TVERSKY A. Judgment under Uncertainty: Heuristics and Biases. Cambridge: Cambridge University Press, 1982: 32–47.

[186] FESTINGER L. A Theory of Cognitive Dissonance. C A: Stanford University Press, 1957.

[187] JOUVENT R. Le cerveau magicien. Paris: Odile Jacob, 2009.

[188] LE BON G. Hier et Demain, pensées brèves. Paris: Flammarion, 1918.

[189] MONTGOMERY H. Decision rules and the search for a dominance structure: towards a process model of decision making//HUMPHREYS P C, SVENSON O, VARI A. Analysing and Aiding Decision Processes. North–Holland, 1983: 343–369.

[190] MONTGOMERY H. Image theory and dominance search theory: how

is decision making actually done? Acta Psychologica, 1987, 66: 221–224.

[191] BATESON G, JACKSON D D, HALEY J, et al. Towards a theory of Schizophrenia. Behavioral Science, 1956, 1: 251–264.

[192] JOULE R V, BEAUVOIS J L. Petit traité de manipulation à l'usage des honnêtes gens. Grenoble: Presses Universitaires de Grenoble, 1987.

[193] CIALDINI R B. Influence: Science and Practice. Needham, H A: Allyn & Bacon, 2001.

[194] MILGRAM S. Obedience to Authority. New York: Harper and Row, 1974.

[195] BOUDON R. La Rationalité. Paris: PUF, 2012.

[196] KAHNEMAN D, FREDERICK S. Representativeness revisited: attribute substitution in intuitive judgment//GILOVITCH T, GRIFFIN D, KAHNEMAN D. Heuristics and Biases: The Psychology of Intuitive Judgment. Cambridge: Cambridge University Press,2002: 49–81.

[197] EVANS J. Dual- processing accounts of reasoning, judgment, and social cognition. Annual Review of Psychology, 2008, 59: 255–278.

[198] GIGERENZER G, SELTEN R. Bounded Rationality: The Adaptive Toolbox. M A: MIT Press, 2002.

[199] HOUDÉ O, MOUTIER S, ZAGO L, et al. La correction des erreurs de raisonnement. Pour la Science, 2002, 297: 48–55.

[200] SCHELLING T C. The Strategy of Conflict. Cambridge, M A: Harvard University Press, 1960.

[201] SIMON E. La confiance dans tous ses états. Revue française de gestion, 2007, 33(175): 83–94.

[202] BORNAREL F. La confiance comme instrument d' analyse de l' organisation. Revue Française de Gestion, 1997, 33(175): 95–109.

[203] WILLIAMSON O E. Transaction cost economics and organization theory. Institutional and Corporate Change, 1993, 2: 107–156.

[204] DYER J H. Effective interfirm collaboration: how firms minimize transaction costs and maximize transaction value. Strategic Management Journal, 1997, 18(7): 535–556.

[205] WILLIAMSON O E. The Mechanisms of Governance. New York:

Oxford University Press, 1996.

[206] CENTER FOR ARMY LEADERSHIP. U.S. Army Leadership Manual. New York: McGraw-Hill, 2004.

[207] POPS G M. Ethical Leadership in Turbulent Times: Modeling the Public Career of George C. Marshall. London: Lexington Books, 2009.

[208] SFEZ L. Je reviendrai des terres nouvelles. Paris: Hachette Littérature, 1980.

[209] SCHEIN E H. Management development as a process of influence. Industrial Management Review, 1961, 2: 59-77.

[210] LEWIN K, DEMBO T, FESTINGER L, et al. Level of aspiration//HUNTS J M. Personality and Behavior disorders. New York: Ronald Press, 1944: 333-378.

[211] TYLER T R, LIND E A. A relational model of authority in groups//ZANNA M. Advances in Experimental Psychology. San Diego: Academic Press, 1992: 115-1910.

[212] VAN DEN BOS K, WILDE H A, LIND E A, et al. How do I judge my outcome when I do not know the outcome of others? The psychology of fair process effect. Journal of Personality and Social Psychology,1997, 72(5): 1034-1046.

[213] KIM CHAN W, MAUBORGNE R. Fair process: managing in the knowledge economy. Harvard Business Review, 2002: 2-11.

[214] VAN DEN BOS K, WILDE H A, LIND E A, et al. Evaluating outcomes by means of the fair process effect, evidence for different processes in fairless and satisfaction judgments. Journal of Personality and Social Psychology, 1998, 74(6): 1493-1503.

[215] DELAHAYE J P. On se sacrifie pour nuire aux autres. Pour la Science, 2003, 304: 98-102.

[216] GUICHARD J, HUTEAU M. L' orientation scolaire et professionnelle. Paris: Dunod, 2005.

[217] ARENDT H. Between Past and Future. New York: Viking Press, 1954.

[218] BARKAN R, ZOHAR D, EREV I. Accidents and decision making

under uncertainty: a comparison of four models. Organizational Behaviour and Human Decision Processes, 1998, 74(2): 118-144.

[219] ARENDT H. Between Past and Future. 2nd ed. New York: Viking Press, 1961.

[220] LE BON G. La Psychologie des Foules. Paris: Alcan, 1895.

[221] ASCH E. Social Psychology. N J: Prentice-Hall, Englewood Cliffs, 1952.

[222] TARDE G. Etudes de psychologie sociale. Paris: Giard et Brière, 1898.

[223] AVOLIO B, WALUMBWA F, WEBER T J. Leadership: current theories, research, and future directions. Management Department Faculty Publications, no. 37, Digital Commons University of Nebraska-Lincoln, 2009.

[224] BRYMAN A. Leadership in organizations//CLEGG S R, HARDY C, NORD W R. Managing organizations current issues. Thousand Oaks C A: Sage Publication,1999: 26-42.

[225] MARCH J G. The decision making perspective//VAN DE VEN A H, JOYCES W F. Perspectives on Organizational Design and Behavior. New York: John Wiley & Sons, 1981.

[226] WEIL T. Le leadership dans les organisations, cours de James March. Paris: Les Presses de l'Ecole des Mines, 2003.

[227] DETOEUF A. Propos de O. L. Barenton Confiseur. Paris: Tambourinaire, 1953.

[228] CENTER FOR ARMY LEADERSHIP. U.S. Army Leadership Manual. New York: McGraw-Hill, 2004.

[229] BOUDON R. La Rationalité. Paris: PUF, 2012.

[230] LANGLEY A, MINTZBERG H, PITCHER P, et al. Opening up decision making: the view from the black stool. Organization Science, 1995, 6(3): 260-279.

[231] SIMON H A. Models of Bounded Rationality, vol. Ⅱ. Cambridge, M A: MIT Press, 1982.

[232] RIZZOLATTI G, FOLGASSI L, GALLESE V. Les neurones miroirs. Pour la science, 2007, 35: 44-49.

[233] EISENHARDT K M. Le manager lent et le manager rapide, comment accélérer lesprocessus décisionnels. Gérer et comprendre, 1992, 28: 4–18.

[234] MICU R, KAHANE B, RAMANATSOA B, et al. Deux dirigeants narrateurs et la métis grecque, Carlos Ghosn et Jean Therme. Revue Française de Gestion, 2005, 31(159): 149–163.

[235] SIMON H A. Prediction and prescription in system modeling. Operations Research, 1990, 38: 7–14.

[236] HUBER G P. Cognitive style as a basis for MIS and DSS design: much ado about nothing. Management Science, 1983, 29: 572–589.

[237] HUSTED S W, George C. Marshall, Rubrics of Leadership. Army War College Foundation Press, 2006.

[238] HABIB M. Apathie, aboulie, athymhormie: vers une neurologie de la motivation humaine. Revue de Neuropsychologie, 1998, 8(4): 537–586.

[239] GETZ I. En quête d' entreprises jouant la liberté et le partage du rêve. Journal de l' Ecole de Paris du Management, 2012, 95: 8–15.

[240] GARVIN DA. Learning in Action: A Guide to Putting the Learning Organization to Work. M A: Harvard Business School Press, 2000.

[241] GARVIN D A, ROBERTO M A. What you don' t know about making decisions. Harvard Business Review, 2001, 9: 108–116.

[242] GULICK L. The seven functions of management. Papers on the Science of Administration, Institute of Public Administration, New York, 1936.

[243] MINTZBERG H. Mintzberg on Management, Inside Our Strange World of Organizations. New York: The Free Press, 1989.

[244] KOTTER J P. What effective general managers really do? Harvard Business Review,1999, 3/4: 145–159.

[245] STACEY R. Strategic Management and Organizational Dynamics. London: Pitman, 1996.

[246] ABELSON R P, LEVI A. Decision making and decision theory// LINDSEY G, ARONSON E. Handbook of Social Psychology. New York: Random House, 1985: 231–309.

[247] WEICK K E. Sense Making in Organizations. Thousand Oaks C A: Sage Publications, 1995.

[248] CYER R M, MARCH J G. A Behavioral Theory of the Firm. Englewood Cliffs, N J: Prentice-Hall, 1963.

[249] LINDBLOM C E. The science of muddling through. Public Administrative Review, 1959, 19(2): 79-88

[250] LINDBLOM C E. Still muddling, not yet through. Public Administration Review, 1979, 9/10: 517-526.

[251] HICKSON D J. Decision-making at the top of organizations. Annual Review Sociology, 1987, 13: 165-192.

[252] THOENIG J-CL. Qui décide en politique? L'énigme de la décision, Sciences Humaines Hors- Série, 1993.

[253] HICKSON D J, BUTLER R J, CRAY D, et al. Top Decisions: Strategic Decision Making in Organizations. San Francisco: Jossey--Bass, 1986.

[254] DE GEUS A. The Living Company, Learning and Longevity in Business. New York: Nicolas Brealy, 1997.

[255] TREITSCHKE K. Das Harzburger Modell and Management by Objectives. Norderstedt: Grin Verlag, 2009.

[256] LAROCHE H. From decision to action in organizations: decision making as a social representation. Organization Science,1995, 6(1): 62-75.

[257] MARCH J G. The decision making perspective//VAN DE VEN A H, JOYCES W F. Perspectives on Organizational Design and Behavior. New York: John Wiley & Sons, 1981.

[258] SCHÖNBERG T, DAW N D, JOËL D, et al. Reinforcement learning signals in the human striatum distinguish learners from nonlearners during reward- based decision making. The Journal of Neuroscience, 2007, 27(47): 1260-1267.

[259] BARKAN R, ZOHAR D, EREV I. Accidents and decision making under uncertainty: a comparison of four models. Organizational Behaviour and Human Decision Processes, 1998, 74(2): 118-144.

[260] STERMAN J-D. Modelling managerial behaviour: misperceptions of feedback in a dynamics decision- making experiment. Management Science, 1989, 35: 321-329.

[261] DOGAN G, STERMAN J D. When less leads to more: phantom

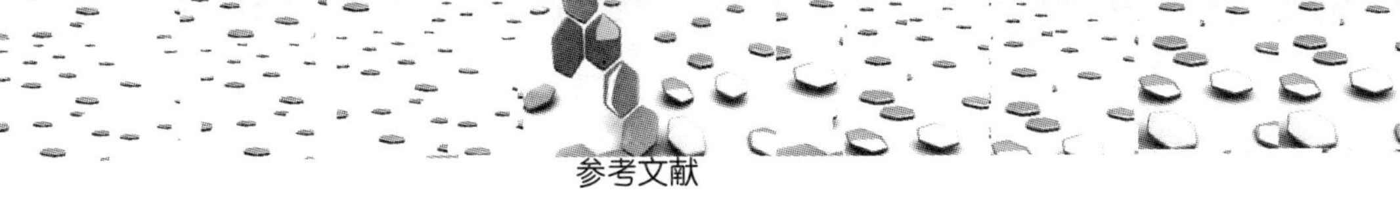

ordering in the beer game? Proceedings of the System Dynamics Conference, 2005.

[262] STERMAN J-D. Teaching takes off, flight simulators for management education. OR/MS Today, 1992, 10: 40-44.

[263] AXELROD R, COHEN M D. Harnessing Complexity: Organizational Implication of a Scientific Frontier. New York: The Free Press, 2000.

[264] BRAGGER D, HAUTULA D A, KIRNAN J. Hysteresis and uncertainty: the effect of uncertainty on delays to exit decision. Organizational Behavior and Human Decision Process, 1998, 74(3): 229-253.

[265] GOLTZ S M. A sequential learning analysis of decisions in organizations to escalate investments despite continuing costs or losses. Journal of Applied Behavior Analysis,1992, 25: 561-574.

[266] POMEROL J-CH. Cognition and decision: about some recent results in neurobiology. In ISDSS 97 Proceedings, Lausanne, 1997: 115-125.

[267] PESSIGLIONE M, CZERNECKI V, PILLON B, et al. Decision-making: the temporal coupling of deliberation and execution. Journal of Cognitive Neuro-sciences, 2005, 17: 1886-1896.

[268] GRENIER B. Evaluation de la décision médicale. 3rd ed. Paris: Masson, 1999.